외식산업컨설팅론

김동승 · 권오주 · 곽성호 공저

백산출판사

머리말/p/r/e/f/a/c/e

레스토랑 사업목적은 두 가지 측면에서 찾아볼 수 있다.

먼저 업자에게 있어 그것은 영리목적이다. 반면에 그것을 이용하는 고객에게 있어서는 생리적인 욕구충족과 여가선용의 수단이 된다. 그러나 이러한 두 가지 측면 이상에는 어떠한 이념이 존재하고 있다. 그것은 식문화발전으로 인한 지역과 국가에 기여하는 단위가 된다는 것이다.

이러한 세 가지 요소들이 조화가 이루어질 때 합리적인 레스토랑 경영이 된다고 할 수 있을 것이다. 따라서 이러한 요인들을 충족시킬 수 있는 레스토랑 경영에 관하여 세계 여러 국가에서도 많은 연구가 발표되며 진행되고 있다. 한국에서도 예외일 수 없이 현재 많은 연구현안들을 놓고 머리를 쥐어짜고 있는 실정이다. 이러한 시점에서 지역식문화발전, 국가경쟁에서 이길 수 있는 경영전략과 레스토랑 사업의 목적과 이념을 할 수 있고, 발전적 변화를 모색할 수 있는 연구노력은 절대적인 것이다. 본 교재는 이러한 시대적 변화를 담을 수 있는 그릇의 역할을 하고 있다고 할 수 있다.

그러한 교재의 목적을 달성하기 위하여 본 교재는 Foodservice산업, Full Service 레스토랑, Fastfood 레스토랑에 관하여 조명하고 있다. 조명된 이론을 바탕으로 레스토랑 사업을 할 때 방안들을 제시함으로써 손실의 위험성을 극소화하고자 하였다. 그 방안들은 가입자가 가입 시, 지역시장에 가맹점을 개업하고자 할 때, 그리고 임차인이 개점시 등으로 한정하여 제시하였다.

향후 이러한 분야에 대한 연구방향에는 발전적 사고가 Building Block으로서 자리매김이 되어야 한다. 모름지기 버리려고 하는 것은 자신의 것을 잃어버리려고 하는 것이 아니라, 새로운 삶의 통로가 열리는 것이다. 한국의 모든 분야에서도 마찬가지로 병폐라고 할 수 있는 근시안적 안목과 낡은 이론을 고집하는 옹졸한 경영관리로는 어떠한 발전도 약속받을 수 없다. 겉으로는 객관과 합리로 포장된 명분을 내세우면서도 속으로는 탐욕과 이기에 가득 찬 수익만을 좇는 행태는 썩은 경영판보다 덜 하지 아니하다. 한국에서만이 통하는 세계화에 걸맞지 않는 의식의 틀 속에서 과감하게 탈피하여 세계를 담을 수 있는 그릇이 되기 위하여 묵은 둥지를 떠나 새로운 것을 자꾸 받아들이고 개발하여 날마다 새롭게 태어나야 한다고 생각한다.

끝으로 본서의 출판을 위해 물심양면으로 수고해 주신 관광브랜드 2004년도 대상 백산출판사 진욱상 사장님과 임직원들에게 감사드립니다.

2006년 6월

(사) 한국관광평가연구원

차례/c/o/n/t/e/n/t/s

제1장 식음료 경영

제1절 서 론 ······ 13

제2절 외식산업의 개념 ······ 15

제3절 외식산업의 특성 ······ 17

제4절 한국외식산업의 역사 ······ 21

제2장 식음서비스론

제1절 메뉴의 개념정립 ······ 25

제2절 메뉴의 계획 ······ 27

제3절 메뉴의 분류 ······ 29

제3장 메뉴계획의 실제

제1절 메뉴의 개요 ········ 35
제2절 메뉴의 계획 ········ 35
제3절 메뉴관리 ········ 39
제4절 서비스의 형태 ········ 41
제5절 영양 ········ 45
제6절 높은 음식가격의 여러 원인 ········ 53

제4장 경영학의 원리

제1절 경영학의 연구대상 ········ 63
제2절 기업과 경영과의 관계 ········ 64
제3절 경영학파 ········ 65
제4절 경영학의 생성과 발전 ········ 66

제5장 컨설팅의 개요

제1절 컨설팅이란 무엇인가? ········ 75
제2절 컨설팅의 특징 ········ 76
제3절 컨설팅을 통해서 얻고자 하는 것 ········ 77
제4절 컨설팅 서비스의 영역 ········ 80

제6장 컨설턴트의 요건

제1절 컨설턴트란 무엇인가? ······ 87

제2절 컨설턴트 성장모형 ······ 88

제3절 컨설턴트의 자격요건 ······ 89

제7장 모의창업 컨설팅

제1절 외식산업의 의의 ······ 95

제2절 메뉴계획 ······ 96

제3절 입지 ······ 98

제4절 외식창업을 위한 준비 ······ 99

제5절 Hot Line 점포개발 ······ 106

제6절 전문가들이 조언해 주는 피해야 할 입지유형 5가지 ······ 112

제7절 식자재 구매방법 ······ 114

제8절 효율적 구매관리 및 계획 ······ 116

제8장 프랜차이즈

제1절 프랜차이즈의 정의 ······ 127

제2절 프랜차이즈의 역사 ······ 128

제3절 프랜차이즈의 형태 ······ 130

제4절 프랜차이즈의 장점과 단점 131
제5절 프랜차이즈의 선택 132
제6절 프랜차이즈와 관련 법규 133
제7절 프랜차이즈 결정시 고려할 사항 136

제9장 국내프랜차이즈 비즈니스 진단과 대책방안

제1절 프랜차이즈 시스템의 개념 147
제2절 독립점포와 프랜차이즈의 비교 156

제10장 환대산업의 마케팅 전략

제1절 상품의 수명주기 161
제2절 마케팅의 정책개발 165
제3절 시장조사방법론 167
제4절 레스토랑의 성공적 운영을 위한 "신입지" 전략 191

제11장 식당창업 계획

제1절 창업계획의 개념 205
제2절 창업계획의 중요성 205
제3절 창업의 요소 206
제4절 창업단계 206

제5절 사업 Idea의 구체화 ········· 207
제6절 조사단계 ········· 207
제7절 건설기본계획 및 운영관리계획 단계 ········· 210
제8절 창업자의 중요성 ········· 222

제12장 외식산업의 성공전략

제1절 외식산업이란? ········· 227
제2절 외식산업의 7가지 성공전략 ········· 228
제3절 결론 ········· 236

부록

1 ■ 영업장의 Layouts 예시 ········· 241
2 ■ 식당점검표 ········· 257
3 ■ 서비스 점검표 ········· 285
4 ■ GLOSSARY ········· 303

제1장

식음료경영

제1절 서 론

제2절 외식산업의 개념

제3절 외식산업의 특성

제4절 한국외식산업의 역사

외식산업컨설팅론

제1장 식음료경영

제1절 서 론

비공식 통계에 따르면 현재 외식시장 규모는 12조원 이상에 이를 것으로 추정되며, 이 가운데 속성 음식시장은 3천억 원 이상인 것으로 알려진다. 최근 10년간 도시가구의 월평균 소비지출도 3배 가량 증가한 반면 외식비 지출은 10배 정도 증가하였으며, 외식시장의 연평균 성장률은 20~50%에 이르는 것으로 보도되고 있다. 외식산업계는 현재 체인전개를 중심으로 하는 대기업과 가족중심으로 운영되는 영세 생업형 음식점의 양극화가 현저하게 나타나고 있다. 외식소비자의 수요 다양화 추세가 가속화됨에 따라 레스토랑업계에도 새로운 업태의 점포가 생겨나고 있다. 고객의식의 변화, 경쟁조건의 변화 등 우리나라의 외식산업계에도 성숙기에서 흔히 나타나는 현상이 나타나고 있다.

레스토랑사업이 성공하기를 원한다면 레스토랑의 존재가 식사과정을 통하여 소비자의 욕구를 육체적으로 정신적으로 충족시키고, 나아가 식생활의 즐거움을 연출하는 커뮤니티의 장소로 자리잡지 않으면 안 된다.

음식점 경영의 발자취는 한마디로 다른 점포와의 경쟁, 즉 투쟁의 역사라 해도 과언이 아니다.

특히 최근과 같이 소비자의 욕구가 다양하게 표출되고 있는 때는 레스토랑업계 또한 업종, 업태의 다양화가 불가피하고 경쟁의 내용도 복잡해지기 마련이다. 이러한 상황하에서는 레스토랑의 미래에 대한 지나친 낙관은 금물이다.

레스토랑 경영자에 있어 중요한 점은 외식산업의 성장이 개별점포의 성장을 반드시 의미하지는 않는다는 것을 인식하는 일이다. 또한 레스토랑 경영자들은 외식산업계에도 제 3차 산업전체가 그런 것처럼 대자본을 중심으로 근대성과 합리성을 표방하는 점포들이 대거 등장하고 있는 점에 주목하고, 이에 대한 적절한 대책도 마련해 두지 않으면 안 될 것이다.

불어 de restaurer에 어원을 둔 레스토랑이 입지장소에서 음식을 제공하는 요리점, 호텔 극장 등의 식당이라는 전통적인 역할만을 수행한다고 한다면 결코 현대인의 욕구를 채울 수 없다는 점을 충분히 이해하는 것이 바람직하다.

레스토랑업계는 종업원 4인 이하의 중소기업의 양극분화가 진행되고 있으며, 산업구조면에서 볼 때 뚜렷한 이중구조성을 보여주고 있다.

그런데 비록 대기업이라 할지라도 매출액의 순위는 해마다 뒤바뀌는 양상을 보여주고 있으며, 경쟁 또한 날로 심화되고 있다.

그런가 하면 외식산업의 급성장에 일익을 담당했던 대자본의 가족식당과 속성 음식점 또한 최근 수년 간 음식맛에 대한 소비자들의 식상, 좋은 조건을 갖춘 입지의 감소, 지나친 확대정책에 따른 채산성 낮은 점포의 증가 등의 원인을 배경으로 성장추세가 둔화되는 경향을 보여주고 있으며, 이에 대한 대응책의 일환으로 레스토랑에 관련된 것만 하더라도 캐주얼 레스토랑, 디너 레스토랑, 카페 바, 카페테리아 등의 새로운 업태에 활발히 진출, 이것이 또한 경쟁의 내용을 한층 더 복잡하게 만듦으로써 중소규모의 레스토랑의 입지는 더욱 좁혀지고 있는 것이 현실이다.

이처럼 레스토랑도 사회변동과 함께 급변하는 경영환경 속에서 계속 기업으로 살아남기 위해서 적절한 경영노력을 전개해 나가지 않으면 안 될 것이다.

특히 레스토랑은 개업자금이 비교적 소자본이며, 고도의 경영관리기술이 그다지 요구되지 않아 시장참여가 손쉽게 이루어지고 있는 점과 소비자의 기호변화가 극심하다는 점을 감안해 볼 때, 경영환경이 더욱 어려워지리라는 점을 쉽게 예견할 수 있다.

외식산업은 앞으로도 다소의 변화는 있더라도 핵가족화의 진전, 국민소득수준의 향상, 여성의 사회진출 증가, 여가시간의 증대, 모터라이제이션에 따른 외출기회의 증가, 건강식에 대한 욕구증대, 전후세대의 증가와 라이프 스타일 변화 등과 같은 요인을 배경으로 지속적인 시장확대가 가능할 것으로 기대된다.

이러한 상황에서 본 고에서 접근하는 등급평가는 시의적절한 대처방안이라 할 수 있다. 그러나 아직까지 외식사업체에 관한 인식과 경영노하우의 부족으로 등급평가가 이루어지지 않았으나, 미국과 같은 선진국에서는 이미 행하고 있는 제도이다. 우리의 외식사업문화를 선도해 나갈 수 있는데 목적을 둔 본 연구는 먼저, 외식사업의 개념과 특징을 살펴보고, 현황과 문제점을 도출한 후 평가기준을 설정하였다. 끝으로 그 평가기준의 향후 시행에 있어 고려해야 될 중요요인들을 제시하였다.

제2절 외식산업의 개념

최근 외식산업은 전형적인 성장산업의 하나로 각광받고 있다. 근년 통계청이 발표하고 있는 도시노동자의 가계지출 중 외식비 비율이 해마다 급격하게 늘고 있는 사실이 이를 뒷받침한다.

산업발전 단계면에서 성숙기에 진입한 것으로 평가되는 미국과 일본의 외식시장규모는 각각 2천억 달러와 33조 엔을 상회하는 것으로 알려지며, 한국의 외식산업은 아직 미국, 일본의 그것에는 미치지 못하지만, 최근 프랜차이즈와 시스템경영방식으로 무장한 외국체인음식점의 대거등장과 대기업의 외식업계 본격참여를 배경으로 대단히 빠른 속도로 성장하고 있으며, 외식시장의 연평균성장률은 20~50%에 이르는 것으로 알려진다.

본래 외식산업은 지난 1940~1950년대에 이미 산업화단계에 진입한 미국에서는 Dining-out industry 또는 Foodservice industry 등으로 불려졌다. 이 용어를 일본에서는 유력한 전문지 마스코미 등에서 1970년엔 일본정부의 공식문서인 경제백서에 이 내용이 정식으로 포함되기에 이른다.

외식산업이라는 용어가 우리나라에 처음으로 소개된 것은 우리나라 최초의 외국브랜드 체인음식점인 롯데리아(패스트푸드 업종)가 개점한 1979년 전후로 추정된다. 이후 이 용어는 패스트푸드와 패밀리 레스토랑 중심의 체인기업군이 미국과 일본에서와 마찬가지로 근대적 시스템 경영방식을 도입한 점포경영으로 음식업을 산업화하고 시장을 확대하는 견인차 역할을 하면서 널리 확산, 보급되어 지금은 대중매체를 통해서도 자주 접할 수 있게 되었고, 각급 대학의 관광관련학과에 동명 혹은 유사명칭의 강좌가 개설되기에 이르렀다.

외식산업의 개념은 글자 그대로 해석해 본다면, 인간의 외식행위에 대응하여 성립된 일단의 사업군이라 할 수 있다. 따라서 외식산업의 유형과 범위를 정확하게 파악하기 위해서는 외식의 개념에서부터 연연적으로 접근하지 않으면 안 될 것이다. 본래 인간의 식생활은 가정 내에서 이루어지는 가정 내 식생활과 가정외에서 이루어지는 가정외 식생활로 대별할 수 있으며, 흔히 전자를 내식, 후자를 외식으로 줄여서 부른다.

외식과 내식의 구분은 일견 간단해 보이지만 실제로는 그리 단순하지만은 않다. 그것은 소비자의 외식형태가 매우 복잡다양하기 때문이다. 이 점은 최근 완제요리전문점, 배달요리전문점, 출장연회전문점 등 새로운 개념의 업체가 속속 생성되고 있는 점에 의해서도 뒷받침된다.

이러한 현상을 두고 어떤 이들은 외식의 내식화, 내식의 외식화라고 설명하는가 하면, 외식과 내식의 경계영역에 성립하는 새로운 사업군을 경계산업(marginal industry)이라 부르는 사람들도 있다.

도이토시오는 외식의 범주를 내식적 내식, 외식적 내식, 내식적 외식, 외식적 외식으로 구분하고 있다.

여기서 내식적 내식은 전통적 의미의 내식, 즉 식재료를 외부에서 구입하여 가정 내에서 완전한 조리 가공과정을 거친 음식에 대한 식사행위를 뜻한다.

이에 반해 외식적 내식이란 식사행위가 비록 가정 내에서 이루어지더라도 가정 내에서의 작업은 극히 제한된 범위에서 이루어지는 완전조리식품, 반조리식품 중심의 식사행위를 의미한다.

한편, 내식적 외식은 일반적인 가정음식으로 간주되는 음식의 매식행위를 말하며, 외식적 외식은 본래 의미의 외식, 즉 식당이 아니면 먹기 어려운 고급음식 및 전문요리의 매식행위를 의미한다.

따라서 외식산업의 유형과 범위를 염두에 두고 엄격한 의미에서 외식의 범주를 산정해 본다면 전통적 의미의 내식, 즉 내식적 내식을 제외한 모든 식사행위 혹은 식생활이 외식의 범주에 속한다고 할 수 있을 것이다.

이러한 외식의 범위에 있어 전미레스토랑협회에서는 일정한 외식산업의 분류틀을 가지고 외식산업의 전체적인 산업규모를 파악하는 한편, 공신력 있는 통계자료를 발표하고 있다. 그러나 한국의 경우는 아직 외식산업의 개념과 범주에 관한 공식적인 기준이 없으며, 외식시장의 규모라든지 혹은 외식산업의 성장률에 관한 보도는 추정자료에 의존하고 있다. 추정의 근거는 보건복지부의 영업허가실태자료 및 통계청의 산매업센서스 결과 한국표준산업분류상의 기준이다.

외식산업은 인간의 외식행동을 기반으로 성립하는 사업형태이며, 이것이 업태로서 구체적으로 표현된 것이 바로 레스토랑이다. 따라서 외식산업의 범주와 레스토랑은 많은 부분에서 서로 겹쳐져 있으나 전적으로 같은 것은 아니다. 레스토랑은 특정입지를 중심으로 영업활동이 이루어지는 것이 상식이지만, 외식산업 중에는 출장연회, 배달판매, 완제요리판매 등 입지문제를 벗어난 신업종, 신업태(경계영역산업)가 포함되어 있다.

본래 레스토랑(restaurant)이란 용어의 어원은 영양이 풍부한 음식과 휴식을 통해 체력과 건강을 회복한다는 뜻을 지닌 de restaurer라는 설과 18세기 중반 프랑스 파리의 한 식당에서 개발한 스태미너요리 restaurantives라는 설이 있다. 한국에서 레스토랑의 번역어로 흔히 사용되는 식당이란 용어는 조선시대 초기 성균관 내에 있던 유생들을 위한 단체급식시설을 식당이라 부른데서부터 비롯된 것으로 알려진다.

제3절 외식산업의 특성

스즈끼는 식당경영의 특징에 대하여 특히 일반소매점과의 대비적 관점에서 생산면과 판매면으로 나누어 설명한 바 있다.

즉 생산면의 특징으로는

① 생산, 판매의 겸업

② 개별적 주문생산의 원칙
③ 수요예측의 곤란성
④ 영업이익의 폭이 큰 점

그리고 판매면의 특징으로는
① 시간적 제약
② 장소적 제약
③ 상품의 강한 부패성
④ 인적 서비스에의 의존성
⑤ 카탈로그로서의 메뉴사용
⑥ 건물, 설비, 분위기의 영향이 큰 점 등을 지적하였다.

한편, 외식산업문제연구회에서는 외식산업의 특징에 대하여, 특히 산업구조면에서의 특징을 중심으로
① 영세 생업형 음식점과 기업형 체인음식점의 극단적 이중구조성
② 노동집약적 성격과 이에 따른 생산성 향상의 곤란성
③ 생산과 판매의 직결
④ 다품목 소량생산
⑤ 입지의존성
⑥ 신규참여 용이성
⑦ 종업원의 낮은 정착률 등으로 설명하고 있다.

그런가 하면 하라와 이나가끼 견해로는
① 노동집약성 및 기능집약성
② 생산, 판매, 소비 세 과정의 동시완결성
③ 노동, 기능집약성에 따른 경영합리화 및 서비스수준 향상의 곤란성
④ 다품목 소량생산과 이에 따른 생산구매의 비합리화
⑤ 제품차별화가 용이한 반면 모방 또한 용이
⑥ 식습관의 성격에 따른 긴 제품 수명주기
⑦ 경영자의 인격을 포함한 개인적 요소가 경영전반에 미치는 영향이 큰 점

등을 외식산업 경영의 특징으로 지적하고 있기도 하다.

외식산업 경영의 특성 및 산업구조면에서의 특징에 관한 이들의 견해는 주로 외식산업을 서비스산업으로 파악한 데서부터 출발한다. 그러나 엄격히 말하자면 외식산업은 완전한 서비스산업이라기보다는 음식이라는 유형재를 제공하는 상업으로 서비스산업의 경계영역에 위치하는 산업이라 할 수 있다.

본래 외식산업은 불특정다수의 사람들이 식사를 즐기는 장소를 제공함으로써 소비자 자신의 가치관과 생활양식을 연출하는 공간을 제공하는 역할을 한다. 따라서 외식산업은 음식의 제공과 더불어 외식이라는 상징적 행위 그 자체를 상품으로 판매하는 것이라 할 수 있다.

이러한 시각을 토대로 외식상품을 현상면에서 분석해 보면

① 음식의 제공

② 인적 서비스의 제공

③ 분위기의 연출

④ 음식과 관련된 제반편익의 제공 등

네 부분으로 구성되어 있음을 알 수 있다. 이 가운데 ①은 유형재 부분에 속하며, 나머지 ②, ④는 무형재 부분에 해당된다.

따라서 외식산업의 위상은 기본적으로는 유형재산업이면서도 경영면에서는 서비스산업의 성격을 지니고 있는 경계영역산업으로 파악이 가능한 것이다.

바꾸어 말하면 외식사업의 경영은 일견 쉬운 듯이 보이지만, 그만큼 까다로운 측면이 적지 않다는 점을 의미한다.

실제로 앞서 소개한 외식사업의 특성들은 외식사업을 경영함에 있어 장점으로 작용하는 것들이라기보다는 오히려 취약점이나 제약요인으로 작용하는 것들이 대부분이라 해도 과언이 아니다. 따라서 외식사업을 경영함에 있어서는 주로 이들 특성을 어떻게 하면 극복할 수 있을 것이라는 문제가 주요과제로 등장하고 있다.

술로 인한 손실 연 9조7천억 원

우리 국민이 1년 동안 술을 마신 대가로 지급하는 경제적 비용은 최소한 국민총생산(GNP)의 2.8%인 9조7,840억원이나 되는 것으로 추정됐다.

그러나 1인당 알코올로 인한 연간 비용은 285.5달러로 △일본(376.3달러, 87년 기준) △미국(558달러 88년) △독일(574~862달러, 93년) △오스트레일리아(473달러, 91년) 등 선진국보다는 낮은 것으로 나타났다.

이 같은 결과는 한국보건사회연구원 노인철 박사가 11일 한국보건사회연구원이 마련한 '음주의 사회적 비용과 정책과제'라는 정책토론회에서 발표한 것이다.

이번 조사결과는 95년을 기준으로 음주로 인한 여러 손실과 피해의 최소치를 계량화한 것으로 국내에서 음주의 경제적 비용을 추계한 것은 이번이 처음이다.

노 박사는 "음주에 따른 즐거움도 있기 때문에 이 추계에 주류소비액은 포함하지 않았다"며 "주류소비 지출까지 포함할 경우 경제사회적 비용은 GNP의 3.97%인 13조 8,396원에 달한다"고 설명했다.

사회적 비용의 주요 항목은 △의료비 △재산피해액 △사고행정비용 △생산성감소 △조기사망 손실 등으로 구분됐다.

우선 지나친 음주에 따른 생산성 손실비용이 전체 손실의 59.9%인 5조 8,611억원으로 추산돼 비중이 가장 높았다. 구체적으로 보면 암 등 질병 발생에 따른 손실 6,926억원, 부상사고 238억원, 숙취 5조 1,447억 원 등으로 나타났다.

이는 미국의 39%보다는 훨씬 높았으나 일본의 66.5%보다는 낮았다.

노 박사는 생산성 감소액은 매일 음주하는 노동인구(20~64세)를 조사한 후 국제적으로 많이 쓰이는 방식에 따라 취업률, 소득수준, 생산성 저하율 25%를 적용해 산출했다고 밝혔다.

조기사망으로 인한 손실비용도 전체의 29.4%인 2조8,774억원에 달했는데, 이는 미국(33%)보다는 낮으나 일본(13.9%)보다는 높았다. 또 의료비가 10.1%인 9,900억원, 질병치료비가 5,874억원, 사고치료비가 100억원, 간접비용이 3,926억원이었다.

이 밖에 음주로 인한 자동차사고나 화재로 인한 재산피해액도 0.5%인 467억원을 차지했으며, 경찰의 음주관련 사고처리에 따른 행정비용은 88억원으로 추산됐다.

제4절 한국외식산업의 역사

1. Restaurant Concept

합리적 외식사업계획의 가장 중요한 목적은 사업운영시 투자자나 경영자에게 큰 이익을 주고 사업성과에 부족함이 없는 긍정적 성과를 기대할 수 있는 아이디어를 이론상으로 체계화시키는 것을 말한다.

이러한 이론상의 정보나 아이디어를 집합시켜 외식사업체계를 구성하고 외식업소의 이미지로서 고객이 무엇을 중요시하느냐에 대한 사항을 찾아 내어 도식화하는 일련의 과정을 우리는 Restaurant Concept이라고 부른다.

2. 외식산업의 근원

1) 과거 고려시대의 주막

▸ 주막(酒幕)의 스토리

외국 영화를 보면 주인공이 먼 길을 여행할 때 호텔에 들러 쉬는 것을 볼 수가 있다. 이 호텔에 비교될 수 있는 것이 바로 우리 전통의 호텔인 주막이다. 먼 길을 여행하는 나그네에게 따뜻한 식사와 음료, 훈훈한 인심을 제공하는 곳.

한적한 시골길을 종일 걷다가 만나는 이 주막이야말로 나그네들에게는 진정 반가운 곳이었을 것이다. 편안한 잠자리와 풍성하고도 맛좋은 먹거리들을 제공해 주는 이 주막은 새로운 힘을 얻어 먼길을 떠나게 해주는 힘의 제공자이기도 한 때문이다.

이제 이러한 주막도 많은 변천을 거듭해 오늘에 이르렀다. 나그네끼리의 구수한 정담과 주모의 훈훈한 인심뿐 아니라 보다 질 좋은 서비스로 나그네들의 다양한 욕구를 충족시키는 데 힘쓰게 된 것이다.

국제화, 세계화 시대에 접어들면서 이제 세계가 한 울타리 안에서 살아가게 된 요즈음, 외국의 호텔도 전문화를 통해 발전의 길을 모색하고 있다.

우리 전통의 주막도 인생길의 모든 나그네들이 보다 많은 면에서 기쁨을 누리며 쉬어 갈 수 있도록 돕는 곳으로서 다시금 탄생해야 하지 않을까?

* 현재는 1907년에 개업한 이문설렁탕(이문무 · 메뉴 설렁탕 · 대표 유원석) 이 가장 오래된 식당

2) 호텔산업의 근원

- 1888년(1889년 설도 있음)에 개관한 인천의 대불호텔이 최초의 호텔. 일본인 후로꾸다로오에 의해 설립.
- 1902년 정동에 문을 연 손탁호텔이 최초의 서구식 호텔.

프랑스계 독일인인 「안뜨와네 죤다크」의 한국 이름 손탁을 그대로 인용. 손탁은 당시 러시아 공사였던 위베르의 처형.

3) 한국외식산업의 출현

- 「외식산업」 단어의 출현

월간식당 창간호인 85년 4월호에서 「서구식 외식산업 체인점 현황과 전망」 이라는 제목기사에서 최초 사용.

4) 외식산업계의 첫 출현

- 해외업체는 1979년 설립된 롯데리아
- 국내업체는 면류를 중심으로 1983년에 설립된 주)장터(브랜드 장터국수).

3. 한국외식산업의 현황

1) 국내 주요 외식 브랜드 현황
2) 국내 외식시장 규모
3) 1인당 평균 외식비 지출액(1회당)
4) 외식점 이용 분포
5) 국내 서구식 외식산업 매출규모

외식산업컨설팅론

제2장

식음서비스론

제1절 메뉴의 개념정립

제2절 메뉴의 계획

제3절 메뉴의 분류

제2장 식음서비스론

식음서비스업 경영은 모든 것이 메뉴로 시작된다고 할 만큼 식음서비스업에 있어서 메뉴는 중요한 요소이다. 마케팅믹스의 요인 중 메뉴믹스를 제외한 다른 믹스요인만으로는 마케팅 전략이 불가능한 만큼, 마케팅 전략에 있어서도 상당히 중요시되어야 할 믹스요인이다. 따라서 본 고찰에서는 메뉴를 효과적으로 개발하여 고객의 만족을 유도하고, 수익의 극대화를 창출시킬 수 있는 토대를 마련하기 위해서 먼저 메뉴의 개념을 정립하고, 메뉴의 종류를 살펴본다.

제1절 메뉴의 개념정립

1. 음식의 정의

음식이란 말은 우리가 흔히 사용하는 용어이지만 음식에 관하여 다루고 있는 『식품위생법』에서는 정의가 되어 있지가 않다. 다만, 식품을 정의하면서 음식물이라는 용어를 사용하고 있으며, 식품위생이란 용어를 정의하면서 음식이란 용어를 사용하는 정도이다.

이와 같이 동법에 의하면 식품이란 용어와 음식이란 용어를 구별하기란 어렵다. 이와 같은 용어는 영어에 있어서도 마찬가지이다. 영어의 표기로 음식과 식품은 모두 Food라고 표현하고 있다. 그러나 음식점과 식품점은 한국어로도 다르게 표현될 뿐만 아니라, 영어의 표기에 있어서도 각각 Eating House or restaurant 등과 Grocer's Shop or Grocery Store 등으로 표현하고 있어, 그 뜻을 보면 차이가 많다. 따라서 Grocer's Shop이 Eating House와는 다르듯이 음식이란 용어와 식품이란 용어는 구별하여 사용함이 편리하다고 생각한다.

또한 동법 제2조 제8호에서의 "식품위생이라 함은 식품, 식품첨가물, 기구 또는 용기·포장을 대상으로 하는 음식에 관한 위생을 말한다"라는 정의에서 음식은 식품과 구별된다는 것을 이해할 수 있다. 이러한 정의는 음식과 조리라는 용어와의 혼돈도 초래한다. 식품, 식품첨가물, 기구 또는 용기, 포장을 대상으로 하는 음식이라고 표현하는 것은 그 음식을 가장 보기 좋게, 영양가 있고, 적당한 양으로 만든다는 용어가 조리라면, 위생이란 식품위생이나 음식위생보다는 조리위생이란 용어의 사용이 더 합리적이라 생각한다. 그리고 우리 주변에서는 그러한 음식을 표기할 때 메뉴, 식음료(상품), 또는 F/B(상품)라 불려지고 있는 것이 관례화되어 있지만, 앞으로는 음식이란 용어표기로 통일하는 것도 좋은 방안이라고 생각한다. 이러한 것들은 향후 풀어 나가야 할 숙제가 아닌가 하고 생각해 본다.

결국 구별하여 사용할 경우에는 음식이란 용어는 식품점(Grocer's Shop)에서 식품을 구매하여, 음식점(Eating House)에서 제공되는 완제품 또는 상품으로 해석함이 편리하다고 생각한다. 그렇다면 여기서의 식품은 원재료 또는 식재료로 해석할 수 있다.

2. 식품의 정의

식품위생법 제2조 제1호에서 식품이라 함은 "모든 음식을 말한다. 다만, 의약으로서 섭취하는 것은 제외한다"고 정의하고 있다. 그러나 원재료, 식재료라는 용어는 정의되어 있지 않다. 다만, 첨가물이나 화학적 합성품이란 용어에 대한 정의를 내리고 있을 뿐이다. 그러나 이들을 원재료, 식재료란 용어로 대치할 수는 없다고 생각한다. 따라서 결국 앞의 음식의 정의에서 살펴본 바와 같이 인간에게 제공될 완제품인 음식을 생산하기에 필요한 식품, 식품첨가물, 화학적 합성품 등을 원재료, 식재료라 보는 것이 바람직하다고 생각한다.

3. 식단의 정의

식단(표)이란 차림(표)라는 용어와 같은 개념으로 영어로 Menu로 표기된다. 그러나 우리 주변에는 식단(표)이나 차림(표)라는 용어보다는 영어식 발음 그대로 표기하는 메뉴(판)란 용어가 널리 침투되어 있어 오늘날 학생, 연구자, 학자 등 많은 이들이 메뉴(판)이란 용어를 더 많이 사용하고 있다고 생각되어진다.

4. 메뉴의 정의

앞에서도 언급하였지만 메뉴란 "고객의 육체적 · 정신적 만족을 증대시켜 주기 위하여 제공되는 품목과 형태를 체계적으로 짜놓은 차림표"를 말하는 것이다. 이와 같이 식사로 제공되는 음식을 상세히 설명하고 있는 메뉴라는 용어는 흔히 우리 주변에서 메뉴판이란 용어로도 사용되고 있다.

제2절 메뉴의 계획

작금에 이르기까지 경영자들은 메뉴계획을 비교적 중요하지 않은 것으로 여겨 왔다. 그러나 Charles Levinson은 메뉴를 음식서비스업체의 중요한 경영도구(managerial tool)라고 강조하고 있다. Hubert E. Visick & Peter E. Van Kleek도 메뉴는 판매를 위한 목록표가 아니고 음식서비스업체에서 이용할 수 있는 가장 중요한 상품도구(merchandizing tool)라고 지적하고 있다.

이러한 메뉴가 업체의 중요한 전략도구로 이용하기 위해서는 성공적으로 계획 및 제작이 되어야 한다. 메뉴의 성공적인 계획과 제작이란 제공될 여러 종류의 음식을 판매하기 전에 어떤 고객에게 어떤 재료를 가지고, 어떻게 조리하여 어떤 가격으로 어떻게 판매할 것인가를 사전에 종합 검토하여 작성하는 작업을 말하는 것이다.

즉, 메뉴를 계획하기 위해서는 첫째, 고객의 필요성, 둘째, 메뉴의 다양성과 매력성, 셋째, 영양성, 넷째, 원가와 수익성, 다섯째, 식품의 이용가능성, 여섯째, 조리설비의 한계성 등을 고려해야 한다.

따라서 메뉴는 사실상 소유주에게 속하는 것이 아니고 음식서비스업체의 고객에 속한다는 것을 발견할 것이다. 메뉴는 음식서비스업체에 유도하고 싶은 사람들의 반영이고, 그들에게 제공하고자 하는 상품이다. 경영은 고객들이 선택에 의해 방문하기 때문에 그들에게 꾸준한 커뮤니케이션이 있어야 한다. 경영의 규모가 크면 클수록 그 경영은 고객에게 초점을 맞추어야 한다. 고객에게 매일 말하는 것은 그들의 좋고 싫은 것을 알아내기 위해서, 그들의 질문에 답하기 위해서 중요하다. 소비자와의 접촉은 고객의 메뉴수용에 관한 계속적인 평가뿐만 아니라 메뉴의 개발이 중요하다. 고객의 눈과 초점의 입장에서 메뉴를 보아야 할 것이다. 그리고 새로운 메뉴를 계획할 때에는 새로운 메뉴를 제공하는 이유가 분명해야 한다. 즉, 메뉴를 제작하기 이전에 그 메뉴가 지급액을 인상하기 위한 것인지, 새로운 고객을 확보하기 위한 것인지, 또는 현 고객시장을 개척하기 위한 것인지 그 이유가 분명해야 한다. 그러하기 위해서는 고객과 그들이 좋아하는 음식에 대한 풍부한 지식을 갖고, 그들을 관리 · 운용할 줄 알아야 한다. 물론, 음식이란 것이 조리방법에 의해서 달라질 수 있고, 매일 달리 준비될 수 있어 메뉴계획상 어려운 문제일 수 있다. 그러나 메뉴의 식품을 구매할 때 특정 세분시장의 고객의 요구가 무엇인지를 고려하는 것이 필요한데, 경영자가 이들 독특한 요구에 관해 해박한 지식을 가지고 있으면 그 경영은 성공하게 될 것이다.

또한 고객에게 매력성이 있고, 특별한 메뉴를 계획하기 위해서는 이에 적합한 장비를 갖추고 있는 주방이라야 한다. 따라서 메뉴의 작성은 주방의 크기와 장비의 종류 및 생산시설 능력을 감안하여야 하며, 장비의 이용과 장비의 수에 따라 커다란 작업부담이 없는 한도 내에서 작성되어야 한다.

그리고 아무리 훌륭한 메뉴라도 재료를 적기에 구입하지 못한다면 그것은 아무런 쓸모 없는 메뉴에 지나지 않는다. 그러므로 식재료의 계절적인 출하상황이라든가 재배작황, 또는 산지의 가격형성 등 모든 재료에 대한 정보를 입수하고, 재료의 물량공급 및 기간 등에 유념하여 일년 사시사철 알맞은 재료에 대한 메뉴를 작성할 수 있어야 한다. 계절별로 미각을 살릴 수 있고, 출하가능 식자재가 고려된 작성기법이 필요하다. 그리고 보유 식자재 재고를 감안한 작성이 이루어져야 한다. 재고가 충분치 않은 품목은 구입소요기간이 고려되어야 하며, 때에 따라서는 악성재고의 처분을 위한 특별메뉴의 운용도 생각해 볼 수 있을 것이다.

결국 메뉴를 계획할 때에는 음식을 먹을 사람들의 식습관과 선호에 영향을 미치는 경제적・사회적・지역적・윤리적・종교적 그리고 형태적 배경을 감안하여야 하며, 주방에 보유한 조리기구의 특성과 고객의 미각변화에 대처할 수 있는 영양적 요소와 메뉴제시의 다양성과 매력을 가미하여야 하며, 고객의 선택이 용이하도록 하기 위해서 표현방법과 설명제시가 추가되어야 한다.

제3절 메뉴의 분류

1. 메뉴 분류의 의의

메뉴를 분류하자면 여러 가지 방법으로 나누어질 수 있다. 예컨대, 식사별, 서비스의 강도별, 지급하는 돈의 가치별, 국적별, 지방별 등 수없이 많은 형태로 분류할 수 있다. 그러나 본 고찰에서 분류하는 방법은 상기의 방법들과는 다르지만 그것들의 방법을 통합하는 것일 수도 있다. 이는 외국에서도 흔히 메뉴를 분류할 때 사용되고 있는 방법이기도 하다. 한국에 있어서는 이하에서 설명하고 있는 방법이 생소할 것이나 가장 기본적으로 그렇게 분류될 수 있음을 제시하고자 한다.

2. 고정메뉴

고정메뉴라 하는 것은 본 고찰에서 처음 사용하는 용어로 영어로는 Fixed Menu 또는 Static Menu라고 표기된다.

고정메뉴는 말 그대로 거의 변하지 않는 메뉴를 뜻한다. 이러한 메뉴는 일반적으로 패스트푸드점, 대중음식점, 일반음식점, 또는 유흥음식점에서 사용된다. 외국에서는 패스트푸드점, 스테이크하우스, 슈퍼클럽, 또는 디너하우스 점에서 사용된다. 일단 이러한 메뉴가 개발되고, 체계가 서면 그것은 계속해서 이용된다. 그러나 제공하려고 하는 새로운 메뉴품목을 첨가시키거나, 다양화시키려는 새로운 품목을 모색하지 않아도 된다는 것을 의미하지는 않는다.

3. 순환메뉴

순환메뉴도 역시 본 고찰에서 처음 사용하는 용어로 외국에서 사용되고 있는 Cycle Menu와 비슷한 개념이다. 이것은 특정시기에 서브하기 위해 만들어진 메뉴이다. 그 특정시기 말에는 그 자체가 반복된다.

순환메뉴의 정상적인 순환은 최소한 7일이며, 보통 21일을 그 주기로 한다. 이러한 순환메뉴는 학교, 병원, 기타 기관, 산업체에서 보편적으로 이용된다. 예컨대, 병원에서 사용하고 있는 식단은 이러한 유형에 속한다. 왜냐하면 A라는 병환자에게 제공되는 음식은 일정한 주기마다 달리 제공되기 때문이다.

그러나 순환메뉴는 가끔 4계절을 그 주기로 하여 새로운 계절음식을 추가하게 된다. 계절적인 주기를 갖는 순환메뉴들은 그 해의 계절마다 이용가능한 상품들을 이용한다.

4. 시장메뉴

시장메뉴라고 하는 것도 본 연구에서 처음 사용하는 용어로 영어로는 Market Menu가 된다. 이 메뉴는 특정시기 동안에 이용가능한 식품들을 고려한 공급시장의 식품수급에 바탕을 두고 있다. 이 메뉴는 음식들의 훌륭함, 신선함, 그리고 합리적인 가격결정에 의해 결정된다. 이것은 제한된 이용가능성과 상품의 소멸성 때문에 단기적인 메뉴이다. 그러나 특정상품들이 과용되어서는 안 된다. 왜냐하면 그들은 메뉴의 지루함을 제공할 수도 있기 때문이다.

5. 시사점

본 고찰에서는 상기의 분류를 메뉴의 유형이라고 제시하고 있지만, 이러한 분류에 따라 메뉴를 작성하여야만 한다는 것은 아니며, 메뉴의 유형에 대한 이해를 돕고, 업체 자체적으로 메뉴계획을 수립할 때 도움을 주고자 하는 것이다. 따라서 메뉴계획가는 상기의 각 메뉴유형에 한 가지 이상의 특징을 부가시킴으로써 새로운 메뉴를 개발할 수 있어야 한다. 또한 어떤 음식서비스업체에 있어서는 메뉴를 일정한 주기에 순환시키고, 특별품목을 이용하는 것이 판매를 촉진하는 데 있어 가장 좋은 방법일 수도 있다. 그러한 경우에 메뉴계획가는 정적 메뉴와 시장메뉴를 결합시키는 것이 가장 바람직할 것이다. 이것은 클립을 이용하여 주의서를 게시하거나 분필을 이용하여 칠판에 기록하는 방법을 이용함에 의해 행해질 수 있다.

제3장

메뉴계획의 실제

제1절 메뉴의 개요

제2절 메뉴의 계획

제3절 메뉴관리

제4절 서비스의 형태

제5절 영양

제6절 높은 음식가격의 여러 원인

외식산업컨설팅론

제3장 메뉴계획의 실례

제1절 메뉴의 개요

메뉴(Menu)란 식당의 가장 기본적인 판매수단으로 상품의 내용과 가격이 기록되어 있다. 식음료 산업을 운영함에 있어 가장 중요한 것 중의 하나는 잠재이용고객에 대한 연령, 성별, 지역적 특성, 경제적 능력 등의 특성을 철저히 분석한 다음 목표시장에 가장 적합한 메뉴를 선택 결정하여야 한다.

또한 영업의 긍정적 목적은 이윤창출에 있다고 볼 때 매출기여도가 높은 메뉴와 이용기여도가 적절히 믹스(Mix)되어야 할 것이다.

제2절 메뉴의 계획

• 일반적인 접근방법(General System Approach)

인력 ------------- → 진행 = 생산

INPUT ---------- → PROCESS = OUTPUT

1. 인력

1) 인사관리(Personnel Management)

서비스 산업이란 곧 인력을 바탕으로 한 산업이라 할 수 있을 만큼 타산업과 비교할 때 인력 의존도가 높다고 할 수 있다. 인건비의 지속적 상승은 노동집약적 특성을 갖는 호텔산업에 있어서 그 문제의 심각성이 점차 심화되고 있다.

미국 호텔산업의 평균 인건비가 25%정도인데 비해 우리나라는 40%선에 육박하고 있다. 효율적 인사관리는 판매산업의 성패와 직결된다. 이는 곧 서비스산업의 특성이라 할 수 있는 인적상품의 판매라는 특성과 각 고객이 갖는 이들 상품에 대한 만족도가 각 개인에 따라 천차만별이기 때문에 잘 훈련된 인력은 상승의 상품이라 할 수 있다.

인력관리는 인력의 적재적소 배치, 적정근무인원의 산출, 근무인원의 효율적 활용 등 인사관리의 일반적 원칙을 충분히 활용하여야 하며, 서비스산업이란 점을 감안하여 그 조직의 성격, 규모, 형태 등을 철저히 검토하여 그 고유의 채용, 훈련, 배치 시스템을 개발하여야 한다. 이러한 작업을 하기 위해서는 직무분석(Job Analysis), 직무명세(Job Description), 직무기술서(Job Specification) 등의 기초자료를 준비하여야 하며, 나아가 이용객의 일, 주, 월별 이용객 현황 분석을 통하여 인력활용의 극대화를 기하여야 한다.

2) 시장조사의 필요성

오늘날과 같이 경쟁이 심한 산업사회에서는 과거와 같은 주먹구구식의 경영으로는 기업의 성장을 기대하기가 어렵다. 또한 새로 어떤 사업에 참여하려 할 때에도 그 사업의 성장가능성에 대한 정확한 예측이 없이는 그 사업에서 만족할 만한 성과를 거두기 힘들다.

즉, 확고한 가능성과 전망에 관한 세부적인 조사를 거치지 않은 채 무모하게 사업을 시작한다는 것은 거의 불가능하며, 시장의 실정이나 동향을 파악하여 그에 알맞은 경영활동을 하지 않고서는 나날이 발전, 변화해 가는 산업사회의 경쟁 속에서 이겨 나갈 수 없다. 따라서 시장조사는 현대사회의 경영에 있어 의사결정을 위한 기초자료를 제공할 뿐만 아니라, 기존시장에서의 판매증진 및 시장개척을 위해서도 반드시 필요하다. 그리고 현대와 같은 국제화 시대에는 국내시장에 대한 조사 또한 기업의 장기적 발전을 위해 매우 중요하다.

2. 진행

1) 식당(Dining Room)

식당을 간단히 정의하자면 "일정한 장소가 갖추어진 상태에서 고객을 영접하여 음식을 제공하는 곳"이라고 할 수 있다.

식당부문의 주요 상품은 식사와 음료인 것은 두말할 여지가 없다. 이 두 가지 유형 외에 중요한 상품은 보이지 않는 무형의 상품인 서비스인 것이다.

현대의 호텔식당을 정의하자면 "일정한 시설과 업장이 갖추어진 상태에서 고객을 영접하여 진실된 마음에서 우러나오는 인적 서비스와 물적 서비스가 조화된 식사와 음료를 판매하는 곳"이라고 할 수 있다.

2) 장비, 집기, 비품(Equipment)

식당경영을 효율적인 방향으로 운영하기 위하여서는 우선 당 업장에 알맞은 공간과 그에 따른 장치 및 장식이 있어야 한다.

식당의 종류에 따라서는 주류를 취급하는 주장도 갖추어져 있어야 하며, 메뉴의 내용, 서비스 형태, 식당의 규모, 위치 등에 따라서 설비가 약간씩 달라질 수 있으나, 모든 식당의 설비는 거의 같은 원칙에서 이루어진다.

따라서 식당의 시설과 구조는 그 기능이 최대한으로 발휘될 수 있도록 다음의 6가지 원칙에 의하여 설비가 갖추어져야 한다.

▶ 식당설비의 원칙

1) 비품의 인접 배열
2) 통로의 편리한 설계
3) 식당과 주방 간의 거리축소
4) 생산성 향상을 위한 설계
5) 위생과 안전을 위한 설계
6) 작업장의 편리한 설계

▶ 식당부문의 소요기물

1) 기물류 : 요리를 판매하는 데 필요한 은기물류, 도기류, 유리컵류, 주방 장비 일체, 기타 서비스용 기물을 일컫는다.
2) 비품류 : 식당영업에 필요한 가구류 등을 총칭한다.
3) 린넨류 : 당 업장에 필요한 냅킨, 테이블 클로스 종류를 총칭한다.

3) 실내장식

조명, 에어컨, 편리하고 눈에 잘 띄는 화장실, 업장배열, 복도의 폭, 건축양식 등은 그 자체가 점포의 이미지 요인이 될 뿐만 아니라, 이들 요인은 다른 이미지 요인의 지각에도 영향을 미치므로 이미지 형성에 중요한 역할을 한다.

4) 분위기(Atmosphere)

점포의 분위기란 환경의 집이라고 한다.

이 말은 소비자가 점포에 들어섰을 때에, 어떤 감정을 느낄 때가 있는데 이러한 감정을 불러일으키는 분위기를 의미한다.

코틀러(Kotler)는 분위기를 인간의 감각을 통해 살펴보았다. 여기에서 인간의 감각이란 미각을 제외한 시각, 청각, 후각 그리고 촉각을 의미한다. 먼저 시각의 차원에서 보면 색, 명도, 크기 그리고 모양을 생각할 수 있고, 청각의 차원은 소리의 크기와 고저를, 후각의 차원으로는 향기와 신선감을, 그리고 촉각에서는 부드러움과 기온을 살펴볼 수 있다.

감각의 차원을 이용한 예를 들어 보면 상류층 부녀자를 대상으로 하는 고급 의류점의 분위기를 고려할 때, 시각은 화려하고, 청각은 잔잔한 클레식이 흐르고, 후각은 상쾌하고, 촉각은 부드럽고 온화해야 한다. 이와는 달리 젊은층을 상대로 하는 점포의 분위기는 밝고 경쾌한 상태가 되어야 한다.

5) 경쟁(What Sort of Competition)

동일한 목적에 관하여 서로 상대방보다 우월한 자리를 차지하려는 다툼을 말한다. 또한 경제용어로서 경매입찰처럼 여러 사람들 중에서 가장 좋은 조건을 제시하는 사람과 계약을 체결하는 방법이다.

① 경쟁가격

시장에서 수요자와 공급자가 서로 경쟁함으로써 이루어지는 값, 즉 완전경쟁시장에서 수요와 공급이 일치하는 점에서 결정되는 가격을 말한다.

② 경쟁계약

경쟁방식으로 맺는 계약으로서 경매 또는 입찰의 방법으로 계약에 관하여 다수인을 경쟁시켜 그 중 가장 유리한 내용의 표시자를 상대로 계약을 체결한다.

③ 경쟁매매

경쟁계약에 의하여 이루어지는 매매, 입찰매매, 경매매로 나눌 수 있다.

④ 경쟁입찰 등이 있다.

제3절 메뉴관리

1. 메뉴의 계획(Menu Planning)

메뉴 작성시 고려사항으로 요일(Day), 고객의 유형(Type of Guest), 계절적 시간(Time of the season), 기술적 전문성(Year own Professional Know-how) 등을 충분히 고려하여 메뉴를 계획하는 것을 의미한다.

2. 메뉴 엔지니어링(Menu Engineering)

이것은 표적시장의 인구분석적 특성과 기타 특성을 고려하여 메뉴를 결정하는 것을 의미한다.

즉, 메뉴 엔지니어링에 있어 제일 중요한 것은 오늘 돈을 얼마나 벌었느냐

하는 것이지 매출액에 대한 원가 몇 퍼센트(%)인가가 아니다. 현재의 구성된 메뉴로 식당이 적정이윤을 얻고 있느냐 하는 데 그 목적이 있다.

3. 메뉴의 형성(Menu Forms)

1) 광범위한 것(Extensive)
2) 제한된 것(Limited)
3) 전문적인 것(Specialty)
4) 민속적인 것(Ethnic)

4. 메뉴의 형태(Type of Menu)

1) 일품요리메뉴(À La Carte Menu)
2) 정식요리메뉴(Table D'Hôte Menu)
3) 연회메뉴(Banquet Menu), 뷔페메뉴(Buffet Menu)

5. 특수메뉴(Special Menu)

1) 아동메뉴(Children)
2) 아침메뉴(Breakfast)
3) 음료메뉴(Beverage : Cocktail, Cordials and Wine)
4) 특수시기, 포스타 메뉴판(Special Occasions, Posters Menu Board)
5) 후식(Dessert)

제4절 서비스의 형태

식당 및 단체급식 서비스 형태에는 일반적으로 테이블서비스(Table Service), 셀프서비스(Self Service), 카운터서비스(Counter Service)가 있다. 그러나 이러한 기본적인 형태에 변화와 조화, 변형이 도입되어 다양한 식당 서비스 형태가 존재하고 있다. 많은 식당들이 카운터 서비스와 테이블 서비스를 겸해서 행하며 테이블 서비스 형태의 식당에서 뷔페 서비스 형태를 도입하기도 한다. 또 어떤 카페테리아에서는 종사원들이 고객의 쟁반을 날라다 주고 시중들게 하기도 한다.

이렇게 다양한 서비스 형태는 기본적으로 고객을 위해 음식이 요리되고, 고객에게 편리한 방법으로 제공되며, 이용하기에 쉽고 가격도 적당하게 제공하는 것이 중요하다.

1. 식탁서비스(Table Service)

고객이 테이블 의자에 앉아 있고 접객원이 서비스하는 테이블 서비스는 음식 서비스 형태의 가장 전통적인 형태이다. 집에서 식사를 하는 것같이 안락하고 여유있게 즐길 수 있기 때문에 고객들이 가장 선호하는 경향이 있다. 먹을 시간이 제한받는 경우에는 카운터나 카페테리아 또는 자동판매기를 이용하고 서두르지 않는 상황에서 혼자 또는 여럿이 식사를 하려고 할 때에는 테이블 서비스를 선택하려 한다.

유럽에서 English Service, French Service, Russian Service 등 독특한 테이블 서비스가 발달하였고, 근대에 들어와서는 American Service가 출현하여 널리 보급되고 있다.

1) 영국식 서비스(English Service, Family Service)

음식이 주방에서 식탁으로 직접 날라 서비스되어 집에서의 식사형태와 비숫하다. 즉 주빈이 고객의 접시에다 일일이 덜어주거나 은쟁반에 담긴 요리를 돌려가면서 고객이 직접 담는 방법이다.

2) 프렌치 서비스(French Service)

French Service나 Russian Service를 사용하는 고급식당은 그 시설 · 비품 · 기물 등이 최고급 또는 특이하고 다양하게 서비스된다.

접객원도 고객에게 직접 서비스하는 종사원과 주방에 주문하여 직접 서비스하는 종사원에게 음식을 건네주고 보조하는 종사원으로 나누어진다. 고객 앞에서 서비스하는 접객원은 숙련된 솜씨로 주문한 음식을 직접 만들어 주기도 하며, 주방에서 만들어진 음식이라 하더라도 은쟁반에 담아서 고객에게 보여준 다음 바퀴달린 Cart인 게리동(gueridon)의 따뜻한 식기 위에 올려놓고 1인분씩 담아서 서비스한다.

음식은 보조접객원에 의해 고객의 오른쪽에서 오른손으로 서비스하며, 빵과 버터, 샐러드 접시 등은 고객의 왼쪽에 놓는다.

French Service의 특징으로는 첫째, 식탁과 식탁 사이가 게리동이 움직일 수 있게 충분한 공간이 확보되어야 한다. 둘째, 주문된 음식을 정확하게 조리할 수 있는 숙련된 주방장이 필요하다. 셋째, 사전에 정확한 음식재료의 준비가 필요하다. 넷째, 음식서비스 시간이 오래 걸린다. 다섯째, 음식을 식지 않게 제공할 수 있으며, 고객의 앞에서 직접 조리서비스하므로 고객의 미각을 돋울 수 있다.

3) 러시안 서비스(Russian Service)

Russian Service는 가끔 French Style과 혼돈되기도 하지만, 가장 고급식당에서 사용되는 서비스 형태이다. French Style과 테이블 세팅이 비슷하지만 접객원이 한 사람이어서 간단하기도 하고 서비스 속도가 약간 빠르다.

Russian Service는 음식이 주방에서 준비되고 주방장에 의해 은쟁반 위에 올려지면 접객원이 고객에게 날라 서비스된다. 접객원은 스탠드 위에 쟁반을 올려놓고 고객의 오른쪽에서 빈 접시를 놓는다. 이 때, 순서는 시계방향으로 하며, 접객원은 왼손에 은접시를 날라 음식은 고객의 왼쪽으로부터 서비스하고 음식 놓는 순서는 시계 반대방향으로 한다.

Russian Service는 연회행사에 많이 이용되는 형태로 일정한 시간에 많은 인원을 서비스할 수 있으며, 주방에서 만든 음식을 직접 가져와 제공하므로 준비기물이 필요하지 않다.

4) 미국식 서비스(American Service)

American-type Service는 프랑스식과 러시아식 서비스의 절충형이라 할 수 있으며, 한 접객원이 많은 고객을 접대할 수 있고 빠른 서비스와 경제적이라는 장점이 있다.

주방에서 음식이 접시에 놓여져 큰 쟁반에 올려 식당으로 접객원에 의해 운반된다. 쟁반 위의 음식을 접객원의 왼손으로 고객의 왼쪽에서 제공된다. 음료는 오른손으로 오른쪽에 제공된다. 사용한 접시들은 고객의 오른쪽으로 치운다.

테이블보는 각종 기물을 다룰 때 소리가 나지 않는 천으로 하며 테이블 옆으로 적어도 12인치 정도는 내려가게 하나 고객이 착석할 때 거추장스럽지 않게 하여야 한다. 많은 식당에서는 테이블보를 이중으로 설치해서 식사가 끝난 후에는 위의 테이블보를 걷기도 하며, 어떤 식당에서는 테이블보 대신 매트(mat)를 사용하기도 한다. 설탕, 소금, 후추가루통은 테이블 중앙에 놓는다.

접은 냅킨은 세팅의 중앙에, 포크는 냅킨의 좌측에 놓으며 샐러드 포크가 필요할 때에는 포크의 맨 위쪽에 놓는다.

American Service 형태는 회전속도가 빠른데 적합하며, 일반 식당뿐만 아니라 연회행사에도 많이 이용되는 서비스로 플레이트 서비스(Plate Service)라고도 한다.

2. 셀프서비스(Self Service)

1) 카페테리아(Cafeteria)

카페테리아의 특징으로는 첫째, 단시간 내에 조리되는 것을 제외한 모든 음식을 미리 준비한다. 둘째, 최대한 자기 봉사형태로 카페테리아 카운터에 종사하는 종업원이 뜨거운 음식을 제공하고, 그 나머지 음식들은 고객이 직접 가져다 먹게 된다. 그러나 어떤 곳에서는 접객원이 날라다 주는 방식을 혼용하는 식당도 있다. 셋째, 고객의 선택에 의해 음식을 고를 수 있게 진열을 잘 하여야 한다. 넷째, 동시에 많은 고객을 경제적으로 수용할 수 있다.

카페테리아에서 제일 중요한 역할을 하는, 음식을 진열하거나 쌓아놓는 카운터(Counter)는 이용 고객의 특성에 맞는 길이, 폭, 높낮이를 고려한 것이어야 한다. 카운터의 길이는 고객의 수에 의한다기보다 제공되는 음식의 양과 종류에 의해 결정되어야 하며, 어른들을 위한 카운터의 높이는 42인치가 되어야 하고 카운터 앞의 통로는 4피트가 되어 진행에 불편하지 않아야 한다. 일반적으로 쟁반 운반대(Tray rail)는 굵기 1인치, 길이 10~12인치의 스테인디스 막대 3개로 짜여진다. 운반대는 잘 미끄러지고 평행을 이루어야 한다.

고객이 음식을 고를 시간적 여유를 가질 수 있도록 활동공간과 활동선이 계획되어야 하며, 종업원이 서비스를 보조함으로써 좌석 회전율을 높일 수 있도록 공간계획이 수립되어야 한다.

많은 고객이 일시에 입장했을 때에는 카운터의 활동선으로 이동할 때까지 줄을 서게 하지 말고 넓은 대기장소에 머물게 해서 혼잡을 피한다. 활동선의 확보는 셀프서비스의 활동을 더욱 용이하게 하여 노동력 절감의 효과를 가져온다.

카페테리아의 현대적 경향으로는 테이블 서비스를 받을 수 있는 장소를 설치하기도 하며, 음식의 진열과 기타 장식에 특별한 관심을 보이며 집기류가 고급화되고 실내장식도 화려하게 꾸며 놓는다. 많은 카페테리아 식당들이 도심지보다는 주차공간 확보가 용이하고, 가족 중심의 이용이 편리한 도심 외곽의 백화점 지역에 위치하는 경향이 있다. 또한 일시에(주말) 많은 고객을 수용하기 위해 이중활동선 구조(Double-line Cafeteria)를 갖춘 식당도 있다.

2) 뷔페(Buffet, Smogasboard and Viking)

긴 테이블에 여러 가지 음식(한・중・일식)을 모아 놓고 고객의 기호대로 먹을 만큼 직접 가져다 먹는 셀프서비스 형태로서 얼음 조각이나 꽃장식 등으로 호화롭게 꾸며 놓는다. 뜨겁고 차가운 고기와 남비 요리들이 진열되고 주방장이나 보조원이 숙련된 솜씨로 요리를 설명하거나 음식을 권하여 뷔페 서비스의 분위기를 더욱 여유있게 한다.

고객이 테이블로 와서 접시나 쟁반을 들고 그들이 원하는 음식을 골라 담고 그들의 자리로 돌아오는 형태이다. 모든 음식에 대한 요금이 책정되어, 준비를 할 때 고객의 취향, 입맛을 충분히 고려하여 양을 조절하여야 한다.

커피나 디저트 등은 접객원의 서비스를 받으며 때에 따라서는 음식의 일부분을 서비스하기도 한다. 최근에는 미니 뷔페라는 신조어도 생겨 고기 종류나 분식 종류를 축약해서 서비스하는 형태도 생겨 많이 이용하는 경향이 있다.

뷔페 서비스는 많은 고객을 유치하여 소수의 접객원으로 운영이 가능한 경제적 형태지만, 여러 종류의 음식을 적절히 준비해 두어야 하기 때문에 낭비의 가능성도 배제하지 못한다.

3. 기타서비스(American Plan, European Plan, Modified American Plan, Continental Plan)

제5절 영양

1. 비타민(Vitamins)
2. 지방(Fat)
3. 무기질(Minerals)
4. 물(Water)
5. 단백질(Protein)

일반적으로 과다한 열량의 식사는 주요리와 함께 곁들여 나오는 요리이며, 그에 반해 가벼운 열량의 샐러드와 후식을 필요로 한다.

Food VALUES

		Quantity for Protein
Lean Meat	4.0 oz	23.0 GM
Veal	4.0 oz	22.8 GM
Beef	4.0 oz	21.8 GM
Poultry	4.0 oz	21.7 GM
Fish	3.5 oz	19.0 GM
Lamb	4.0 oz	18.8 GM
Liver	3.0 oz	17.8 GM
Pork	4.0 oz	14.3 GM
Cheese Cottage	1.8 oz	9.6 GM
Milk	7.0 oz	7.0 GM
Eggs	1.8 oz	6.4 GM
Bread	2.0 oz	4.9 GM
Potatoes	5.0 oz	3.0 GM
Nuts	0.5 oz	2.6 GM
Vegetable(fresh)	0.5 oz	2.2 GM
Fruit(fresh)	0.5 oz	0.9 GM

수용성 비타민(Water Soluble Vitamins)

	남(Male)	여(Female)
B1 티아민(Thiamin)	1.7 MGM	1.2 MGM
B2 리보프라빈(Riboflavin)	2.0 MGM	1.7 MGM
B5 니아신(Niacin)	22.0 MGM	16.0 MGM
C 아스코르빅 산(Ascorbic Acid)	60.0 MGM	60.0 MGM

덜 안정된, 즉 수용성 비타민은 인체에 필요한 일일 최소 요구량을 저장할 수 없다.

♣ 균형된 식사(A Balanced Meal)

Carby 40~50% Fats 25~45%

Carbohydrate

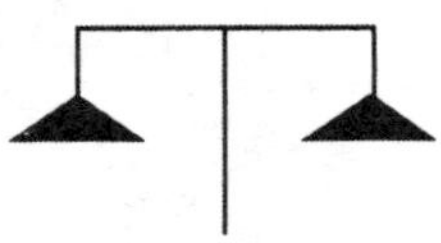

Protein : 10~15%

♣ RECIPES

예) 산출량 60% - 손실량 40%

** 예제 :

1 1b(16oz) 짜리 닭 한 마리에 90cent이다.
일인분에 8oz를 주며 산출량은 60%일 때:
일인분에 대한 원가는 얼마인가?

$$<공식>: \frac{90\times80oz}{60\times16oz} \qquad \frac{7.20}{9.60}$$

** 예제 :

뼈를 제거한 칠면조가 1 1b에 $1.20이다.
일인분에 10oz를 제공한다.
일인분에 대한 원가는 얼마인가?

$$<공식>\ 16oz : \$1.20 = 10oz : x$$

$$\because \frac{\$12}{160oz}$$

♣ 미터환산표(Metric Conversion)

$$\frac{\text{Cost}}{\text{Desire COG} \quad 5\%} \quad (\text{COG ; cost of Goods})$$

$$\frac{\text{손실비용}\times 1\text{인분 제공량}}{\text{산출량}\times 16oz}$$

♣ 상품 판매 원가율(COST OF GOODS SOLD)

$$**.\ \text{COGS \%} = \frac{\text{COGS}}{\text{Sale}}$$

Sales-COGS=Gross Income(총 수입)

♣ 총 수입량(GROSS INCOME PERCENTAGE)

$$\text{Gross Income \%} = \frac{\text{Gross Income on Sale}}{\text{Sale}}$$

$$\text{COGS} = \frac{\text{COGS}}{\text{Sale}}$$

**. Note : COGS÷GP = 100% Sales

%는 판매비율의 관계이다.

**. 예제

완두콩 스프 일인분에 대한 원가가 \$0.64이다.

원가율이 40%라면 일인분에 대한 판매가격은 얼마인가?

$$\$64 : 40\% = x : 100\%$$

$$\because \frac{0.64}{0.40}$$

♣ 온도환산법(Temperature)

섭씨 C=(F−32)÷1.8

화씨 F=C×1.8+32

♣ GROSS SALES % Formula

100%	–	Desire%	=x
Cost	÷	x	= Sales
Sales	–	Cost	= Income
Income	÷	Sales	= % (percentage)
Gross Income	–	COGS	= Gross Profit
Act Cost of Goods	÷	Desire COGS	= Sales

♣ FOODS COST CONTROL FORMULAS AND EXAMPLES

① 100 percent – Gross Profit percent = Food Cost percent

**. Example :

You are generating a 55% gross profit in your kitchen.

What is your food cost percentage?

주방에서의 총 수익률이 55%이다.

식자재 원가율은 얼마인가?

100%-55%=45%

<Answer> : 45%

② 100 percent - Food Cost percent = Gross Profit percent

**. Example :

You are generating a 48% food cost in your kitchen.

What is your gross profit percentage?

주방에서 식자재 원가율은 48%이다.

총 수익률은 얼마인가?

100%-48%=52%

<Answer> : 52%

③ Cost of Item - Food Cost Percentage = Menu Selling Price

**. Example :

You know that the total ingredient cost of a 16oz T-Bone dinner is $ 2.00, if you are using a 40% food cost percentage.

What is your menu selling price?

식자재 원가율이 40%라면 그 메뉴의 판매가는 얼마인가?

$2.00 ÷ 40% = $5.00

<Answer> : $5.00

④ Cost of Item ÷ Menu Selling Price = Food Cost Percentage

**. Example :

A salad costs are $ 0.30 and you are selling it for $ 0.45.

What is the food cost percentage from this item?

샐러드의 원가는 $ 0.30이고 판매가는 $ 0.45이다.

샐러드의 원가율은 얼마인가?

$ 0.30 ÷ $ 0.45 = 0.66

<Answer> : 66%

⑤ Gross Profit ÷ Menu Selling Price = Gross Profit Percentage

**. Example :

A hambuger gross a $ 0.25 profit and you are selling it for $ 0.75. What is the gross profit percentage?

햄버거에 대한 총 수익은 $ 0.25이고 판매가는 $ 0.75이다.

햄버거에 대한 총 수익률은 얼마인가?

$ 0.25 ÷ $ 0.75 = 0.33

<Answer> : 33%

⑥ Opening Inventory and Issues - Closing Inventory

= Cost of Goods SOLD

**Example :

01 : 00 hours on 2 May, Your kitchen inventory reveals $ 80.00 warth of Foodstuff. During the day, 2 May the kitchen is issued $ 130.00 warth of food, at the end of the day your kitchen closing inventory reveals $ 30.00 left.

What was the cost of goods sold(kitchen) for 2 May?

5월 2일 1시에 주방의 재고는 식자재가 $ 80.00어치이다. 그 날 하룻동안 주방에 지급된 식자재는 $ 130.00어치이다. 5월 2일 마감 때 재고는 $ 30.00어치가 남았다.

5월 2일 판매된 상품의 원가는 얼마인가?

$ 80(Opening Inventory) + $ 130(Issues) = $ 210.00

$ 210(Total) - $ 30(Closing Inventory) = $ 180.00

<Answer> : $ 180.00

⑦ Cost of Goods Sold ÷ Sales Receipts

= Food Cost percent for a Day

**. Example :

On 8 May your cost of goods was $ 600 your sales receipt for the same day were $ 1,000.

What was your food cost percentage for 8 May?

5월 8일 판매수령액 $ 1,000에 상품원가는 $ 600이다.

5월 8일 식자재 원가율은 얼마인가?

$ 600 ÷ $ 1,000=0.60

<Answer> : 60%

⑧ Price percent 1b ÷ 16 oz=Price percent oz

Price percent oz × Desire Portion Size=Cost of Item

**. Example :

You are paying \$ 1.20 a lb for turkey. You want to serve a 10 oz portion. What does you cost this portion?

1 1b에 \$ 1.20인 칠면조를 1인분에 10oz씩 제공하려고 한다.

1인분에 대한 원가는 얼마인가?

$\$ 1.20 \div 16 \text{ oz} = 0.075$

$0.075 \times 10 \text{ oz} = 0.750$

<Answer> : \$ 0.75

⑨ Number of People to serve × Desired Portion Size) ÷ (Percent of yield × 16 oz)

= Number of Pounds(1 1b) the purchase

**. Example :

You want to serve 200 people a 6 oz portion of steak. You know steak has on 80% yield.

How many pounds would you purchase?

200명에게 스테이크를 1인당 6 oz씩 제공하려고 한다. 산출량은 80%이다. 몇 파운드를 구매해야 하는가?

<Answer> : 93.75 lbs

⑩ (Price percent RAW 1b × Desire Portion Size) ÷ (percentage of yield × 16 oz)

= Price percentage cooked portion

**. Example :

You know that chicken cost you \$ 0.90 a 1b and you want to serve a 8 oz portion chicken has a 60% yield.

What is your price percent cooked portion?

1 1b에 0.90인 닭을 1인분에 8 oz씩 제공하려고 한다. 산출량은 60%이다. 1인분에 대한 원가는 얼마인가?

$(\$ 0.90 \times 8 \text{ oz}) \div (60\% \times 16\text{oz}) = 0.75$

<Answer> : \$ 0.75

♣ 원가관리표(예)

Food Item	Size of Portion Served	Total AMT to purchase per portion	Unit of purchase	Cost Unit	Portion COG cost per portion
Coffee Ice Cream	1 Cup 1#16 Scoop	1/50 Can 1/33 Gal	21b can Gal	2.03 1.15	0.0406 0.349

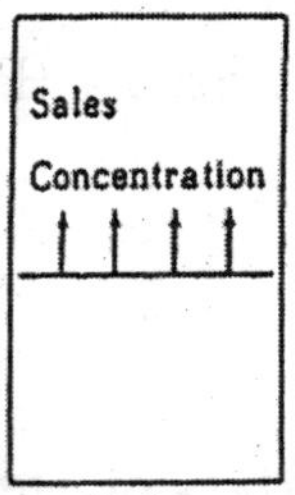

Single-page menu.

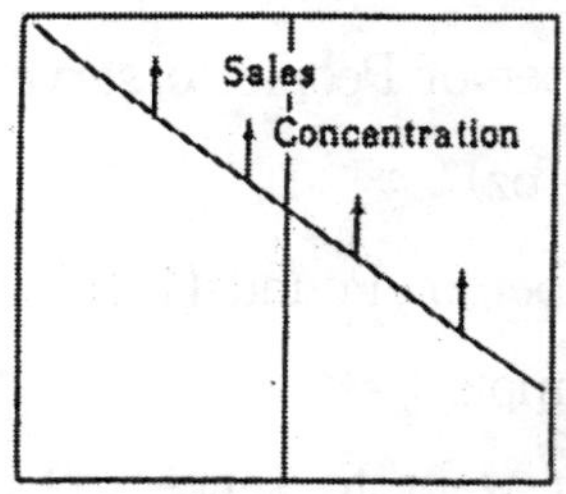

Two-fold menu.

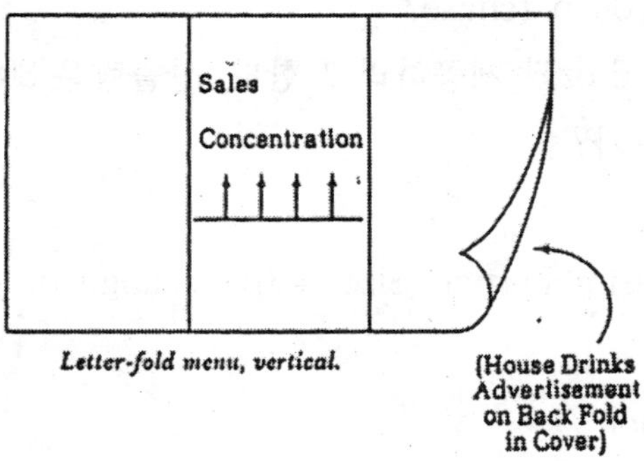

Letter-fold menu, vertical.

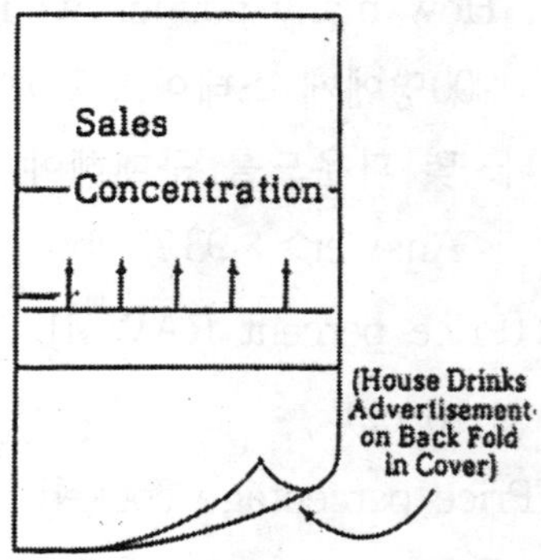

Letter-fold menu, horizontal.

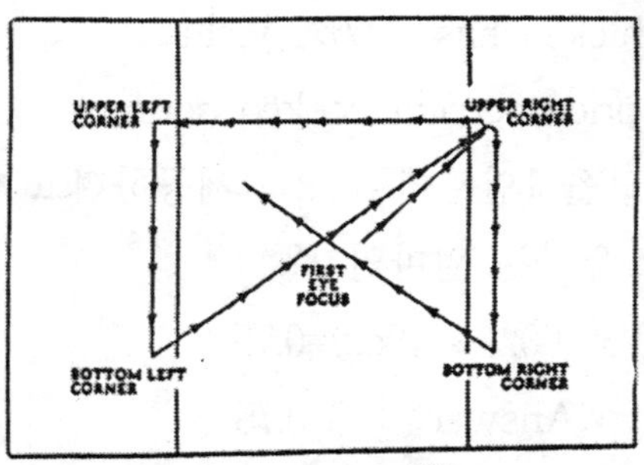

Eye movement across three-fold menu.

제6절 높은 음식가격의 여러 원인

〈주영역〉MAJOR AREA

〈메뉴계획〉Menu Planning

1. 하루 중의 특정시간, 주중의 특정한 하루, 휴일, 날씨 기온을 고려하지 않는다.

   No consideration of the time of day, day of week, holidays, weather, temperature
2. 불충분한 형식-메뉴가 알기 쉽게 짜여 있지 않고 이해하기 어렵거나 특이하지 않다.

   Poor format-the menu is not clean, understandable or dramatic
3. 메뉴의 항목이 너무 많거나 너무 적음.

   Too many or too few items on the menu
4. 단조롭고 지루함을 느끼는 메뉴

   Monotonous menu
5. 높은 수준의 평가를 위한 고가격의 항목과 낮은 가격의 항목 간의 균형이 없다.

   No balance between high and low cost items for higher average check
6. 낮은 가격항목의 부족한 장려

   Poor promotion of low cost items
7. 팔 수 있는 음식의 공급량에 대해 고려하지 않음

   No consideration of food supplies available on the market
8. 접시에 놓인 음식의 공급량에 대해 고려하지 않음

   No thought to the appearance and conjunction of the food on the plate
9. 메뉴항목에 대한 적절하지 못한 평가

   Poor pricing of menu item

10. 다양한 메뉴항목에 대하여 요구되는 노동력과 일의 방식을 고려하지 않음
No consideration of type and amount of labor required for various menu items
11. 메뉴항목을 가공하는 데 필요한 설비규모와 형태를 고려하지 않음
No consideration of type and amount of equipment needed to process the menu Items

〈구매〉Purchasing

12. 상당량을 구매한다.
Purchasing too much
13. 높은 가격으로 구매한다.
Purchasing for too high a cost
14. 물품의 질, 무게, 형태 등을 관리할 수 있는 상세한 명세서가 없다.
No detailed set of specifications governing quality, weights, types, etc.
15. 경쟁구매정책이 없다.
No competitive purchasing policy
16. 구매력과 구매책임의 집중화가 없다.
No centralization of purchasing power and responsibility
17 상인들과의 빈약한 유대관계
Poor relationship with purveyors
18. 구매를 위한 원가예산이 없다.
No cost budget for purchasing
19. 인보이스(송장)와 지급금액에 대한 회계감사가 없다.
No audit of invoice and payments
20. 융통성이 있는(취소, 변경 때까지의) 계속 주문대신 확정된 주문을 사용함.
Use of fixed instead of flexible standing orders
21. 투기성 있는 구매
Speculative purchasing

22. 구매대리인과 상인과의 단합

    Graft between purchasing agent and purveyors

23. 수취인의 절도

    Theft by receiving man

〈수령(구매)〉Receiving

24. 가격, 질, 양에 대한 상세한 검사를 하지 않음.

    No check on prices, quality or quantity

25. 손상된 물품이나 받지 못한 물품에 대한 지급유예기간 시스템을 갖고 있지 않다.

    No system of obtaining credit for damaged goods or goods not received

26. 구매한 물품의 접수방법과 절차를 검사하지 않음

    No checks on receiving methods and procedures

27. 규모에 비해 부족한 시설

    Lack of facilities such as scales

28. 물품수령에 있어서의 빈약한 설비

    Poor receiving equipment

29. 물품을 수령받은 이후의 검사기록이 없다.

    No record of subsequent check on goods received

30. 상하기 쉬운 음식을 저장하기 전에 너무 오랫동안 방치한다.

    Perishable foods left out too long before storing

〈저장〉Storing

31. 저장장소에 식품을 부적절하게 방치한다(예: 기름, 계란, 우유를 단단한 치즈와 생선 곁에 놓는 것).

    Food placed improperly in storage areas(e. g. fats, eggs, and, milk, near strong cheese and fish)

32. 부적합한 온도와 습도에서의 저장

    Stored at wrong temperature and humidity

33. 건조시설과 냉동시설에의 불충분한 위생설비

Poor sanitation in dry and refrigerated areas

34. 저장실 물품의 도난

Theft in storeroom

35. 팔다 남은 상품의 정기적인 보고나 재고품 회전율에 대한 기록이 없다.

No periodic report of dead stock or record of inventory turnover

36. 실제적이고 끊임없는 재고조사가 없다.

No physical or perpetual inventory

37. 음식물의 저장이나 지급에 대한 어떤 특정인의 책임이라는 정책이 없다.

No policy of one man's responsibility for food storage and issues

〈지급(배급)〉Issuing

38. 창고(저장실)에서의 지급된 음식물에 대한 기록이나 관리가 없다.

No control or record of foods issued from storeroom

39. 음식물의 요구나 지급에 대한 책임과 권한이 없다.

No authority or responsibility for requisitions and issues

40. 지급된 물품에 대한 조심성 없는 가격 관리

Careless pricing of issues

41. 강제적인 지급이 없다.

No forced issues

〈준비〉Preparing

42. 뼈를 발라 내기, 얇게 썰기, 잘라 내기, 고기를 베어 나누기, 손질하기, 껍질 벗기기 따위를 위한 기계설비가 불충분하거나 없다.

Poor or no mechanical equipment for boning , slicing, cutting, carving, trimming and peeling

43. 과일이나 고기의 지나친 손질

Excessive trim of vegetables and meats

44. 순이익에 대한 상세한 점검이 없다.

No check on raw yields

45. 싼 가격의 식사를 만들기 위하여 최종 생산품을 사용하지 않음.
No use of end products for production of low cost meals

〈가공〉Processing

46. 생산과잉
Over production
47. 요리하는 데 잘못된 방법을 사용
Using wrong methods of cooking
48. 잘못된 온도에서의 요리
Cooking at wrong temperature
49. 너무 긴 요리시간
Cooking too long
50. 음식물 가공의 잘못된 스케줄 작성(너무 이르거나 너무 늦음)
Faulty scheduling of food to be processed(too early-too late)
51. 표준요리(조리)법을 사용하지 않음
No use of standard recipes
52. 불충분하고/하거나 더러운 주방설비
Faulty and / or dirty equipment
53. 작은 솥을 사용하여 요리할 수 있을 때에 작은 솥을 사용하지 않음
Not cooking in small batches when possible

〈서비스〉Service

54. 음식물 1인분의 표준량이 없음
No standard portion sizes
55. 서빙하기 위한 표준용구가 없음
No standard utensils for serving
56. 음식 찌꺼기를 관리하지 않음
No care for leftovers
57. 서브되었거나 주방에서 떠난 음식물에 대한 기록이 없음
No record of food served or leaving the kitchen

58. 손님에게 음식을 갖다 주는 것이 늦음

Delay in bringing food to the customer

59. 부주의(엎지르는 것, 낭비 등)

Carelessness(spillage, waste, etc.)

〈판매〉Sales

60. 웨이트리스의 절도

Waitress theft

61. 캐셔의 절도

Cashier theft

62. 동맹파업에 대한 주의 경솔

Carelessness with “walk-outs”

63. 인기 있는 음식물의 지표(지침)이나 판매와 재고손실의 비교가 없다.

No food popularity index or comparison of sales and inventory consumption

64. 판매촉진할 수 있는 판매기록이 없다.

No sales records to detect sales

65. 이목을 끌지 않는 음식과 더러운 환경에서의 서투른 서빙

Unattractive food, poorly served in a dirty atmosphere

66. 빈약한 판매장려나 공고(국내와 국외)

Poor promotion and advertising(internal and external)

〈관리(감독)〉Controls

67. 하루하루의 판매액에 대한 회계감사(금전) 등록기 점검, 웨이트리스의 회계전표, 음식기록자((검사자)보고)가 없음

No audit of daily sales(register readings, waitress checks, food checker reports)

68. 판매나 원가경비에 대한 예측을 하지 않는다.

No forecast of sales or cost budget

69. 물가동향에 대한 기록(재료를 살 최적기)이 없다.

No record of price trends(best times to buy)

70. 종업원의 권한과 책임을 점검하지 않는다.
    No checks on authority and responsibility of personnel
71. 형식(서식)의 사용을 통한 감독, 관리가 없다.
    No control through the use of forms
72. 조직(계통)적인 관리절차나 관리목적의 정책이 없음
    No use of systematic procedures and policies for control purposes
73. 종업원과 직원의 식사는 계산하지 않는다.
    No accounting for employee and officer meals
74. 실제의 일(현실)을 관리하지 않는다.
    No control of facts

제4장

경영학의 원리

제1절 경영학의 연구대상

제2절 기업과 경영과의 관계

제3절 경영학파

제4절 경영학의 생성과 발전

제4장 경영학의 원리

제1절 경영학의 연구대상

1. 경제생활(활동)에 관한 학문

1) 국민경제(전체경제, 종합경제) → 경제학 → 한 나라의 생산, 분배, 소비의 문제를 이론적, 체계적으로 연구
2) 개별경제(경영) → 특정 목적을 달성하기 위한 인간의 계획적이고 합리적인 행위

① 재정 → 국가 또는 지방자치단체의 단위경제로서 일반적으로 재정(public finance)이라고 불리는 개별경제. 중앙청, 법원, 세무서, 도청, 군청 등
② 가정 → 가정의 소득을 행복을 추구하기 위하여 지출하는 단위경제로서 보통 가계(house keeping) 또는 가정(house hold)라고 하는 개별경제
③ 기업 → 영리를 목적으로 하는 단위경제로서 생산활동을 하는 개별경제, 회사, 공장, 상점
④ 기타 조직체 → 재정, 가정, 기업을 제외한 기타의 조직체, 학교, 교회, 공회당

2. 우리가 공부하고 있는 경영학은 기업과 기타 조직체를 연구대상으로 한다. 그러나 기업을 주대상으로 한다. 그 이유로서는

첫째, 재정과 가정은 같은 개별경제이나 기업과는 달리 소비경제이다.

둘째, 재정과 가정은 복지국가의 건설, 가정의 행복을 달성하려는 목적을 가지고 있으나 재정학과 가정학이 이들을 연구대상으로 하고 있다.

셋째, 경영학은 a. 개별경제단위체이고 b. 생산경제단위체이며 c. 영리경제단위체인 기업을 대상으로 한다. 위의 a.b.c를 기업(enterprise)의 본질이라고 하며, 다른 개별경제에 대한 특성이라고 할 수 있다.

제2절 기업과 경영과의 관계

1. 경영을 기업목적달성을 위한 수단으로 보는 견해

이는 경영을 기술단위로 보는 견해이다. 이는 경영의 원리와 기업의 원리가 독자적이라는 것을 설명하지 못하고 있다. MR. Weyermann H. Schonitz가 주장

2. 경영과 기업을 동질적인 것으로 보는 견해

기업은 영리성과 결부되어 있고 경영이 경제성 또는 능률성에 결부되어 있어 양자가 욕구충족이란 동질을 갖는 대등한 것이라고 보고 있다. H. Nicklisch가 대표적인 학자이다.

3. 경영은 노동과정이고 기업은 소유과정으로 보는 견해

이는 재산의 소유단위가 기업이고 그 내부의 노동행위를 경영으로 보고 있다. T.B. Veblen

4. 기업은 재무단위, 경영은 생산단위로 보는 견해

이는 기업은 재무적 측면을 강조한 것이고 경영은 생산적 측면을 강조한 개념이다. M.R. Lehmann

5. 기업은 대외적 측면의 문제이며, 경영은 대내적 측면의 문제라고 보는 견해도 있다.

6. 기업과 경영은 독립적이면서 상호보완적인 관계에 있다고 보는 견해

기업의 지도원리는 수익성, 영리성에 있으나 경영의 지도원리는 경제성, 능률성 또는 생산성에 있다. 따라서 독립적이면서 양자는 보완관계에 있다(E. Gutenberg).

이상과 같은 기업과 경영과의 관계를 정리하면 다음과 같다.

첫째, 기업은 모두 경영이나 경영의 전부는 기업이 아니다. 예) 학교경영, 병원경영, 교회경영

둘째, 기업의 지도원리는 수익성 혹은 영리성에 있으나, 경영의 지도원리는 경제성 혹은 생산성에 있다.

셋째, 기업은 경영의 소유단위이나, 경영은 기업의 생산단위이다.

넷째, 기업은 외적표현이고(가치집단의 외부적관찰) 경영은 내적조직체이다.

다섯째, 대차대조표는 기업의 재정상태를 표현한 것이나(B/S), 손익계산서(P/L)는 경영의 성과를 표시한 것이다.

제3절 경영학파

1. 관리과정학파(management process school)

조직집단 속에서 인간의 작업을 수행하는 과정

2. 경험학파(empirical school)

성공한 사례와 실패한 사례를 중심으로 한 사례연구(case study)가 중심이 되고 있다.

3. 인간행동학파(human behavior school)

인간의 처신과 행동 및 품행을 중심으로 연구과제를 삼고 있음.

4. 사회system학파(social system school)

경영을 하나의 사회system, 즉 문화적 상호관계로 봄

5. 의사결정이론학파(decision theory school)

의사결정을 경영의 중심과제로 삼고 있음

6. 수리학파(mathematical school)

LP. OR을 중심으로 한 수학적 방법으로 경영의 문제를 해결함

제4절 경영학의 생성과 발전

수공업적 생산형태가 공장제 생산형태(Factory system)로 바뀌어 생산의 기계화가 진전됨에 따라 경영을 연구하는 경영학(Business administration) 또는 경영경제학(Betriebsw irtschafslehre)도 발전되어 왔다.

1. 각국의 경영학

상업학
- → 관방학
  - ① 재정학
  - ② 경제정책
  - ③ 행정학
  - ④ 사경제학 → 경영경제학
- → 자본주의의 발달로 산업경영 / 상업경영 대두 →
  - 1895년 독일상업교육협회
  - 1898년 라이프젯히에 상과대학 설립

이에 독일의 경영학은 체계적이고 이론적인 성격을 지닌 경영경제학이다.

2. 미국의 경영학

°1880년 미국기계기사협회 The American society of Mechanical Engineers

→1886년 The Engineer as an Economist

°F.W. Taglor

1903, Shop Management

1911, The Principles Of Scientific Management

미국의 경영학은 관리적이고 경험적이며 실제적이다.

피터 드러커 교수 지식특강

지식이 없는 국가는 망한다

지식사회의 도래를 예언했던 현대 경영학의 대부 피터 드러커 교수는 '지식이 없는 국가와 사회는 망하게 될 것'이라는 새로운 예언을 했다. 지난 달 10일 미국 캘리포니아 주 샌디에이고에서 열린 제1차 국제지식경영 서밋에서 전 세계에서 모여든 기업관계자에게 드러커 교수는 지식과 지식근로자의 중요성을 다시 한 번 강조했다. 질의·응답식으로 진행된 강연내용과 강연 후 따로 진행된 인터뷰 내용을 정리한다.

▶ '포스트 자본주의 사회'는 어떤 사회인가,

경제발전의 원동력이었던 전통적인 생산요소, 즉 토지·노동 그리고 자본은 이제 오히려 제약이 되고 있다. 그 대신 지식이 단 하나의 중요한 생산요소가 되고 있다. 지식은 두 가지로 현실화하고 있다.

생산성과 혁신이 바로 그것이다. 생산성은 이미 존재하고 있는 과정, 서비스 그리고 제품에 지식이 적용된 결과이며 혁신은 지식을 새롭게 적용하는 것을 의미한다. 이러한 관점에서 보면 지난 40년의 경제역사에 대해 쉽게 이해할 수 있을 것이다.

구체적으로 말하자면 일본은 생산성에 집중함으로써 세계 경제대국 반열에 올라섰다. 반면에 미국은 혁신에 집중했다. 일본은 혁신을 무시했다. 일본은 필사적으로 따라잡으려 했으나 결과는 아직 만족스럽지 못하다.

독일은 혁신을 완전히 무시했으며, 따라잡으려 시도하는 조짐조차 보이지 않았다. 이제 지식은 세계에서 가장 중심적이고 핵심적인 지원이 되고 있다. 그것은 사람들이 예상치 못했던 금세기의 가장 중요한 사회현상이다.

최근까지도 사람들은 여전히 지식을 사치품 정도로 여기고 있다. 왜냐하면 사회나 국가가 주로 육체노동을 근거로 운영되고 있기 때문이다.

그러나 그 동안 노동과 자원이 없는 나라가 발전하지 못했던 것과 같이 앞으로의 세계에서는 지식이 없으면 국가나 사회는 망하게 될 것이다.

▶ 지식이 경제적 발전과 생산성 증가의 견인차라고 했는데, 지식근로자의 생산성은 어떻게 높일 수 있는가

두 가지 측면이 있다. 프레드릭 테일러가 철 주물공장에서 모래를 삽으로 퍼 나르는 노동자들에 대한 연구를 시작했을 때 테일러 자신은 물론, 그 누구도 모래를 퍼 나르는 사람이 무엇을 하고 있는지에 대해서는 의문을 갖지 않았다.

철 주물공장이었기 때문에 모래가 필요했을 뿐이다. 모래는 채취장에서 들어와 일정한 장소에 삽질을 해 옮겨야만 했다. 아무도 시비를 걸지 않았다. 해야 할 일은 미리 정해졌으며, 어떻게 할 것인지가 문제였던 것이다. 그러나 지식사회에 있어서 근로의 문제는 '어떻게가 아니라 무엇을 해야만 하는가' 이다. 그것은 매우 다른 문제이며, 아주 중요한 문제이다.

두 번째 근로자들에게 결과를 보다 중요하게 생각해야 한다는 사실을 확신시켜야만 한다. 육체노동자는 물론, 대부분 사무직들도 맡겨진 일(과업) 자체에만 집중하고 있다.

예를 들어 설명해 보자.

고도의 전문지식을 완벽한 훈련을 거쳐 익힌 미국의 간호사들은 그들 업무시간의 75%를 환자를 돌보는 것이 아니라 서류정리 작업에 사용하고 있다.

▶ 그렇다면 그러한 근로자들을 지식근로자로 바꾸기 위해 경영자들은 무엇을 어떻게 해야 하는가

경영자들은 오늘날 근로자들이 경영자들이 원하는 것보다 더 많은 것을 원하고 있다는 사실을 우선 이해해야 한다.

지식 근로자가 되는 전제조건은 의식의 전환이다. 근로자들에게 내가 왜 이 곳에 있는가, 왜 이 곳에서 일을 하고 있는가를 생각하게 해야 한다. 그래서 근로자들이 내가 하고 있는 일이 무엇인지를 알게 해야만 한다. 일하는 목적을 알게 해야 한다는 말이다.

그런 의미에서 근로자들에게 자원봉사자와 같은 의식을 갖게 하는 것이 필요하다. 그러기 위해서는 책임감이 무엇보다 중요하다. 근로자들이 '나는 내가 하고 있는 일에 책임이 있다'고 생각하고 '내가 어디에 있는가를 알고 있다'는 생각을 할 수 있을 때 지식근로자가 될 수 있다.

그렇게 생각을 하도록 하기 위해 필요한 조건이 몇 가지 있다.

첫째, 근로자 욕구(demand)를 충족시켜야 한다는 것이다.

둘째, 조건은 그들에게 책임을 맡기는 것이다. 기업의 전략적 목표는 무엇이며 그것을 달성하기 위해 근로자가 책임져야 할 일은 무엇인가를 밝혀 주는 것이 필요하다.

셋째, 학습조직(learning organi-zation)을 갖추기 전에 근로자의 교육조직(teaching organi-zation)을 갖추어야 할 것이다. 근로자들에게 무엇을 알아야 하는지를 가르쳐 주어야 하기 때문이다.

이러한 교육과 근로자들의 자발적인 학습을 통해 자기 과업이 무엇이며 무엇을 해야 하는가를 생각하면서 일하게 만들어야 한다.

가장 효율적으로 일할 수 있는 자리에 배치하고 도전하게 만들어야 한다. 또 그들이 그렇게 할 수 있는 능력을 길러 주어야 한다.

▶ '포스트 자본주의 사회'라는 저서에서 조직이 생존하기 위해서는 '끊임없는 파괴를 의미하는 혁신'을 요구한다고 말씀하셨는데 그것은 무슨 의미인가.

정치적 그리고 사회적 기관들은 보수주의자들이다.

그러나 경제적 조직은 혁신주의자들이다. 그들은 그래야만 한다. 혁신은 그들 기능 가운데 하나이기 때문이다.

30여 년 전부터 나는 시스템을 조직적으로 포기하라는 충고를 해 왔다. 그러나 조직이 그렇게 하기는 매우 어렵다. 조직 내부저항이 크기 때문이다. 그러나 '조직적인 포기(Organ-ized Abandonment)'는 지식경제시대에 대처해 나가는 데 있어 핵심적인 경쟁력이다.

▶ 왜 많은 조직, 심지어 미국의 조직들조차 과거를 체계적으로 포기하고 미래를 건설하는 데 크게 저항하는가.

한 가지 이유는 무지이다. 사람들은 과거를 체계적으로 포기하지 않는 한 현재 조직에서 성공적으로 혁신을 이루어 낼 수 없다는 사실을 알지 못한다.

내 숙모는 유럽에서 가장 유명한 소아과 전문의였다. 숙모가 우리 집에 저녁을 함께 하러 와 있을 때 전화가 왔다. 숙모가 치료하던 아이의 엄마였다. 그는 아이가 밥을 먹지 않는데, 어떻게 해야 하느냐고 물었다. 그러자 숙모는 아이가 대변은 잘 보느냐고 물었고 아이 엄마는 매일같이 대변은 본다고 답변했다.

그러자 숙모는 '걱정하지 마세요. 당신 아이는 곧 충분히 먹게 될 겁니다'라며 전화를 끊었다. 사람은 대변을 보는 한 다시 먹게 된다. 만약 대변 보는 것이 중지되면 오랫동안 생존할 수 없다. 이 같은 원리는 조직도 마찬가지이다.

지식기반 경제사회(Knowledge based Economy)는 지식이 가장 중요한 사회를 의미한다. 피터 드러커 교수는 그러나 역설적이게도 이같은 사회에서 지적재산권이라는 개념은 더 이상 통용되지 않을 것이라고 예언했다.

드러커 교수의 지식특강은 지식 중심 경제사회에서 지적재산권 문제의 방향과 기업들에 대한 메시지를 던져 주고 있다.

"지식 경제사회선 知財權 무의미"

▶ 지식사회에서 지적재산권의 구실은 무엇이라고 생각하는가. 또 지식에 어떻게 접근하고 관리할 수 있는가.

내 친구 중에 과학전문 논문을 발행하는 사람이 있다. 그는 뇌수술에 관한 논문을 발행하면서 단지 2126부만을 찍었다.

왜 2126부냐고 물었더니 뇌수술을 하고 있는 병원과 뇌수술전문가 2026명에게 판매하고, 나머지 100부는 혹시 있을지도 모를 주문에 응하기 위해서라고 대답했다.

그러나 현재 그는 출판사를 팔아 버리고 전자서비스를 하고 있다. 출판은 더 이상 하지 않는다. 그 이유는 책을 출판하면 바로 복사되는 문제점을 안고 있지만, 전자우편을 이용하면 필요한 사람들에게 보내기만 하면 돈을 지급한다는 것이다. 그는 그러한 절차는 그들이 원하기 때문이라고 말했다.

이러한 상황에서 저작권은 과연 무슨 의미가 있는가. 우리는 지적재산권 개념을 완전히 다시 생각해야만 한다. 지적재산권은 '인쇄된 언어'에 초점을 맞춘 개념이다. 그러나 아마 가까운 장래에 전자적인 전달과 인쇄물의 차이는 사라지게 될 것이다.

단, 한 가지 해결책은 유니버설 라이선싱 시스템이 될지도 모른다. 그 시스템에서는 기본적으로 모든 사람이 구독자가 되며, 출판된 것은 모두 재생산된다는 것이 당연하게 여겨질 것이다. 다른 말로 하자면, 만약 모든 사람에게 알리고 싶지 않다면 그것에 대해 말하지 말아야 한다는 것이다. 나는 그러한 시스템으로 매우 빠르게 다가가게 될 것이라고 생각한다.

▶ 그렇다면 지식기반 경제사회가 되면 지식은 어떻게 소유할 수 있단 말인가.

우리의 모든 정신은 여전히 물건 중심으로 되어 있다. 지적재산권의 거래를 '보이지 않는 거래'라고 부르고 있는 것도 바로 그 때문이다.

그러나 지식재산권은 이제 더 이상 다른 어떤 것보다 '보이지 않는 것'이 아니다. 우리는 여전히 상품에 집착하고 있다는 말이다.

▶ 기계나 부채와는 달리 지식이나 '지식에 대한 지식(Knowledge about Knowledge)'은 재무제표 상에 나타나지 않는다. 기업들은 어떻게 해야 하는가.

지식은 재무제표에 속하는 것이 아니다. 재무제표는 이론적으로 팔 수 있는 것만이 포함될 뿐이다. 그러나 지식은 사람의 '귀와 귀 사이에(between the ears)' 존재하는 것이다. 그것은 우리가 현재 사용하고 있는 재무제표가 의미가 없다는 것을 의미한다.

우리 회계시스템은 여전히 비용의 80%가 육체노동이라는 가정에 근거하고 있다. 그러나 제너럴 모터스(GM)조차도 단지 28%만의 육체노동으로 운영되고 있다.

포드의 경우, 현재 추진 중인 공장에는 육체노동을 11% 이내로 줄일 계획이다. 그것은 자동화되어서가 아니라 정보를 활용하는 과정을 재디자인했기 때문이다.

GM의 처음 구상은 로봇을 이용한 과정으로 재디자인하는 것이었으나 300만 달러를 허비했다. 이 같은 낭비를 막기 위해서는 비용이 아주 적게 드는 정보를 이용하는 과정으로 재디자인해야 한다.

40년 전에 다국적기업을 모회사와 자회사 관계가 아닌 다른 방법으로 운영하려 했다면 거의 불가능했을 것이다. 그러나 기술적으로 불가능했기 때문이 아니다. 기술적으로는 할 수 있었을지도 모른다.

그러나 그 때 그들의 의식구조가 그것을 받아들일 수 없었기 때문이었던 것이다.

제5장

컨설팅의 개요

제1절 컨설팅이란 무엇인가?

제2절 컨설팅의 특징

제3절 컨설팅을 통해서 얻고자 하는 것

제4절 컨설팅 서비스의 영역

제5장 컨설팅의 개요

제1절 컨설팅이란 무엇인가?

사람이 몸이 아프거나 몸에 이상이 없는지 건강진단을 하고자 할 때 병원을 찾듯이, 기업(조직)도 경영 또는 업무상에 문제가 있거나 당면한 문제에 대한 보다 나은 해결책을 모색하고자 할 때 컨설팅회사를 찾는다. 즉, 의사가 인체를 진단하고 처방을 내리듯이 컨설턴트도 기업체를 진단하고 필요에 따라 예방치료 조치를 강구하게 되는데, 이러한 일련의 활동을 '컨설팅'이라고 한다.

국제노동기구(ILO)는 컨설팅을 '조직의 목적을 달성하는 데 있어서 경영·업무상의 문제점을 해결하고, 새로운 기회를 발견·포착하고, 학습을 촉진하며, 변화를 실현하는 관리자와 조직을 지원하는 독립적인 전문 자문서비스'라고 정의하고 있다.

제2절 컨설팅의 특징

컨설팅에는 다음과 같은 특징이 있다.

1. 전문서비스

꾸준한 연구와 풍부한 경험을 바탕으로 문제의 원인을 진단하고, 그에 대한 적절한 해결책을 찾는다. 따라서 여기에는 의뢰인의 이익을 보호하고 증진하고자 하는 전문가로서의 윤리성이 필요하다.

2. 자문서비스

컨설팅은 어디까지나 조언을 하는 자문의 역할을 하기 때문에 이를 통해 나타나는 결과에 대해서 직접적인 책임이 없다. 즉, 최종적인 의사결정자는 의뢰인으로서 그 책임 또한 의뢰인에게 있으며, 컨설턴트의 책임은 조언의 품질과 완전성으로 한정된다. 또한 해결안의 실행에 대한 책임도 역시 의뢰인에게 있다.

3. 독립서비스

컨설팅을 통해 얻어진 결과는 의뢰인과의 친분관계나 조직에 상관없이 독립적으로 제시할 수 있어야 한다. 또한 의도적으로 특정 회사나 특정 제품을 이롭게 하거나 같은 의뢰인으로부터 또다른 프로젝트를 수주하기 위해 편협적인 제안을 해서도 안 된다. 전문적인 컨설팅회사의 경우에는 이런 위험이 거의 없으나, 사내 컨설턴트의 경우에는 회사에 속해 있는 만큼 그럴 가능성이 있다.

4. 일시적인 서비스

의뢰인 회사가 비록 자체적으로 컨설팅 전문인력을 보유하고 있더라도 업무를 접어 두고 전적으로 참여하기 어려울 때에는 전담하여 해결할 수 있는 외부 전문가를 활용하는 경우가 있다. 이 경우, 컨설턴트는 의뢰인 회사에서 한시적으로 컨설팅 업무를 수행하며, 업무가 완료되면 그 조직에서 떠나게 된다.

5. 상업적인 서비스

컨설팅은 판매자와 구매자의 관계로 만나는 하나의 사업인 만큼 컨설팅 서비스를 제공하면 그에 상응하는 대가를 받게 된다. 따라서 컨설팅 계약은 재무적으로 적정한 이익을 남길 수 있도록 해야 한다.

제3절 컨설팅을 통해서 얻고자 하는 것

1. 조직의 목적 달성

일반기업, 공공기관, 사회기관 등 조직의 유형에 따라 나름대로 추구하는 목표가 있다. 이 목표는 대개 리더십의 확보, 경쟁우위, 고객만족, 총체적 품질관리(TQM), 생산성의 향상, 조직의 우위성 확보, 높은 업무수행 달성, 이윤, 업무결과의 향상, 조직의 성장 등으로 나타나는데, 이러한 목표가 달성되도록 기여하는 것이 바로 컨설팅이다.

또한 의뢰인이 추구하는 목표를 이루기 위해서는 목적을 분명히 해야 하는데, 그렇지 못할 경우 의뢰인이 미래의 비전을 명확하게 수립하고 장기적인 조직의 목적을 달성할 수 있도록 하는 컨설팅도 가능하다.

컨설팅을 통해서 얻고자 하는 것

컨설팅
- ⇒ 조직의 목적달성
- ⇒ 경영과 업무상의 문제해결
- ⇒ 새로운 기회의 발견과 포착
- ⇒ 학습증진
- ⇒ 변화의 실행

2. 경영과 업무상의 문제해결

컨설팅은 다양한 각도에서 경영과 업무상의 문제점을 발견하여 분석하고 해결안을 제시함으로써 문제해결을 위한 의사결정에 도움을 주는 것이 그 목적이다.

여기서 말하는 문제란 반드시 이루어져야 할 바람직한 상태와 현재 상태와의 차이를 말한다. 이 때 문제를 좁은 의미로 해석할 경우, 과거의 성과에 대한 잘못의 지적에 국한되고 대응책도 잘못된 사안에 대한 수정 및 교정활동에 주안점을 두게 되어, 그 해결이 단편적이거나 부실해질 수 있다. 따라서 문제를 넓은 의미로 정의하는 것이 바람직하다.

문제의 종류

- 의뢰인의 불만
- 예기치 못한 손실
- 경쟁력 부족
- 진부한 관리방식
- 적절한 기회의 상실
- 급변하는 환경
- 안정에 대한 불안감
- 비현실적인 기대감
- 자원의 부족
- 경쟁에 대한 압력
- 자신감의 부족
- 민첩하지 못한 업무실행
- 정보의 부족
- 의욕적인 업무목표
- 업무의 만족스럽지 못한 결과
- 자연재해
- 미래에 대한 가능성 부족
- 잘못된 의사결정
- 새로운 기회의 부상
- 변화에 대한 반대
- 좌절감
- 잘못 투영되는 이미지
- 사용되지 않은 유휴자원
- 목표달성 실패
- 과도한 자신감
- 업무실행 내용에 대한 의견 불일치
- 과도한 정보량

3. 새로운 기회의 발견과 포착

컨설턴트는 당면한 문제를 해결해 나가는 가운데 의뢰인 조직에게 항상 새로운 사업기회를 제공한다. 따라서 많은 기업이 새로운 사업기회의 선점, 업무의 향상과 혁신, 새로운 시장의 개척, 품질향상, 고객만족 향상, 종업원의 업무수행 역량의 향상과 동기부여 등을 위해 컨설턴트를 활용한다. 실제로 세계적인 초우량 기업들은 컨설턴트의 도움을 받아 새로운 사업기회를 발굴하였다.

4. 학습증진

컨설팅은 학습활동을 지원하는 것이다. 즉, 의뢰인 조직이 새로운 경쟁력을 갖출 수 있도록 하기 위해서 컨설턴트에게 권한을 부여하고 관리자나 스태프가 컨설턴트의 경험을 학습할 수 있도록 도와 준다.

5. 변화의 실행

오늘날과 같이 치열한 경쟁 속에서 생존하고 성장 · 발전하기 위해서는 컨설팅 결과를 구현하는 과정에서 혹은 컨설팅의 내용을 정리해 나가는 단계에서 조직원과 조직의 성공적인 변화를 관리 · 유도할 필요가 있다. 즉, 의뢰인 조직으로 하여금 변화를 이해시키고, 변화와 함께 생활하고, 생존을 위해서 변화를 성공적으로 수행하게 한다. 때문에 컨설턴트를 변화관리자(Change agent)라 부르기도 한다.

또한 다음과 같은 경우에도 컨설턴트나 컨설팅 회사에 컨설팅을 의뢰한다.

- 외부의견이 필요한 경우
- 컨설턴트나 컨설팅 회사의 객관적인 견해가 필요한 경우
- 문제를 진단하고 해결하는 능력을 보완하고자 하는 경우
- 전문지식과 실무경험에서 오는 차이를 해결하고자 하는 경우
- 전문인력의 부족문제를 해소하고자 하는 경우
- 기업 내 역학관계에 영향력을 행사하고자 하는 경우
- 이해관계를 해소하고자 하는 경우

제4절 컨설팅 서비스의 영역

컨설팅 서비스의 영역은 생산 중심의 컨설팅에서 출발하여 재무·회계 영역과 경영 전반으로까지 확대되었다. 또한 정보기술의 발달에 따라 독자적인 영역을 확보하고 있던 정보기술컨설팅 관련분야가 발전하여 점차 경영과의 긴밀한 관계를 가지면서 경영컨설팅의 일부로 흡수되고 있다.

컨설팅 서비스의 영역을 구체적으로 살펴보면 다음과 같다.

1. 전략컨설팅

조직 전반의 경영기획, 중·장기 전략, 경영정책, 국제경영

2. 업무컨설팅

- 사무처리(사무관리, 절차 등)
- 인사(관리기법, 채용 등)
- 재무(원가분석, 평가 등)
- 생산(생산통제, 생산설비 등)
- 조달(구매, 재고관리 등)
- 포장(기계, 디자인 등)
- 마케팅(판매예측, 가격 등)
- 국제관계(라이선스, 관세 등)
- 조사·개발(프로젝트 결정 등)
- 교육·훈련(직업훈련, 기법교육 등)
- 정보기술컨설팅(정보전략, 모델링, 요소기술 등)

한편, 최근에 각광받고 있는 컨설팅 서비스 영역은 다음과 같다.

- 활동기준원가회계(ABC), 경제적 부가가치(EVA)
- 지식경영
- 전사적 자원관리(ERP)
- 기업 인수·합병, 합작투자
- 전사 구조조정
- 전략계획 수립(경쟁전략)

3. 컨설팅의 전략적 접근

관광식음료 & 조리분야 컨설팅
컨설팅(주된 목적은 가치창조이다!)
경쟁우위 확보가 시작이다.

1) 관광식음료 & 조리분야컨설팅

대상: 구성원 모두가 열심히 일하고 있으나 성과가 나타나지 않는다.
경영혁신의 필요성은 느끼나 무엇부터 해야 할지 막연하다.
종업원이 과거로부터 지속해 온 방법만을 고수하고 새로운 아이디어가 나오지 않는다.
개선활동은 많이 했는데 실제 적용되고 있는 것은 하나도 없다.
회사가 급격히 성장하고 있는데, 구성원은 제자리인 것 같다.

2) 중장기 전략계획 수립

기업의 거시적 경영환경과 내부여건을 면밀히 분석한 후 주어진 자원을 최적 배분하여, 최고의 성과를 실현하도록 하는 구체적 절차와 방법.

① 초유량기업 실현
② 경쟁사대비 자사위치 파악
③ 사업전개 방향설정
④ 최적자원배분
⑤ 탁월한 조직

⑥ 가시적 수익창출
⑦ 전략경영

3) 전략적 조직 재구축 컨설팅

기업이 맞이하게 될 경영의 새로운 패러다임은 개방적이고 유연하면서 상호협력하는 성과 지향적 조직으로의 변화를 요구하고 있습니다.

컨설팅은 기업이 추구하는 성과와 정보틀ㄹ 중심으로 조직이 변신하는 데 올바를 방향을 제시하고 과거의 계층과 기능적 조직에 익숙해 있는 사고와 업무방식의 혁신방법을 제시하는 것입니다.

• 기대효과

① 대립의 조직 협력의 조직으로 변화
② 조직시너지와 가시적 성과 극대화
③ 조직의 SLIM화, PLAT화 구현
④ 민첩하고 활동적 조직 구성
⑤ 조직구성원의 자기발전 역량 극대화 구현

4) MTS-R컨설팅(Market Oriented Total System Reengineering)

급변하고 있는 고객의 NEED와 시장동향에 대응하여 고객의 관점에서 기업의 모든 경영활동을 재구축하고 고객이 만족하는 제품서비스의 개발, 생산, 판매체제를 재구축함으로써 기업의 경영혁신을 도모하는 것

• 기대효과

① 업무량 30% 이상 삭감을 통한 관리혁신
② 경영활동 표준화, 매뉴얼화를 통한 영업력 강화
③ 시장경쟁조직 우위확보(품질, 시간, 코스트 절감을 통해)
④ 자사 적합형 프로세스 개발
⑤ 전략경영 목표달성 방안 실현

5) 벤치마킹 컨설팅

강력한 경쟁자의 제품, 서비스, 업무수행 방식을 끊임없이 관찰하고 분석하여 창조적으로 모방함으로써 업계 최고가 되기 위한 혁신적 방법을 제시하는 것

• 기대효과

① 경쟁사의 수준의 명확한 파악
② 자신의 현 위치 및 수준의 파악
③ 가시적, 정량적 목표달성
④ 비용절감과 수익의 증대
⑤ 경쟁력의 강화를 통한 업계 최고수준으로의 도약

6) 정보시스템 구축 컨설팅

경영계획수립 및 수행결과의 분석, 통제, 목표관리를 위한 경영정보시스템을 구축함으로써 업무수행의 효율성 제고와 의사결정의 신속성, 정확성을 지원하는 것

• 기대효과

시스템 통합 - SIS, MIS, EIS, S/W, H/W, System Integration Downsizing
- Client Sever, End User Oriented, Light sizing Relationship DB
Networking
Synergy Effect

7) 표준원가 시스템 구축 컨설팅

제품의 기획 설계단계를 중심으로 기술, 생산, 경리 등 사내 관련부서의 업무를 서로 연결시켜 견적 기준체계의 확립, D/Base 구축, Cost table / Time table의 Maintenance 등을 통해 종합적 원가절감을 목표로 생산성을 향상하고, 이익체질을 개선하는 cost전략

• 기대효과

① 원가의 디자인 단계부터 사전 cost 대폭삭감
② 불량절감, 설비요율향상에 의한 코스트 다운
③ 리드타임의 단축, 부문간 상호작용의 촉진
④ 목표의 공유와 달성을 위한 실행

8) 전략적 관리원가 혁신 컨설팅

관리원가란 원가혁신의 구체적 목표기준 등과 같은 전사적 목표를 설정하고 낭비적 cost를 효율적으로 배제하며, 미래지향형의 cost down 활동을 과학적으로 전개하는 방법

9) 이익계획과 종합예산제도 컨설팅

경영방침과 계획에 따라 이익계획의 마스터플랜을 작성하고, 자금수지의 정확한 예측시스템을 가시화하는 방법론을 제시

제6장

컨설턴트의 요건

제1절 컨설턴트란 무엇인가?

제2절 컨설턴트 성장모형

제3절 컨설턴트의 자격요건

제6장 컨설턴트의 요건

제1절 컨설턴트란 무엇인가?

컨설턴트는 기업 혹은 조직의 경영 · 업무상 해결해야 할 문제나 과제에 대해 전문적인 식견을 가지고 조언과 지도를 해주는 전문직업인이다. 컨설턴트에 대한 정의는 보는 관점에 따라 다양하겠지만, 대표적인 몇 가지를 소개하면 다음과 같다.

- 경영상의 문제를 최고경영자의 시각으로 바라보되, 사실에 입각하여 철저하게 분석하고 의뢰인의 상황에 맞는 최적의 해결책을 제시하며, 도출된 해결책의 효과적인 실행을 위해 의뢰인을 지속적으로 지원하는 사람
- 경영의 현상을 객관적으로 관찰 · 분석하고 문제점을 조기에 지적하며, 풍부한 경험을 바탕으로 적절한 해결방안을 조언하는 비즈니스 닥터
- 기업의 조직 · 계획 · 지시 · 통제 등 경영에 관한 문제를 밝혀 내고 전문가적인 입장에서 문제를 해결하는 데 필요한 교육 · 경험 · 기술적 능력을 가진 사람으로, 공평하고 객관적인 조언으로 기업에 봉사하는 사람
- 기업경영의 전반 또는 각 부문에 대한 문제점을 지적하고 개선의 제안과 실시지도 · 교육 등의 여러 활동을 행하며, 기업경영의 합리화 · 고도화 측면에서 지원하는 기업 외부의 전문가

이러한 컨설턴트의 역할은 다음과 같이 정리할 수 있다.

- 사실에 근거한 분석작업
- 문제의 진단과 해결책의 모색
- 전문적인 해결책의 제시
- 실행계획의 개발
- 운영시스템과 수단 제공
- 조직의 변화를 계획 · 관리
- 경영자와 조직원의 훈련 · 개발
- 개인적인 카운슬링 제공
- 객관적이고 편견 없는 판단 제공
- 새로운 아이디어나 신선한 방법 제시
- 전문적인 정보와 자료 제공
- 임직원에게 필요한 추가적인 기술 제공
- 새로운 제도의 도입 적용

제2절 컨설턴트 성장모형

컨설팅 회사마다 각기 다른 특색과 전문성을 지닌 컨설턴트 성장단계가 존재한다. 회사별로 명칭상의 차이는 있으나 각 단계별로 요구되는 직능은 비슷하다. 단, 대리 · 과장 · 차장 · 부장 등의 연공서열 개념과는 차이가 있다.

컨설턴트 성장 3단계 모형

단계	직능
컨설턴트 (Consultant)	• 사실수집 • 의뢰인 인터뷰 • 문제정의 • 분석평가 • 대안창출 • 보고서 준비 • 의뢰인 작업지도
↓	
매니저 컨설턴트 (Manager Consultant)	• 계약추진 • 컨설턴트 평가 • 컨설턴트 지도 • 제안작성 • 보고서 작성 • 관리자 상대
↓	
파트너 컨설턴트 (Partner Consultant)	• 현실적인 계획 • 최고경영층 상대 • 계약승인 • 의뢰인의 위험관리

컨설턴트 성장 4단계 모형

신입 컨설턴트 (Consultant)	• 필수기량 습득, 6개월~1년, 연수 및 보조업무 수행
⬇	
오퍼레이팅 컨설턴트 (Operating Consultant)	• 전문분야에서 컨설팅 실시, 4~7년, 현장경험 습득
⬇	
슈퍼바이저 컨설턴트 (Supervisory) 서베이 컨설턴트 (Survey Consultant)	• 오퍼레이팅 컨설턴트 후원 및 감독, 프로젝트 총괄 • 진단과 예비조사가 가능한 단계, 경험과 기술 보유
⬇	
파트너 컨설턴트 (Partner Consultant)	• 컨설팅회사 경영 가능, 독자적인 영업수주 가능

제3절 컨설턴트의 자격요건

컨설턴트의 활동은 의뢰인이 처한 문제점을 파악하여 그 문제점에 대해서 조치를 취하고, 여러 분야의 사람으로 이루어진 프로젝트팀을 구성하여 활동을 조정하며 자신이 제시한 결론을 의뢰인에게 잘 전달하여 끝까지 추진하도록 함으로써 의뢰인의 기대를 충분히 만족시키는 데 그 의의가 있다.

1. 컨설턴트에게 필요한 요건

컨설턴트에게 필요한 요건은 다음과 같다.

1) 자질

• 상담, 조사, 교육, 설명회 등에 요구되는 의사소통 능력
• 인터뷰, 프레젠테이션 기술 등

2) 기본지식

- 경영일반에 대한 이해: 경영관리와 주요 업무활동 기능(재무·회계, 자재구매, 인적자원 관리, 연구개발, 외부환경, 정보시스템 생산, 물류, 마케팅, 사후관리)
- 분석 및 진단기술: 정보수집, 인터뷰, 설문작성, 데이터 분석, 문제정의
- 해결 및 실행기술: 문제해결 능력, 창의력, 벤치마킹, 설계기술
- 프로젝트의 사전기획과 제안작성: 프로젝트 진행단계별 모니터링
- 프로젝트의 추진능력: 컨설팅 절차와 기법의 숙지

3) 전문지식

- 해당분야 업무의 수행절차와 연관업무와의 전반적인 관계 이해
- 객관적인 평가와 올바른 판단을 위한 고도의 전문지식
- 새로운 컨설팅 영역의 개척과 신기법 연구개발
- 전문분야에 대한 정보수집 채널 필요(예: 전문서적, 국내외 정기간행물, 세미나 및 강의, 컨설팅 발표자료, 사례연구자료, 학회활동, 전문동호회 모임)

4) 경험지식

- 기업체의 실무·현장 경험
- 프로젝트 수행을 통해서 얻게 되는 프로젝트 관리 역량(일정·비용·인력·조달·위험·의사소통·품질·범위 관리)

2. 컨설턴트의 개인적인 능력

컨설턴트의 개인적인 능력은 선천적인 능력과 후천적인 능력으로 구분할 수 있다. 선천적인 능력으로는 지적·육체적인 능력 등을 들 수 있으며, 후천적인 능력으로는 상대방에 대한 이해, 용기, 목적지향, 도전의식, 문제해결능력, 판단력, 커뮤니케이션 능력 등이 있다. 이 중에서 컨설턴트에게 가장 중요한 요건은 분석력과 창의력, 성실성이라 할 수 있다.

- 지적능력: 의뢰인의 문제를 검토하여 해결방안을 제시하고, 지식습득을 위해 끊임없이 자기계발에 힘쓴다.

- 리더십: 자신감을 가지고 문제를 접하며, 의뢰인과의 협조하에 일을 추진한다.
- 열정: 일에 대한 열정과 성의가 있어야 하며, 기본적으로 건강이 뒷받침되어야 한다.
- 정서: 정서적으로 안정되어야 하며, 대인관계가 원만해야 한다.
- 의사소통 능력: 상대방의 입장을 이해하면서 객관적인 조언을 할 수 있어야 하며, 아울러 자신의 생각을 합리적으로 표현할 수 있어야 한다.
- 과정지향: 방법론에 대해 이해하며, 동료 및 의뢰인과의 공동작업을 원활하게 이끌어나가야 한다.
- 윤리성: 의뢰인에 대한 모든 정보는 보호해야 한다.
- 문화의 이해: 의뢰인 조직의 경영방식을 이해함은 물론, 일상문화를 존중할 줄 알아야 한다.
- 신뢰성: 작업방식과 그 결과에 대해 신뢰감을 줄 수 있어야 한다.

이 밖에 공평성, 긍정적인 사고, 자기 동기부여, 팀플레이 정신, 기동력, 유연성, 설득력, 인간적인 매력, 전문인으로서의 매너 등도 컨설턴트가 지녀야 할 기본적인 요건이다.

컨설턴트는 자기 분야와 관련된 기본이론을 섭렵하고 기업들이 겪고 있는 문제의 공통점을 인지하고 있어야 하며, 그에 대한 예민한 감수성이 있어야 한다. 이러한 기본적인 능력을 바탕으로 문제를 해결하는 데 있어서 열정을 가지고 책임을 다하며 추진력과 노력으로 일관할 때 좋은 성과를 기대할 수 있다.

컨설턴트는 최종 의사결정자가 합리적인 판단을 할 수 있도록 스태프로서의 역할을 다해야 한다. 문제해결에 있어서 정면도전하는 자세가 필요하며, 모든 사람을 만족시키기 힘든 상황에서 의뢰인과 자신의 판단하에 소신있는 컨설팅 대안을 제출할 때 자신의 분석내용과 실행계획의 전과정에 대해 자신감을 가질 수 있다.

3. 성공하는 컨설턴트의 공통점

성공하는 컨설턴트를 보면 모두 하나의 공통점을 가지고 있다. 그것은 바로 자신의 분야에 대한 전문지식은 물론, 컨설턴트로서의 기본자질, 즉 전문직업인으로서의 기본자질을 고루 갖추고 있다는 점이다.

컨설턴트로서의 기본자질은 다음과 같다.

- 설득력과 자신감이 있는 사람
- 유연성이 있는 사람
- 문제해결 능력이 있는 사람
- 창의력이 뛰어난 사람
- 일을 즐기는 사람
- 차분하고 신뢰감이 있는 사람
- 인간관계가 원만한 사람
- 솔직한 사람
- 꾸준히 노력하는 사람
- 핑계를 대지 않는 사람

참고로 컨설턴트로서 보람을 느낄 때와 회의를 느낄 때를 살펴보면 다음과 같다.

1) 컨설턴트로 보람을 느낄 때

- 의뢰인이 컨설팅 결과에 만족할 때
- 컨설턴트 스스로 컨설팅 결과에 만족할 때
- 프로젝트가 성공해서 재계약이 이루어질 때
- 컨설팅 실적이 예상목표를 초과했을 때
- 계획된 일정대로 컨설팅 프로그램이 운영될 때
- 회사와 의뢰인이 자신의 능력을 인정해 줄 때

2) 컨설턴트로 회의를 느낄 때

- 의뢰인이 컨설팅 결과에 만족하지 않을 때
- 컨설팅 결과가 만족스럽지 못할 때
- 계획된 프로젝트의 진행이 순조롭지 못할 때
- 본인 능력 이상의 일을 하도록 요구받을 때
- 자기계발 시간이 부족할 때
- 소속회사의 스태프와 호흡이 맞지 않을 때

제7장

모의 창업 컨설팅

제1절 외식산업의 의의

제2절 메뉴계획

제3절 입지

제4절 외식창업을 위한 준비

제5절 Hot Line 점포개발

제6절 전문가들이 조언해 주는
피해야 할 입지유형 5가지

제7절 식자재 구매방법

제8절 효율적 구매관리 및 계획

제7장 모의 창업 컨설팅

제1절 외식산업의 의의

1) 외식산업의 개념

외식산업이라는 용어가 우리나라에 처음으로 소개된 것은 우리나라 최초의 외국브랜드 체인음식점인 롯데리아가 개점한 1979년 전후로 추정된다. 이후 이 용어는 패스트푸드와 패밀리 레스토랑 중심의 체인기업군이 미국과 일본에서와 마찬가지로 근대적 시스템 경영방식을 도입한 점포경영으로 음식업을 산업화하고 시장을 확대하는 견인차 역할을 하면서 확산, 보급되어 지금은 대중매체를 통해서도 자주 접할 수 있게 되었고 각급 대학의 관광관련학과에 동명 혹은 유사명칭의 강좌가 개설되기에 이르렀다.

외식산업의 개념은 인간의 외식행위에 대항하여 성립된 일단의 사업군이라 할 수 있다. 본래 인간의 식생활은 가정 내에서 이루어지는 가정내 식생활과 가정 외에서 이루어지는 가정 외 식생활로 대변할 수 있으며, 전자를 내식, 후자를 외식으로 부른다. 엄격한 의미에서 외식의 범주를 산정해 본다면 내식을 제외한 모든 식사행위 혹은 식생활이 외식의 범주에 속한다고 할 수 있을 것이다.

외식산업은 인간의 의식행동을 기반으로 성립하는 사업형태이며, 이것이 업태로서 구체적으로 표현된 것이 바로 레스토랑이다. 레스토랑은 특정입지를 중심으로 영업활동이 이루어지는 것이 상식이지만, 외식산업 중에는 출장연회, 배달판매, 그리고 완재요리판매와 같이 입지문제를 벗어난 신업종이 포함되어 있다.

외식산업은 서비스산업의 대표적인 관광산업의 한 부분으로서 넓은 의미의 외식산업과 좁은 의미의 외식산업으로 나눌 수 있다. 넓은 의미의 외식산업은 식사와 관련된 음식과 음료를 일정한 장소에서 직접 제조하여 불특정 다수 또는 특정인에게 판매하거나 그와 관련된 원자재를 생산하는 상행위를 하는 모든 업소들의 군이라 말할 수 있다. 한편, 좁은 의미로의 외식산업의 범주는 식사와 관련된 음식이나 음료를 일정 장소에서 특정인에게 판매하는 상행위를 하는 모든 업소들의 군으로서 우리가 식당이라고 부르는 범주에 속하는 업소를 의미한다고 말할 수 있다.

2) 외식산업의 특성

외식산업은 불특정다수의 사람들이 식사를 즐기는 장소를 제공함으로써 소비자 자신의 가치관과 생활양식을 연출하는 공간을 제공하는 역할을 한다. 따라서 외식산업은 음식의 제공과 더불어 외식이라는 상징적 행위 그 자체를 상품으로 판매하는 것이라 할 수 있다.

제2절 메뉴계획

1) 메뉴조건

고객의 필요와 음식서비스의 조직목적을 평가한 이후에 중요한 단계는 메뉴를 계획하는 것이다. 메뉴계획은 음식서비스업체에 있어 가장 중요한 과업들 중의 하나로 음식서비스 시스템의 필수적인 요소이다. 즉, 메뉴는 업체에 의하여 제공되는 음식목록으로 고객의 욕구와 수요에 바탕을 두고 조직목표를 달성하기 위하여 고안된 업체에 의하여 제공된 식음료에 관한 설명서라고 할 수 있다.

메뉴는 음식서비스 시스템의 모든 것들이 한군데로 집중할 수 있도록 하는 초점이기도 하다. 음식서비스영업의 성패는 메뉴와 그것을 어떻게 제공하느냐에 달려 있다. 이것은 영업의 수익정도를 결정할 수 있는 것으로 모든 노력이 메뉴계획시에 필요하고 영업의 모든 측면을 고려할 필요가 있다. 메뉴계획은 음식서비스 시스템의 모든 측면을 고려하여 메뉴가 계획되는 과정이다. 경영자와 소비자 모두의 관점에서 받아들일 수 있는 식음료의 선택이 이루어져야 한다.

신중한 메뉴계획은 효율적인 고객만족, 직원동기와 관리의 바탕이다. 메뉴를 계획하기 이전이나 계획시에 고려되어야 하는 요인은 경영자와 소비자의 측면이다.

경영자측면에 있어서 주요 고려해야 할 사항은 메뉴가 업체의 목표와 목적에 상반성이 있어야 한다는 것이다. 메뉴는 조직의 목표를 반영할 수 있어야 하고 그 업체에 음식서비스의 존재를 위해 필요한 것을 반영할 수 있어야 한다. 그리고 수요될 예산은 음식판매로부터의 소득과 음식원가비율에 따라 달라지며, 따라서 음식판매로부터의 소득은 고객의 가처분소득, 시설의 위치, 서비스의 유형과 다른 결정요인에 따라 달라진다. 상상력, 효율성과 창의성을 바탕으로 한 계획이 서야 하며, 이용가능한 자원들 모두의 효과적인 이용이 메뉴를 계획하는데 있어 필수적이다.

업체 유형에 따라 예산은 기대비용과 자본에 의하여 계획되거나 또는 특정기간의 고객 수 예측에 의하여 계획된다. 음식원가비율은 예산을 결정하는 데 있어 아주 귀중한 도구이다. 메뉴의 탐색과 선택은 일괄된 평균지급가격을 가져올 수 있는 기대치에 도달하기 위하여 필요하다. 또한 음식서비스의 주요자원인 원재료는 수요와 공급에 영향을 미치는 계절변동에 따라 달라진다. 메뉴들은 음식상품의 계절적 이용가능성이나 비이용가능성을 최대한 이용할 수 있는 방식으로 계획되는 것이다. 또한 업체의 위치와 시장의 접근가능성은 메뉴계획에 영향을 미친다. 대도시에 위치한 업체들은 여러 음식상품이나 그들의 대체품을 획득하는 데 비교적 부담이 적다.

또한 메뉴를 계획할 때에는 효율적인 물리적 시설과 장비, 그것을 다루는 직원의 능력 또한 고려해야 할 사항들이다.

제3절 입지

1) 외식산업의 입지결정 의의

외식산업의 입지는 외식산업의 성공에 아주 중요한 요인이며, 경영전략의 한 수단이 된다.

오늘날 자영업의 메이저사업으로 외식산업의 인기성과 치열한 경쟁, 시장의 빈번한 변동 등이 입지결정을 중요한 문제로 대두시키고 있다. 외식산업체라는 것이 위치, 메뉴, 가격, 좌석, 서비스, 분위기의 컨셉을 결정하게 된다. 따라서 위치의 성격이 변함에 따라 외식산업체 컨셉 모두는 변화되어야 한다.

2) 입지결정의 기초자료

점포의 개별성, 서비스의 스타일, 메뉴가격, 그리고 관리는 입지선정에 있어 특별한 기준을 필요로 한다.

첫째, 지역의 인구통계적 변수이다. 여기에서는 흔히 나이, 직업, 종교, 인종, 가족규모, 교육수준, 평균소득이 포함된다.

둘째, 주요 접근로에서의 시각성이다.

셋째, 주요 접근로로부터의 접근성이다.

넷째, 레스토랑을 지나가는 잠재고객들의 수이다.

다섯째, 잠재시장으로부터의 거리이다.

여섯째, 주위환경과의 조화이다.

한편, 입지결정은 올바른 문제인식과 올바른 데이터를 바탕으로 행하여야 한다. 여기서의 데이터의 정보원은 부동산 매매중개인이 주요 원인일 수 있다. 그들이 그 지역사회, 소득수준, 성장패턴, 교통흐름, 외식산업 경쟁상황 등에 관하여 잘 알고 있을 수 있기 때문이다.

정보의 또다른 주요원은 상공회의소, 은행, 시 계획가, 그리고 다른 외식산업체 경영자일 수도 있다.

위치의 입지성은 경제, 지역주민의 성향, 건물의 출현과 쇠퇴, 교통흐름의 변화, 지역의 치안, 그리고 기타 다른 요인들을 포함한 여러 상황조건들에 따라 변화된다. 따라서 외식산업체는 계속적으로 지역의 전반적인 상황에 주의하여 메뉴를 바꾼다든가 필요하다면 컨셉을 변화시키거나 점포영업을 중단하여야 할 경우의 조치 등이 필요하다. 결국, 어떠한 위치 영향요인들을 간과하지 않기 위하여서는 입지를 평가할 수 있는 정보의 체크리스트를 개발할 필요가 있다.

제4절 외식창업을 위한 준비

1. 목표설정(Set up an objection)

어떤 식당을 차리겠는가 하는 최초의 구상

1) 음식에 의한 구분

- 한식, 일식, 양식, 중식, 뷔페

2) 운영형태에 따른 구분

- 간이음식점
- 대중음식점
- 전문음식점
- 유흥음식점

3) 장소에 따른 구분

- 휴게음식점(역, 고속도로변, 운동시설, 관람시설, 공항, 시장 등 특정시설 내에 위치)
- 상업지역 내의 음식점(회사주변, 관청, 공장, 아파트, 시장, 병원, 학교, 호텔)

• 근교지역 음식점(전원, 산, 강, 호수, 해변)

• 케터링 음식점(연회, 장례, 기내식, 선내식, 학교, 회사, 병원)

4) 행정기관이 정하는 법 시행령에 따른 구분

• 휴게음식점, 일반음식점, 유흥음식점

5) 고객이 평가하는 시설등급에 따른 구분

6) 서비스 방식에 따른 구분

2. 기획(Planning)

어떤 형태의 음식점을 어느 정도의 규모와 어떤 곳에 차려야 한다는 구체적인 작업을 기획이라 할 수 있다. 자본, 경험 유무, 도와 줄 인원 등을 고려하더라도 어떻게 시작하느냐 하는 또 하나의 난관이 기다리고 있다. 다음과 같은 수순을 밟아야 한다.

1) 기존의 점포 매입
2) 토지 또는 건물 계약 후 직접 시설
3) 자체 점포의 업종 변경에 의한 창업

3. 자금(Capital)

1) 토지(식당 용도의 신축건물 허가여부 타진 : 준농림지) 구입자금
2) 건물 신축자금 또는 인수자금
3) 조경 및 진입로 정비자금
4) 인테리어 비용(개보수 비용 포함)
5) 집기 · 비품 구입자금
6) 초기 식자재 매입 및 일정기간의 운영자금
7) 광고선전 자금
8) 차입금의 이자 및 원금 상환 적립금

4. 조직(Organization)

식당 창업의 조직은

1) 시설의 크기
2) 조리방식
3) 영업시간
4) 식탁회전율
5) 음식서빙 방식

등에 따라 차이가 난다. French service나 Russian service, 또 한정식 경우 등에는 고객과 종업원의 비율이 매우 낮지만, 단일 품목 전문식당, 패스트푸드 레스토랑, 카페테리아, 뷔페의 경우 그 비율을 높일 수 있다.

창업자의 경험, 기량 등에 따라 조직의 탄력성을 부여할 수 있다.

10%를 초과해서 조직하는 경우-창업 즉시 매출의 성과가 즉시 나타날 수 있다고 예상하는 데 비하여 종업원들의 업무 숙지도나 팀워크가 안 되어 있고, 종업원의 실당 이직률이 높은 업종일 경우에는 자연퇴직이 2~3개월 안에 이루어지기도 한다.

반면 10~15% 정도 미달상태에서 soft opening하는 경우도 있다. 계획된 메뉴 전 품목을 한꺼번에 선보이는 것이 아니라, 고객의 반응을 보아 가면서 서서히 고객 인지도를 높여야 할 경우에는 핵심요원과 최소한의 인원으로 창업하고 충원하는 방식이 필요할 때도 있다. 창업주가 경험이 풍부하며, 장소가 상업지역 이외에 있어 매출증가의 속도가 느린 지역일 경우이다.

5. 인·허가 업무

창업의 절차 중 인·허가 업무도 시간과 경비가 꽤 들어가야 하는 일이다. 너무 촉박한 일정에 쫓기다 보면 무시하기 일수인 인·허가 업무도 창업일정표에 만들어 넣어 차질없이 진행시켜야 한다. 창업자가 토지를 구입하고 건물을 신축할 수는 있다고 해도 해당 법령과 시행규칙, 조례 등에서 예외적으로 일반음식점, 단란주점, 유흥음식점, 숙박업소 등으로의 인·허가가 날 수 없는 곳이 의외로 많다는 것을 아는 사람은 드물다.

또 기존의 업자가 영업행위를 하고 있는 곳이라 할지라도 토지, 건물의 소유자로부터 양도·양수의 승인을 받지 아니하고, 전 운영자로부터 인수하였을 때(계약금, 중도금, 잔금을 치루고)에도 법적으로 정당한 양수자라는 것을 인정받지 못하는 경우가 허다함으로 계약을 치루기 전에 토지·건물의 실질 소유자를 면담하고 신중하게 계약을 추진하여야 한다. 이때, 중개업자의 말만 믿어서는 안 된다.

계약에 앞서 다음의 사항을 점검해 보자.

1) 해당 지번의 행정관할 시·군·구의 식품위생과에 인·허가를 적법하게 받을 수 있는 곳인가, 또는 받고서 영업행위를 하고 있는가?
2) 해당 업소가 위치한 건물의 준공검사 및 취득, 등록은 되어 있는가?
3) 소유권자의 등기 유무 확인과 질권 설정 여부
4) 법령 또는 시 조례에 의하여 금지하고 있는 영업을 하고 있거나 하려고 하는 것은 아닌가?
 - 학교보건법 관련
 - 상수도 보호구역
 - 국토이용관리법
 - 소방법에 의한 각종 규제를 위반한 건축물에 위치한 업소
 - 청소년보호법에 의한 각종 행위제한 구역
5) 채권자로부터 압류, 임의경매 등 건물의 소유권에 대한 변동이 예상되는 징후는 없는가?
6) 인·허가 업무의 세부절차
 - 신규
   영업허가신청서
   시설배치도(건물임대차 계약서)
   액화석유가스 이용신고서
   교육필증(지역동업자조합 지정 기관)
   유선 또는 도선사 면허증 신고필증
   식품위생 검사기관이 발행한 수질검사 성적서
 - 지위 승계(양도·양수, 사망, 합병, 경매 등)

위 내용 외에 양도인임을 증명하는 서류, 주민등록등본, 인감, 이미 나간 영업 인·허가증과 임대차 계약서 등

- 사업자등록(해당 세무서)

시·군·구에서 영업허가를 받은 후에는 관할 세무서에 사업자등록신청서를 제출하고 사업자등록과 함께 주류판매신고서(휴게음식점 제외)를 받아 업장내 계산대 앞의 잘 보이는 곳에 게첨하여야 한다.

사업자등록신청서(세무서 비치)
영업허가증 사본(원본지참)
주민등록 등본(법인은 법인등기부 등본)
주민등록증 사본
임대차계약서 사본(원본지참)
업종에 따라 금전등록기, 카드 가맹점계약서 등이 필요하기도 하다.

6. 점포계약

이제까지 논의된 기획, 자금, 조직 등은 실제로 실행하지 않는 한 큰 비용부담은 발생하지 않는다. 그러나 한번 계약이 성립되면 되물러서기 어려운 상태에 돌입한다. 계약은 그만큼 자신이 투입한 자본뿐만 아니라, 앞으로의 자신의 온갖 시간과 정력, 열정을 쏟아 부어야 하며, 가족의 생활까지 심각한 영향을 미친다. 계약을 신중하게 할 이유가 여기에 있다. 다시 한번 다음 사항을 살피자.

1) 이 곳이라면, 내가 향후 적어도 2~3년간 시간과 재력과 정열을 다 바쳐 도전할 수 있는 곳인가?
2) 시장조사는 충분히 하였는가? 어디에 숨겨진 부분은 없는가? 이 때에는 제3자의 견해를 냉정히 귀담아 들을 필요가 있다. 흔히 한번 성공한 사람이 자신감에 젖어 낭패를 볼 수가 있다.
3) 점포가 들어 있는 건물이 건축물대장상 근린생활 시설로 되었고 층별 용도가 다른 목적이 아닌지 확인한다. 용도변경이 된다고 하여도 해당 관청에 반드시 확인한다.
4) 수도, 전기, 가스, 정화조, 진입로 등이 불법으로 시설되었거나 규정위반은 없는가?

5) 미등기, 불법건축(항공 촬영 후 원상복귀 명령) 부분은 없는가?

6) 주차장 면적(자체 및 인근)은 어떤가?

7) 건물주의 차입금이 시가의 60% 이상이거나 타 사업의 부진 등으로 설정이 계속 늘어가고 있지는 않은가?

8) 대형 건물일 경우에는 그 회사의 임대사업 규모를 조사한다. 그들은 대개 고문변호사/법무사 등과 계약을 맺고 있어, 그들이 작성한 계약서로서는 어떠한 경우에도 승소할 수가 없다.

9) 계약면적은 실면적으로 환산해서 하는 것이 세금신고, 환경부담금 납부액이 줄어든다.

10) 건물주가 전매금지를 하거나 가까운 시기에 신축, 명도, 타목적 이용을 하려는지도 알아야 함으로 계약전 꼭 만나야 한다.

11) 건물주의 성격에 대해서도 알아야 한다.

7. 점포 내장공사

1) 신축건물 또는 빈 공간에 신설하는 경우

(1) 시설 기본개념 정립

규모, 인원, 서비스 방법, 냉난방, 간판, 영업허가, 전기·전화신청, 광고홍보 전략 등

(2) 마스터 플랜 작성(작업진행표)

(3) 시공업자 견적 의뢰, 의견 반영

(4) 시공순서 배열

목공사, 조적공사, 전기공사, 배관공사, 타일공사, 페인트 공사, 외부 조경 공사, 간판, 카펫트, 벽지, 장식물, 가스공사, 냉난방 공사, 식탁 의자, 오디오, 서비스 스테이션 등, 개업전 마무리 공사와 청소 등으로 한다.

(5) 메뉴 확정에 따른 주방장비와 기물선정, 주문, 반입, 성능시험시 불가피한 반품/교환여부 등에 따른 기간도 설정한다.

(6) 종사원 선발-교육-실습

(7) 카드 가맹점계약

(8) 화재보험계약

2) 기존점포 인수시

위 순서에 입각하되 부분적인 수리나 위치 변경, 메뉴 변경에 따른 추가, 삭제 등이 필요할 수 있다. 현재 큰 하자 없이 운영되는 경우에는 얼마간 운영해 본 후 문제점이 들어난 후에 손을 대는 것이 유리할 수도 있다. 그러나 화재보험, 산재보험 가입, 전기안전, 화재안전, 가스안전, 보건증 검사에 대비한 준비는 영업개시 후에 바로 시작하는 것이 만일의 경우에 대비하여 안심할 수 있다.

기존영업 중인 점포를 인수하여 전면적인 개보수나 부분적인 공사를 하더라도 그 시기와 공사방법에 따라 차이를 낼 수 있다.

(1) 기존점포의 인수가 연말과 같은 영업성수기인가, 아니면 한업기인가를 본다.
(2) 기존점포의 영업이미지가 좋아 그대로 끌고 가야 하는가, 아니면 전면적으로 새 점포이어야 하는가
(3) 단기적으로 부분공사만을 할 것인가 전체적인 공사인가
(4) 기존점포의 lay out에 문제가 있는가, 아니면 단순히 시설이 낡아서인가, 또는 최근의 패션을 도입하기 위해서인가, 취급하려는 품목과 걸맞은 시설을 하기 위해서인가.

위의 모든 사항을 고려하여 내장공사를 결정하였다면 우선 기존점포 내의 시설을 철거하는 공사가 진행되어야 하는데, 지금은 폐기물 처리도 만만치 않기 때문에 이 점 또한 고려되어야 한다. 한국인들이 새 것을 좋아하는 경향은 알아주어야 하지만, 전통가옥, 전통문양이나, 향수어린 것들은 보관해서 역사가 오랜 업소로 계승하는 방법도 생각해 볼 만하다.

제5절 Hot Line 점포개발

1. 입지선정 왕도는 없다!

일반적으로 외식위주의 창업에는 다양한 방법론이 있다.

유효소비 인구가 많고 교통망을 이용하는 소비동선이 모여드는 곳에 위치하고, 배후 도시가 발달되어 있는 곳과 유명브랜드가 입점하고 있는 곳 등 좋은 입지에 대해 서적이나 인터넷을 통하여 다양한 정보를 얻게 되나, 실지로 현장 방문을 하여 살펴보면 좋은 입지를 찾는다는 것은 막연할 수밖에 없다.

결국, 눈으로 보이는 단편적인 입지조건을 찾아 입점하여 창업하는 사람도 많이 보아 왔다. 이들의 대부분이 사람이 많이 다니는 곳, 창업하고자 하는 입지에 동일한 업종이 적거나 없는 곳 등 단편적인 것만으로 창업을 하는 잘못을 범하고 있다.

그렇다면 실지로 100% 완벽한 입지는 존재하는가에 대답은 '없다'라고 할 수 있다.

하지만 최대한의 노력은 해야 되지 않겠는가?

좋은 입지를 얻는 것은 매우 어렵다. 그 이유는 다음의 몇 가지 사항에 비추어 예를 들어 보겠다.

첫 번째 법적으로 보호받을 수 없는 권리금이라는 유효소비 인구를 먹으면서 체중이 늘어나는 괴물이 있기 때문에 임차금액보다도 높은 권리금은 큰 부담으로 남는다.

두 번째 실질적으로 이러한 좋은 입지는 해당 매도자의 지인을 통한 임차갱신을 하기 때문에 창업자가 이러한 자리를 입점하기는 매우 어렵다.

여러 사례 중 이 두 가지를 꼽은 것은 실질적으로 창업을 하기 위해 발품을 팔았을 때 느낄 수 있는 대표적인 사례이기 때문이다.

계획하고 있는 업종과 업태가 이러한 강권에 적합하지 않다면 결코 좋은 입지라고 판단하기 어렵다. 하지만 좋은 입지적 조건이 모든 창업에 적합한 것은 아니라는 것을 명심해야 할 것이다.

2. 평형별 입지선정

1) 소형(실평수~20평 미만)

서민층이 많은 중소도시의 시장상가 배후지역이면 무난하다고 할 수 있다. 이는 소형평형의 주택가에서 시장 통으로 이어지는 이면도로를 접하고 있는 점포라면 일단 고객 접근성으로 인한 소비동선은 확보되었다고 볼 수 있다.

그리고 소형 한식당의 경우 반드시 배달을 겸해야 하는 특성을 지닌 만큼 영업주의 부단한 노력이 필요한 소형창업 업종이다. 주의할 것은 소규모 한식 창업의 경우 시장과 주택가 사이에 사람들의 흐름은 보이고 있지만 사실 동선이라고 하기에는 부족하다. 이는 시장을 향하는 목적 외에는 뚜렷하게 해당 입점을 위한 소비형태는 보이지 않기 때문에 소형평형의 경우에는 지역 밀착형 창업을 해야 할 것이다.

2) 중형평수(실평수-20평 이상~50평 미만)

가족단위의 외식문화 확산으로 인해 외식메뉴를 즐길 수 있는 입지조건과 사무실이 밀집하여 있는 입지조건이면 무난한 창업을 할 수가 있다.

가족단위의 의식메뉴를 즐길 수 있는 입지조건을 찾기 위해서는 제일 먼저 소비 트렌드를 찾아야 한다.

부동산학의 저명한 인사 중의 한 사람인 '라트클리프'는 부동산의 입지조건 특징을 주거지역 내에서의 접근성을 먼저 생각하고, 유효소비인구의 연관관계, 즉 소비성, 대중성, 접근성의 중요한 입지적 조건을 갖추고 있는 것으로 파악하고 있다. 이러한 조건에 맞는 중형평수의 한식당이라면 2천 세대 이상 규모의 아파트가 있고 교통수단의 주통로 및 정문과 후문의 도로연결망을 확인하여 입점을 결정하는 것도 중요하다.

핵심 포인트는 해당 아파트의 수준을 파악한 메뉴를 선택하는 지혜로움이 필요하며, 유사업종의 수요파악도 중요하다 하겠다.

3) 대형평수(실평수~50평 이상)

고객 접근성과 주차장을 가장 먼저 파악해야 한다.

대형평수의 특성상 임대차는 가급적 전세계약을 해야 하며, 임차기간은 3년이상 장기계약을 해야 한다. 이는 투자 초도금액이 큰 경우 단기계약에서 오는 리스크를 줄일 필요가 있으며, 조기 투자금 회수를 위해서 기회비용을 단기적으로 일정부분 손실을 입는다 하더라도 장기적인 금리수익을 보면 기회비용을 채우고도 남는다.

그리고 대형평수의 한식전문점의 경우 관공서 밀집지역이나 위락지역 등이면 무난할 것으로 판단되며, 무엇보다도 주차공간을 충분히 확보해야 한다. 그리고 영업점이 대형화를 이루었기 때문에 광역적 상권을 확보해야 하며, 도시근교의 복합도로를 함께 하는 창업을 해야 투자에 대한 리스크를 조금이나마 줄일 수 있을 것이다.

3. 식당은 지하나 이층 이상 입점은 안 된다?

창업을 하려면 역발상에서 출발을 해야 한다.

각종 창업강좌에서 틀에 박힌 강연내용 중에 하나는 외식관련 창업은 권리금을 많이 주고라도 반드시 1층에 입점을 하라고 한다. 이것은 편리성만을 강조한 근시안적인 발상이라고 먼저 이야기하고 싶다. 2000년을 지나가는 외식사업의 현주소는 지역불문, 층별불문 등 고정관념을 깨는 창업을 준비해야 하는 것이 외식업 성공의 지름길이다.

창업을 준비하는 사람은 고정관념에서 벗어나야 한다. 물론, 1층에 입점하는 것이 지하나 상층에 입점하는 것보다 나을 수 있다. 하지만 창업의 가장 기본목적은 초기투자자금을 최소화하는 데에 있다고 볼 때 법적으로 보호받지 못하는 권리금을 임대보증금보다 적게는 절반, 많게는 수배 이상의 금액을 투자하면서 리스크를 키우는 것은 바람직하지 않다. 창업자가 고정관념을 깨우기 위해서는 몇 가지 기법들이 있는데, 다음의 강제 순열조합법이라는 기술을 소개하겠다.

예를 들어, 지하에 창업을 한다고 가정을 해 보자. 덮어놓고 발상을 하는 것보다 자연 속에서 일어나는 지극히 평범한 예를 놓고 그것과 강제로 연관시키며 생각을 해 보는 것이다. 즉, 전혀 상관이 없는 자연적인 현상을 가지고 공통점을 찾아 결부시키는 것이다. 창업자에 있어서 좋은 입지라고 하는 1층은 권리금, 건물주의 성향 등 다양한 리스크가 존재한다. 그래서 창업자라면, 특히 경험이 별로 없는 창업자라면 되도록 리스크가 적은 창업을 해야 한다.

권리금이 비교적 낮게 책정되어 있는 지하나 이층을 입점대상으로 삼는 것도 한 가지 방법일 것이다. 이러한 방법으로 자연현상에서 일어나는 모든 것을 강제로 연관시켜 나가는 것이다.

자연현상이 아니라 주변에서 일어나는 어떠한 일이든 상관없이 강제로 결부시킴으로써 고정관념을 깨고 트인 사고방식을 얻을 수 있을 것이다.

4. 외식업 창업을 함에 있어 반드시 확인하고 피해야 할 입지분석

외식업을 하려는 모든 창업자분들 중에 기존에 외식업을 한 사람들이나 새로이 업종변경을 하여 창업하려는 사람들은 점포선정에 있어 상권분석이나 입지분석을 개인적 혹은 전문가에게 조언을 얻고 점포선정을 하고 있다. 예전에는 개인적으로 발품을 팔아 점포선정을 하거나 중개업자의 의견에 따라 점포선정을 해온 게 사실이다.

그러나 현재에는 외식창업 전문컨설턴트에게 상담을 받아 창업을 하려는 경향이 늘고 있다. 예를 들어, 창업자의 자본금, 성격, 성향, 입지에 따른 메뉴선택, 위치, 권리금이 적당한지, 수익성 분석, 향후 권리금 상승추이 등 전문컨설턴트의 상담을 받아 창업을 해야 많으면 많고 적으면 적은 창업자의 재산의 손실을 막을 수 있으며, 창업성공의 지름길로 갈 수 있는 것이다.

창업자의 조건이 완벽하게 맞는 점포입지 선택은 현실적으로 어렵고 비용 또한 만만치 않다. 그러므로 투자금액에 맞추어 최대한의 악조건을 피해 점포선정을 하는 것이 오히려 현명한 점포선택요령이라 하겠다.

5. 주목되고 있는 역세권 입지분석 및 유망업종과 향후 전망

과거에도 그래 왔고 현재에도 창업 컨설팅을 의뢰하는 대부분의 창업자 분들은 위치적으로 어디를 선택할 것인지를 물으면 역세권 상권으로 점포 입지 선택을 요망한다.

이러한 경우를 볼 때 역세권 상권은 상권형성정도, 유통인구 수요층에 따른 수익창출 등 안정성을 누구나 인정하는 상권이다. 이러한 요청에 부응한다는 점에서 요즘 신흥상권으로 떠오르고 있는 대표적인 7호선 역세권과 유망 역세권을 분석해 보고자 한다.

1) 노원역

지하철 4호선과 최근에 7호선이 개통됨으로써 예전보다 더욱 활기를 띨 노원역 상권은 10대 20대 젊은이들 뿐만 아니라, 30~40대 직장인에게도 인기 있는 곳이다.

중저가의 보세의류매장이 주종을 이루고 분식점이나 주점, 호프집, 노래방, PC방 등도 활기를 띠고 있다.

현재 젊은 유동인구를 주타깃으로 하는 업종이 많이 분포되어 있지만 앞으로도 유망하다고 하겠고, 주변에 직장인들을 상대로 한 저가의 생고기집, 민속주점, 호프집, 라면전문점, 생과일 주스점 등이 유망하다고 하겠다.

2) 이수역

지하철 4호선과 7호선 환승역인 이수역은 동작대로와 사당로가 교차하는 교통요지이며, 젊은이뿐만 아니라 중 · 장년층의 상주인구까지 포함하여 고객 연령층이나 업종이 다양한 상권이라 하겠다. 이 상권에는 기존의 재래시장과 중저가의 브랜드 의류점, 분식점, 음식점, 도로에 들어선 노점상점 등이 분포되어 있다.

앞으로 유망업종을 분석해 보면 젊은 층을 겨냥한 먹거리 전문점, 중저가 의류점, 꼬치구이점, 피자점 등이 유망하다고 하겠다.

3) 양재역

양재역 상권은 예로부터 지금까지 교통의 요충지로서의 역할을 해 왔다. 예로부터는 말죽거리라 하여 지방관리들과 말의 숙식을 하던 곳이었으며, 현재는 성남, 용인, 분당, 수원, 안양 등의 수도권과 서울을 연결하는 도로망, 사당상권과 벤처기업, 사무실이 밀집되어 있는 포이동, 도곡동 일대를 연결시키는 강남대로와 남부순환로가 있어 교통요충의 역할을 하고 있다.

양재상권의 기반시설도 많이 확충되어 있다. 지하철, 일반버스, 좌석버스, 마을버스의 운행 수가 많으며, 주차장은 말죽주차장, 서초구청 주차장, 양재환승 주차장 등이 구비되어 있으며, 서초 구민회관, 우면동 교육문화회관, 서초구청, 양재시민의 숲 등 공공시설도 구비되어 상권의 수요층을 확대시키고 있다.

양재상권의 업종은 파파이스, 맥도날드 등의 패스트푸드점과 호프집, 커피전문점, 캐주얼의류점, 팬시점, 당구장, 노래방, 갈비집 등 청소년층에서부터 직장인 노년층까지 골고루 흡수할 수 있는 업종이 분포되어 있다.

용인, 성남 방면의 양재환승 주차장 대로변으로 매물로 나온 점포를 구하는데 어려움이 있지만, 출·퇴근하는 직장인들, 수도권 남부 대학에서 통학하는 학생들, 인근의 양재고등학교 학생들, 서초구청의 공무원 등 남녀노소를 가리지 않는 모든 업종이 가능하다.

화장품 전문점, 보세의류점, 편의점, 꽃집, 약국, 커피숍, 당구장 등이 유망하고 출·퇴근 직장인, 통학하는 바쁜 학생들을 위해 간단하게 요기할 수 있는 김밥전문점, 라면전문점, 우동전문점, 분식점, 주먹밥전문점도 유망하다. 그리고 여고생을 대상으로 하는 팬시점이나 캐릭터 전문점, 스파게티 전문점 등이나 회사원을 겨냥한 파전집, 감자탕, 아구탕, 닭갈비 전문점 등의 업종이 입점해 있지만, 동일업종으로 창업해도 유망하리라 보이고 웨스턴 바 등도 유망하다.

4) 천호역

천호역 상권은 도시화의 물결을 걸으면서 423번지의 홍등가를 중심으로 상권을 형성하였다.

현재 정부의 단속과 함께 재개발사업으로 점차적으로 상권이 정비 및 변화하고 있다.

현대백화점과 E마트 뒷편에는 주로 패스트푸드, 커피전문점 등이 밀집되어 있고 천호 구사거리 주변에는 캐주얼 의류점, 화장품, 팬시전문점 등의 업종이 분포되어 있다. 기존의 재래시장과 지하철 5호선과 8호선 개통으로 유동인구 및 유효수요층의 증가, 현대백화점, E마트, 아울렛2001, 코오롱 쇼핑, 동아쇼핑 등 대형 백화점과 대형 쇼핑몰의 형성, 고덕동, 암사동, 마천동 일대의 젊은 수요층의 흡수, 경기도 신도시 인구의 흡수, 광진구 재건축과 천호동 구천면길 확장공사 등 천호상권은 강동 최대의 상권을 형성하고 있으며, 계속 확대 되어가고 있다.

천호상권의 주수요층은 10대, 20대 신세대 여성을 대상으로 주업종이 분포되어 있다. 의류점, 화장품 전문점 등이 호황을 누리고 있으며, 분식점이나 패스트푸드점도 호조다.

현대백화점 뒤의 틈새시장을 노려 구두점, 패션가발 전문점, 김밥전문점, 우동전문점, 떡볶이 전문점, 튀김 전문점 등의 소점포도 유망하다. 30, 40대 주부들을 겨냥한 실내포장마차나 닭갈비집, 커피숍, 한식집, 과일 도・소매점, 돼지요리점 등이 호황을 누리고 있어 유망업종으로 선택되어질 수 있다.

제6절 전문가들이 조언해 주는 피해야 할 입지유형 5가지

1. 건물주가 현재 외식업, 식당업을 하고 있거나 유사한 업종을 하고 있는 경우를 피해야 한다.

당연히 임차해서 들어가는 경우 강자는 건물주고 약자는 임차인일 것이다. 아무리 성격이 좋은 건물주라 하더라도 보증금, 월세 관계라든가, 권리금 관계라든가, 각종 공과금, 시설측면, 재계약 측면 등 시간이 흐를수록 시비가 끊이지 않을 수 있다.

2. 임대료가 싸거나 권리금이 없는 경우는 조심해서 입점해야 한다.

임대료가 싸다면 그만큼의 상권형성이 안 됐다는 것이고 권리금이 없다는 경우는 그만큼의 수익이 발생하지 않다는 것이고 시설, 인테리어 비용이 반대급부적으로 투자비용이 많이 들어간다는 것이다.

3. 건물주가 자주 바뀌는 점포는 피해야 한다.

건물주가 자주 바뀐다는 것은 건물에 하자가 많다는 것이며, 차후에 건물이 경매에 들어가 보증금을 떼일 소지가 많다는 것이다. 현재 '상가임대차보호법'이라 해서 입법예고는 됐지만 효력이 발생하지 않아 보증금 반환에 주의를 기울여야 한다.

4. 주변에 식당이 없는 경우에는 식당창업을 피해야 한다.

주변에 식당이 없는데 독자적으로 식당창업을 해서 성공을 해 보자는 것은 위험 천만한 일이다. 그만큼의 위험부담이 크다는 것이다. 주변에 식당이 많이 형성되어 있다는 것은 외식업으로 입지형성이 되어 있다는 것이고 고객 수요층이 충분하다는 것이므로 위험부담을 줄일 수 있는 것이다.

5. 되도록이면 지하층의 입점을 피한다.

창업자본금이나 위치적으로 어쩔 수 없는 상황이라면 모를까 지하층은 환경적으로 좋지 않다. 공기순환이 좋지 않고 손님의 흡연 등으로 인하여 손님의 건강측면도 있겠지만은 우선은 오랜 기간 동안 운영해야 하는 창업자의 건강이 우선돼야 한다고 본다.

제7절 식자재 구매방법

효율적인 식자재 구매를 위해서는 식음재료의 질, 서비스, 가격 등 원가에 미치는 제반요인을 고려해 합법적으로 업무를 처리할 수 있는 숙련된 구매관이 필요하다.

이를 위해서는 다음의 8가지 기본적인 과정이 충분히 검토, 수행되어야 한다.

1. 정확한 구매시기의 결정(재고관리)

적절한 발주가 적시에 이루어지게 하기 위해서는 창고사정, 평균사용량, 납품소요기간을 고려해야 한다. 평균사용량은 계획된 수량과 과거 사용량에 의해 결정되며, 납품소요기간은 구매요청서의 작성과 승인에 따르는 기간, 납품업체에 견적을 요청하여 평가하고 발주하는 데 소요되는 기간, 제품생산기간을 포함한다.

2. 상세한 구매요청서의 기록

일반적으로 구매활동이 시작되는 근거로는 구매요청서와 일일식자재 구매요청서, 재발주 목록이 있다. 구매요청서는 일일식자재 구매품목 이외의 모든 자재의 구매요청에 사용되며 구매주문서로 쓰이기도 한다. 일일식자재 구매요청서는 신선도와 보관문제로 매일 구매하여야 하는 식자재에 대해 자재관리직원이 재고량을 기재해 주방장에 전달하면 익일 소요량을 고려해 신청량을 구매부로 전달, 요청된다.

재발주목록은 참고 저장가능 품목들에 대해 납품 소요기간과 지리적 특성, 정부의 수입규제 여부, 환율, 창고사정 등을 고려해 작성된다.

3. 납품업체 선정

공급처의 선정을 위해서는 업체의 과거실적 평가나 카탈로그, 전문지, 전시회 등을 통한 신규업체 개발이 필요하며 안정된 공급과 유리한 구매를 위해 품목별 3개업체 이상의 공급처를 선정하는 것이 바람직하다.

선정기준은 공급처의 지리적 위치, 자금능력, 인적관리, 공급가격 및 품질 등이 있다.

4. 납품조건의 평가

견적요청은 동질의 같은 가격과 서비스에 대한 것이어야 하며, 견적서 제출은 같은 시기에 공정성을 잃지 않아야 한다.

5. 협상

구매계획을 수행하고 공급자와 구매자간 상호만족을 꾀하는 것이다.

가장 낮은 가격으로 최적의 질을 구매하는 것이 협상으로 그 목적은 신속하게 질, 양, 납품, 서비스가 수행되도록 하고, 납품업체 원가분석을 통해 적정한 구매가격을 결정하며, 장기적으로 납품업체와의 유대관계를 향상시키는데 있다.

협상의 순서는 시장조사, 구매관의 평가방법 개발, 목적 및 목표제시, 설정, 협상, 협상에 대한 상호협약이다.

6. 발주

구매주문서는 구매요청서에 의해 결정된 사항을 상세히 기록해 경리부, 재고관리부, 구매과 검수과로 보내진다.

7. 납품관리

여러 가지 여건에 의해 납품이 정상적으로 이뤄지지 않는 경우가 많으므로 이런 문제를 체계적으로 방지하기 위해서는 납품업체를 독려하고 경고할 수 있는 관리를 해야 한다.

8. 검품과 업체관리

구매주문서에 약정된 대로 납품이 이루어지는지에 대해 검수해야 한다. 결정된 질의 품목이 정확한 양으로 기술된 가격에 납품되어 사용하는지 알아보는 것이다. 또 업체관리를 위해서는 납품실적과 반품현황 등을 파악해 업체별 의존도와 성실성 등을 파악한다.

제8절 효율적 구매관리 및 계획

1. 기초자료의 보관

- 구매청구서, 발주서의 보관
- 가격변화에 대한 기록유지
- 재고 및 소모량 파악
- 식음자재 취급업체에 대한 정보유지
- 상품카탈로그
- 시장상황 파악(계절상품, 법적 조치, 기후적 영향 등)
- 각종 관계문헌

2. 시장조사연구

- 각 원재료별 시장의 특수성
- 취급품목에 대한 연구(대체상품, 유사상품, 금지상품 등)
- 원가분석 자료
- 취급업체 평가(업체방문, 견학, 경쟁업체비교 등)

3. 식음자재의 구매실행

- 구매청구서의 검토
- 취급업체와의 상담
- 견적서 관리
- 견적내용의 분석
- 납품조건의 결정(서면계약, 수의계약, 구두계약, 시기, 방법 등)
- 계약내용의 법적 검토
- 구매의뢰서 접수 및 납품시기의 결정
- 검품
- 납품대금조건 협상(대금청구서 내용 및 영수증 점검)
- 신청부서와의 연락관계

4. 식음자재의 관리

- 최소한의 재고량 유지
- 재고량의 일정량 유지
- 재고회전율의 합리적 방안 모색
- 선입선출법 이행
- 보관 적정 온도 및 습도의 유지

레스토랑 사업개발 컨설팅 업무흐름도

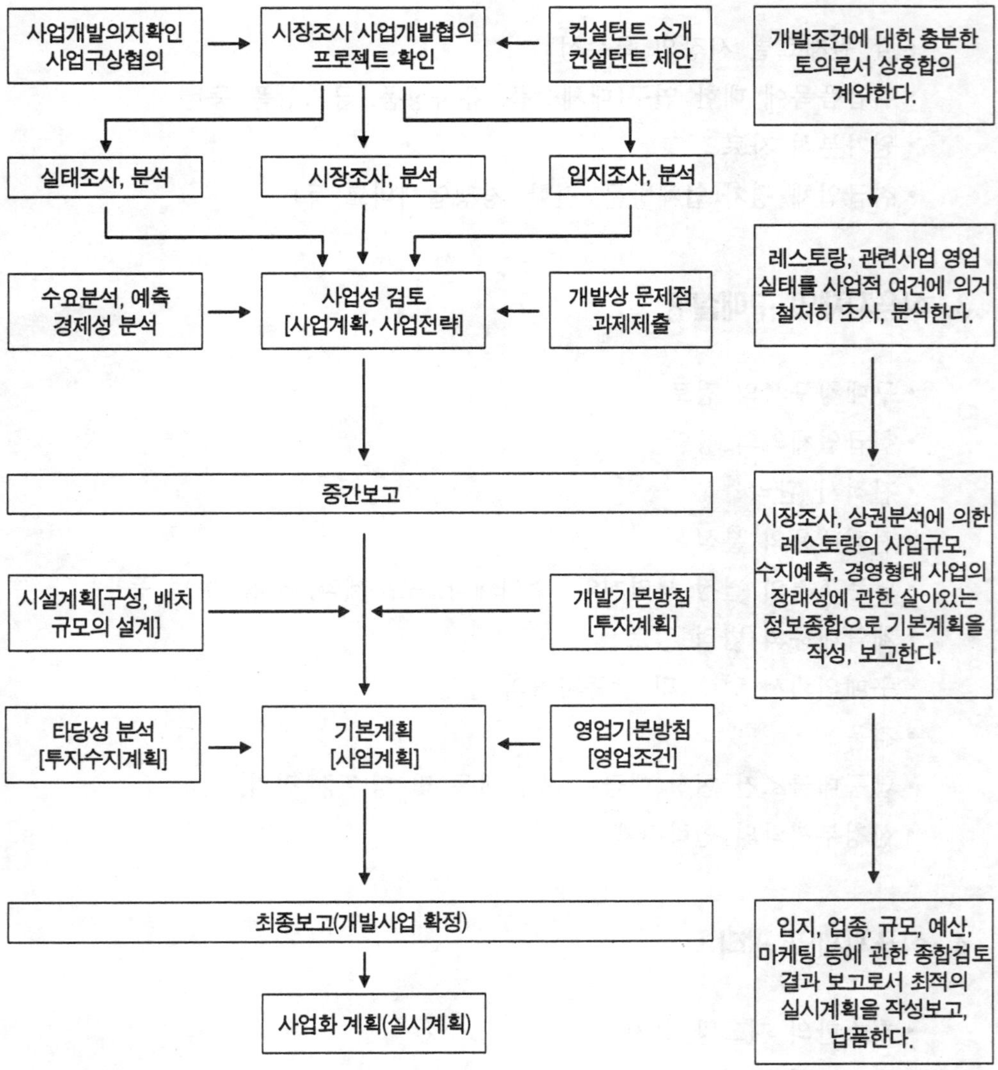

레스토랑 사업개발 업무흐름도

시장조사 분석단계

사업개발 요건정리
• 사업개발 의지의 확인
• 사전 개발요건 정보의 수집정리
• 계획조건의 전반적 조사
• 재무, 자금조달검토
• 법규, 환경문제 검토

→

자료수집 시장분석
• 해당지역 입지조사
• 시장조사(광역, 협역)
• 실태조사(추이, 경쟁시설)
• 수요예측 분석(유치권)
• 사업 타당성 분석
• 개발상 문제점 검토

↓

사업계획, 입안단계

개발기본구상의 설정
• 계획초안의 검토
• 개발기본구상의 설정
• 전체시설계획의 입안
• 운영계획의 입안
• 계산 투자계획의 입안
• 계산 수지계획의 입안

←

개발기본계획의 설정
• 경영기본계획의 설정
• 기본시설계획의 입안
• 투자계획의 재산정
• 자금계획의 입안
• 판매촉진계획의 입안
• 수지계획의 재산정

↓

계획시행, 개업단계

개발시설계획의 설정
• 개업스케줄 입안
• 운영 회사법인의 초기화
• 인원배치 계획의 입안
• 운영계획의 재입안
• 광고, 판촉계획의 입안
• 건설 및 시설 배치계획 입안
• 수지예산 계획의 입안
• 인허가문제 확인

→

개발기본구상의 설정
• 건설공사 실시
• 인사계획의 실행
• 운영관리계획의 실행
• 개업비품의 발주
• 광고, 판촉계획의 실행
• 시설 오픈계획의 실행
• 개업행사
• 영업개시

Restaurant 개업 업무절차

ㅇㅇ레스토랑 개업준비상태 점검표

대상업무	점검내용
1) 보험은 가입하였는가	화재보험 중심의 동산보험 등
2) 미비된 업무는 완료하였는가	완전한 준비로서 개업한다
3) 주방설비는 전부 이용되는가	시운전완료를 요한다
4) 레스토랑의 설비는 이용되는가	냉난방기, 음향기기, TV, 쇼케이스, 환기장치, 전화기, 계산기 등의 시운전 완료를 요한다.
5) 고객영접 준비는 완전한가	요리, 음료, 비품, 인원, 인쇄물
6) 유니폼의 착용 점검은 있었는가	몸에 맞는 청결한 복장에 명찰 부착
7) 비품구입은 완료되었는가	식기, 조리용구, 서비스용, 비품, 소제도구, 계산기, 사무용품, 소화기, 메뉴홀더 등 필요한 물건의 제자리에 배치상태
8) 간판, 안내판은 완전한가	전광용의 경우 배선완료로 점등확인, 오염된 부분소제 등
9) 메뉴샘플 전시는 완전한가	견본메뉴, 가격, 메뉴명칭카드 쇼케이스 점등상태
10) 좌석에 관리번호는 부착되었는가	방명칭과 좌석순서에 따른 번호표 부착 및 직원숙지
11) 영업허가는 완전한가	허가증게시, 요리사 자격증, 영업세무신고 등
12) 물수건은 준비되었는가	타올, 종이수건 등
13) 메뉴책은 완비되었는가	메뉴책, 테이블메뉴, 스탠드메뉴 등
14) 메뉴시식은 완료되었는가	요리에 걸리는 시간, 맛, 서브방식, 테이블세팅 등
15) 전기, 가스 등의 상태확인은 완전한가	배선 용량 안전장치 등
16) 개업서비스 물품은 준비되었는가	기념품, 명함 등
17) 광고문제는 점검하였는가	신문, 전단배포, 신문간지 삽입 등
18) 담배문제는 어떤가	금연석, 흡연석, 재떨이 등
19) 주문서, 계산서는 준비되었는가	일련번호, 규격, 점검, 사용연습
20) 테이블 세팅 용품은 완전한가	소금, 후추, 설탕, 간장, 냅킨, 소스, 용기 등
21) 개점일에 사용할 음식재료는 준비되었는가	창고, 재료보관상태, 기초조리 준비 등
22) 거스름돈은 준비되었는가	화폐단위별 준비, 외환비율 등 고시
23) 장표 및 서식은 준비되었는가	영업일보, 근무시간표 등
24) 매출관리용 기기는 준비되었는가	컴퓨터, 레지스터 계산기, 신용카드 등
25) 계산기와 전표는 시험사용이 완료되었는가	실습실시, 고장문제 발생대책 등

26) 매출금의 입금 및 출금준비는 되었는가	은행구좌, 은행절차...
27) 레스토랑의 청소는 완료되었나	유리창, 테이블, 천장, 바닥 기타 부착물 등
28) 화장실은 완벽한가	청소상태, 비누, 화장지, 타월, 탈취제 등
29) 개점(오픈)포스터는 되었는가	신장개업, 광고 등
30) 정원수, 화초류 등 점검은	나무, 화초류, 화분류
31) 벽걸이, 사진, 그림 등은 되었는가	사진, 메뉴부착, 그림, 서화 등
32) 커튼은 설치되었는가	색깔, 재질, 디자인 등
33) 테이블 크로스는 준비되었는가	테이블 크로스, 의자걸이 등
34) 방석류는 준비되었는가	방손님용, 영업관리, 사고관리 등
35) 직원교육은 완료되었는가	서비스, 영업관리, 사고관리 등
36) 개업행사 예행연습은 하였는가	전직원 참석, 업무 실연
37) 개업행사의 업무분담은 되었는가	점내업무, 점외업무
38) 주차대책은 되었는가	차량안내, 주차관리, 페이징 등
39) 소방대책은 점검했는가 소방교육은 완벽한가	방염처리, 소화기 사용법, 화재신고, 가스취급절차, 안전교육 등
40) 총점검 회의는 하였는가	준비완료확인, 개업일 업무 개업축하 및 성공기원 등 부분 책임자 총집합

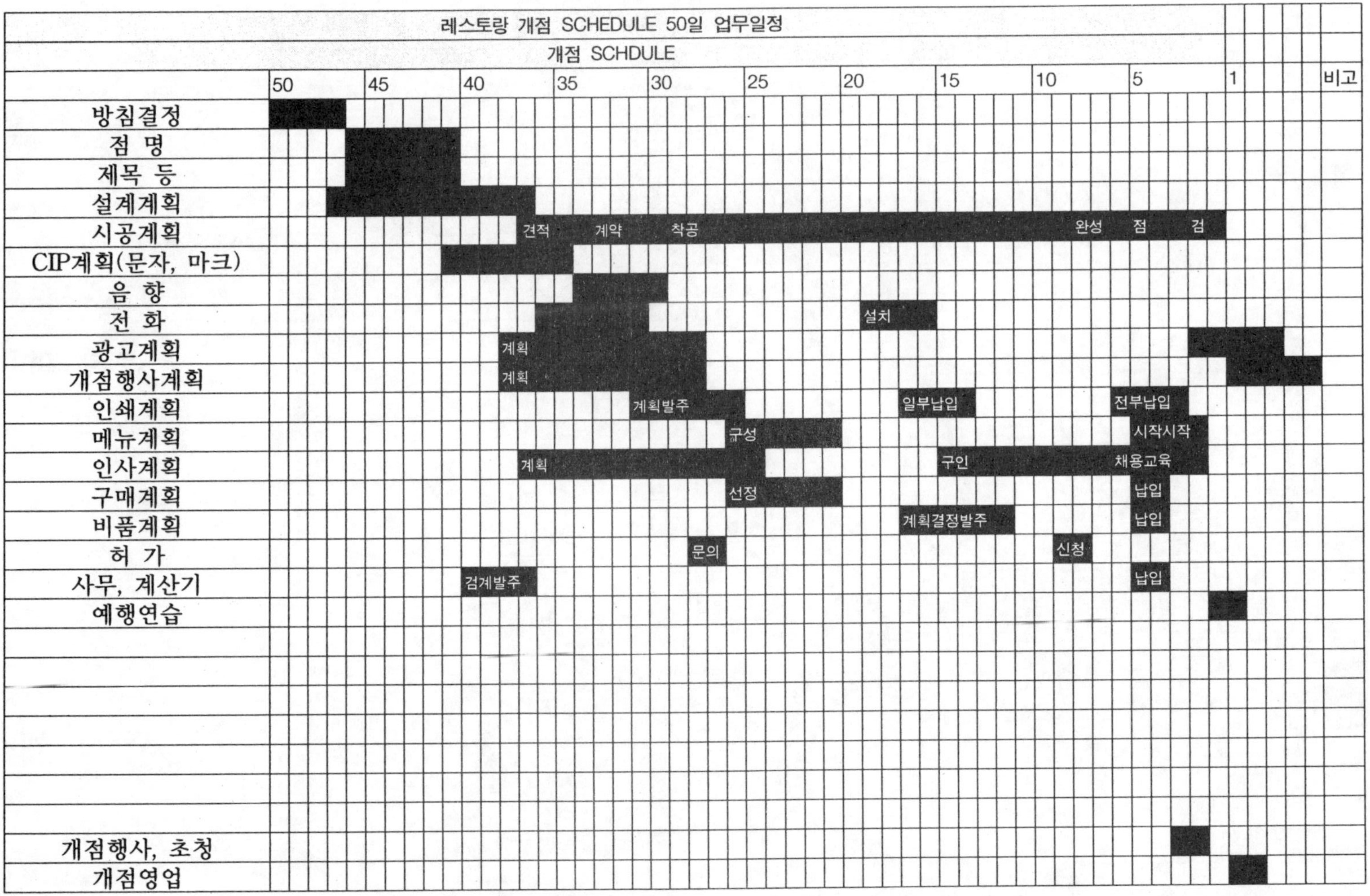
레스토랑 개점 SCHEDULE 50일 업무일정
개점 SCHDULE
50
45
40
35
30
25
20
15
10
5
1
비고
방침결정
점 명
제목 등
설계계획
시공계획
견적
계약
착공
완성
점
검
CIP계획(문자, 마크)
음 향
전 화
설치
광고계획
계획
개점행사계획
계획
인쇄계획
계획발주
일부납입
전부납입
메뉴계획
구성
시작시작
인사계획
계획
구인
채용교육
구매계획
선정
납입
비품계획
계획결정발주
납입
허 가
문의
신청
사무, 계산기
검계발주
납입
예행연습
개점행사, 초청
개점영업

제8장

프랜차이즈

제1절 프랜차이즈의 정의

제2절 프랜차이즈의 역사

제3절 프랜차이즈의 형태

제4절 프랜차이즈의 장점과 단점

제5절 프랜차이즈의 선택

제6절 프랜차이즈와 관련 법규

제7절 프랜차이즈 결정시 고려할 사항

제8장 프랜차이즈

제1절 프랜차이즈의 정의

franchising이란 프랜차이즈 회사(franchisor)가 프랜차이즈를 사는 사람(franchisee)에게 프랜차이즈 회사의 이름 · 상호 · 영업방법 등을 제공하여 상품과 서비스를 시장에 파는 시스템을 말하며, 이때 franchisee가 프랜차이즈 회사로부터 받게 되는 권리와 면허자격을 프랜차이즈라 한다.

국제 프랜차이즈협회(The International Franchise Association)에 의하면 franchising이란 프랜차이즈 회사가 franchisee에게 조직 · 교육 · 상품 전개 · 상품관리 등의 기법을 면허와 함께 제공하여 사업을 영위케 하는 지속적 관계라고 정의하고 있다.

franchising이 성공적인 시스템으로 발전하게 된 데에는 몇 가지 이유가 있다.

첫째, 투자가나 향후 개인사업을 하고자 하는 사람의 입장에서 프랜차이즈는 시장이 실제로 존재하고, 영업의 수익성이나 장래성을 과거 실적과 비교하여 본인이 판단할 수 있으며, 이에 따라 새로운 사업을 시작하는 데 따르는 위험부담을 자영사업보다는 줄일 수 있다. 미 국무성 자료에 따르면 과거 10년간 프랜차이즈의 실패율은 5% 이하 인데 비해 자영사업, 특히 small business의 경우 사업시작 첫째 연도의 사업실패율은 약 50% 수준이었다.

둘째, 프랜차이즈 회사로부터의 지원이다. 영업에 대해 전문가가 아니라 하더라도 성실히 사업을 영위코자 하는 자세가 되어 있으면 프랜차이즈 회사가 갖고 있는 각종 관리기법 · 교육 · 마케팅전략 등을 통해 사업개시(start up support)로부터 지속적으로 지원받을 수 있기 때문이다.

일부 프랜차이즈 회사는 사업자금에 대한 지원도 해주고 있다.

셋째, 프랜차이즈 회사의 입장에서 사업의 확장이나 시장의 개척시 많은 자금과 인력을 투자하지 않아도 가능하고, franchisee의 입장에서는 적절한 자금과 인력의 투자로 기존 시장에서 판매되는 상황이다.

제2절 프랜차이즈의 역사

Franchising이라는 단어의 유래는 원래 프랑스어에서 왔으며, 'freedom from servitude'라는 뜻으로서 노예상태로부터의 해방이라는 의미이다. 이는 중세기 가톨릭교회가 세금 수세관에게 부여한 권리로서, 이들은 일정 지분을 자신의 소득으로 돌리고 나머지를 교황에게 납부했던 데에서 유래한 것으로 역사학자들은 추정한다.

이 개념은 18세기까지 영국에서 쓰여지다가 19세기 중반에 미국에 도입되었다.

근세기의 프랜차이즈 개념을 최초로 도입한 회사는 1850년경 재봉기를 제조하는 The Singer Co.가 자사 제품의 판매를 위한 자본확보를 위해 시작했으며, 19세기 말엽 General Motors Co.가 자동차 소매 outlet 확보를 위해 자금조달 측면에서 프랜차이즈 개념을 도입했었다.

또한 19세기 말엽, 주정부 및 산하 municipalities 등이 선거공약의 이행 등을 위한 기금확보를 목적으로 일반에게 프랜차이즈 개념을 도입, 정치적으로 사용되기도 하였다.

20세기에 들어서 농업 위주의 산업에서 제조업 위주의 산업으로 사회가 바뀌어감에 따라 프랜차이즈도 정치적 도구에서 상업적 분야로 탈바꿈하게 되었고, 많은 제조회사들이 자사의 제품을 팔기 위해 프랜차이즈 개념을 도입하게 되었다.

그러나 이 당시는 제조업체의 상품과 trade name에 국한하여 프랜차이즈 권리를 부여하였으며, 이런 형태의 프랜차이즈로는 자동차 · 주유소 · 소프트드링크 bottler 등이 있다.

경제의 급성장과 인구의 증가는 여러 종류의 상품이나 서비스를 필요로 하게 되었는데, 이러한 사회적 여건에 적응할 수 있는 비즈니스의 형태로서 프랜차이즈가 급속히 발전하게 되었다. 즉, 작은 규모의 자금투자로써 거대한 일반 비(非)프랜차이즈 경쟁사와의 경쟁이 가능하고, 보통 회사가 시장점유를 하기 위해 투자하는 돈 · 인력 등에 비해 아주 적은 수준으로 시장에 대한 적응이 가능하였기 때문이다.

또한 1960년대에서 1970년대 초까지 각종 형태의 다양한 프랜차이즈는 연방 정부나 주정부로부터 아무런 제약조건이나 규정이 없는 상태에서 우후죽순처럼 산재하여 악덕 프랜차이즈회사는 열악한 회사구조나 상품으로 프랜차이즈의 개념이 잡혀 있지 않은 franchisee들로부터 자금확보만 하고 사기를 행하는 소위 'franchising's troubled dream world'라는 사태를 야기시켰다.

1970년 1년 동안에만 100개가 넘는 프랜차이즈가 도산했고, 이 때문에 수천명의 franchisee가 상점을 잃었으며 심지어는 그들의 전 재산을 날리는 사태도 발생하였다. 이 당시 McDonald의 창시자인 Ray Kroc은 '여론의 신뢰를 얻지 못하는 프랜차이즈는 비록 합법적인 프랜차이즈라 하더라도 성공할 수 없다'하였고, 수명의 프랜차이즈 회사의 중역으로 구성된 group이 The International Franchise Association을 1960년에 만들게 되었다.

1979년에 들어서 연방정부의 The Federal Trade Commission은 프랜차이즈 trade rule을 만들어서 각 프랜차이즈들은 연방정부 차원에서 규제를 받게 되었는데, 여기에서 가장 중요한 골자는 프랜차이즈 회사는 예비 franchisee에게 disclosure of pertinent information이라는 사항을 반드시 제시하게 한 것이다. 이 자료는 프랜차이즈 회사가 사전에 반드시 제공해야 한다.

어쨌든 1980년대에 들어서 주정부에서도 프랜차이즈를 규제하는 각종 규정을 만들었고, 이로 인해 여론의 공신력이 회복되었으며, 프랜차이즈는 제2의 도약을 하게 된 것이다.

제3절 프랜차이즈의 형태

1. Direct Unit 프랜차이즈

일정 기간·일정 지역 내에서 어떤 개인이나 집단에게 하나의 영업점포에 한해 모든 영업권을 부여하는 것으로, 때에 따라서는 동일 지역 내에 프랜차이즈 회사가 운영하는 상점이나 다른 프랜차이즈를 허가하지 않는 독점권을 가질 수 있다.

2. Area 프랜차이즈

일정 기간·일정 지역 내에서 어떤 개인이나 집단에게 여러 개의(multiple) 영업점포에 대한 영업권을 부여하는 것으로, 이 경우는 프랜차이즈 회사와 area development agreement를 맺고 development fee를 지급한 후 일정 지역의 개발에 대한 권리를 사게 된다. 만일 franchisee가 약정대로 제대로 개발하지 못하면 계약을 취소하여 프랜차이즈의 권리를 박탈한 수 있다.

3. Master 프랜차이즈

일정 기간·일정 지역 내에서 어떤 개인이나 집단에게 프랜차이즈 회사의 권리를 부여하여 이 권리를 부여받은 subfranchisor가 다시 프랜차이즈 권리를 subfranchisee에게 부여하는 형태로서 subfranchisor는 subfranchisee에게 교육을 포함한 프랜차이즈 회사로서의 서비스를 제공하고 franchise fee를 받게 된다. subfranchisor 자신이 franchisee가 될 수도 있다.

제4절 프랜차이즈의 장점과 단점

1. 장점

- 이미 정립되어 있는 사업의 평판, logo, 프랜차이즈의 이름을 이용.
- 이미 확립된 마케팅 개념과 expertise(전문 지식)의 활용.
- 개인 사업에 비해 일반적으로 저렴한 자본투자.
- 구매에 대한 융자 보조 가능.
- 적절한 프랜차이즈 장소 선정에 대한 전문가의 지원 가능.
- franchisee와 주요 종업원에 대한 교육 program 활용.
- 사업에 대한 상세한 영업지침서(manual) 활용.
- 사업 개시시에 프랜차이즈 회사로부터의 사업운영 지원 및 광고홍보에 대한 지원.
- 시장이나 상품에 매한 프랜차이즈 회사의 지속적인 연구개발 보조.
- 사업에 필요한 설비・기계・소모품・재고・토지・건물 등의 business package의 일괄 종합구매 가능.
- 실제 영업하고 있는 franchisee는 그 지역사회에 대해 프랜차이즈 회사보다 더 많은 관심과 노력을 행하므로 장기적으로 안정된 영업 가능.
- 프랜차이즈 회사의 입장에서는 각 매장의 daily operation에 대해 신경쓸 필요가 없고, 이의 관리를 위한 조직을 최소화시킬 수 있음.

2. 단점

- 정형화된 프랜차이즈 회사의 영업 및 운영절차에 대한 순응(franchisee 입장).
- 독자적인 변화 추구의 어려움(상품 개발・시장 전개 등).

- 계약에 따른 지속적인 royalty 및 관리비의 지출.
- 재무구조가 취약하고 경험이 부족한 프랜차이즈 회사의 파산 등으로 인한 피해.
- franchisee의 영업 여부와는 상관없이 프랜차이즈 회사의 영업 실패 및 평판 하락으로 인해 franchisee에 간접적으로 미치는 악영향.
- 프랜차이즈 회사의 입장에서는 franchisee의 자격요건 및 영업에 대한 프랜차이즈 회사규정 준수 등에 지속적인 확인 · 감독을 해야 하고, 이로 인해 프랜차이즈 평판에 문제가 생겨 프랜차이즈 폐쇄시 이에 대한 대안이 곤란하다.
- 프랜차이즈 회사의 매출은 각 프랜차이즈 상점의 매상에 직결되어 있음(회사 직영상점이 없을 경우).

제5절 프랜차이즈의 선택

우선 현재 미국에 있는 여러 종류의 프랜차이즈 중 본인이 하고자 하는 업종에 초점을 맞추어 선택한다. 일단, 업종을 선택하면 사업 규모 · 위치 · 관련 프랜차이즈 회사 종류들을 각종 자료들을 이용하여 확인하고, 실제 관심 있는 회사들에 대해 좀더 자세한 조사를 해야 한다.

의사결정에 필요한 또 한 가지 중요한 정보는 동일 프랜차이즈를 운영하는 자로부터의 직접 경험에서 나오는 정보들이다. 프랜차이즈를 운영하는 자들을 가능한 한 많이 접촉하여 투자액 · 운영비용 · 순이익, 그리고 프랜차이즈 회사로부터 각종 보조 · 지원 · 제한사항 · 운영상의 문제점 등을 알아보면 된다. 전화로써의 정보 교환보다는 가능한 한 질문내용을 정리한 후 직접 방문하여 듣는 것이 효과적이다.

또한 FTC(The Federal Trade Commission)를 접촉하여 프랜차이즈 회사에 대한 불만사례, 소송내용 등에 대한 정보를 접수하여 의사결정에 참조하면 좋다. 계약 시점에는 반드시 프랜차이즈 법규에 정통한 변호사를 찾아서 계약 내용을 검토받는 등 불합리하게나 불리한 조항에 대한 사전 점검이 필요하다.

알고 있는 변호사가 없으면 The American Bar Association을 접촉하면 Forum Committee on Franchising에 가입되어 있는 프랜차이즈 법규에 정통한 변호사를 추천받을 수 있다.

마지막으로 융자지원 program이 있는 프랜차이즈나 개인자금계획에 대해 알고 싶은 사항이 있으면 프랜차이즈에 경험이 있는 공인회계사를 접촉하여 조언을 받는 것이 좋다.

제6절 프랜차이즈와 관련 법규

연방정부와 각 주정부는 여러 가지 법을 제정하여 프랜차이즈의 운영에 대해 관리 및 통제를 하고 있다. 이러한 법들은 프랜차이즈회사가 franchisee에게 프랜차이즈 판매행위를 하기 이전부터 판매 후 양자가 관계를 맺고 있는 동안, 그리고 마지막으로 프랜차이즈 관계가 파기될 때까지 해당된다.

이 과정에서 발생되는 규정 위반 사항은 위반 사례에 따라 민사소송사항 혹은 벌금·벌칙, 기타 그보다 더 큰 형사소송사항이 될 수도 있다.

1. 프랜차이즈의 판매

연방정부 차원에서 FTC는 1979. 10. 21. Trade regulation rule을 제정하였는데, 이는 프랜차이즈를 사고자 하는 franchisee 후보자에게 후보자가 반드시 알아야 하는 필수적인 정보를 계약이나 선금 지급일보다 최소한 10일(business days 기준) 이전 혹은 첫 번째 계약 관련 meeting시에 제시해야 한다는 것이다.

이 때 프랜차이즈 회사가 제시해야 하는 정보를 basic disclosure document 혹은 offering circular라 하는데, 이같이 하는 데에는 다음과 같은 목적이 있다.

첫째 franchisee 후보자에게 투자에 대한 의사결정에 좀더 객관적이고 필요한 정보를 제공하기 위함이고, 둘째 franchisee 후보자가 이 같은 정보를 얻기 위해 별도의 비용이 발생하는 것을 줄여주기 위함이며, 셋째 충분한 검토 없이 성급한 사업결정으로 오류를 범할 소지가 많은 franchisee 후보자에게 계약 전까지 냉정을 기할 수 있는 시기를(cooling-off period) 주기 위함이다.

이 같은 offering circular에는 프랜차이즈 회사에 대한 배경 설명, 프랜차이즈의 내용, 상품·서비스 내용, 각종 fee, 교육 program을 포함한 프랜차이즈 회사 지원 내용, 각종 규정들이 주류를 이룬다. 이밖에도 실제로 franchisee가 서명해야 하는 franchise agreement form 등을 비롯한 각종 양식도 제공해야 한다.

단, 이 같은 offering circular는 FTC에 filing이나 등록은 하지 않는다. 또한 각 주에서 별도의 프랜차이즈 규정이 있는 경우 주법이 연방법보다 더 강력한 경우는 주법을 따르고, 주법이 약한 경우는 연방법에 준한다.

이 같은 offering circular는 1년 단위로 update시켜야 하고, 내용변화에 대해서는 분기별로 update시켜야 한다. 이에 대한 위반 적발시에는 위반 기간에 대해 하루 $ 10,000까지 벌금을 부과할 수 있다.

2. Offer and Sale

실제로 프랜차이즈 회사가 제공하는 내용에 대해서는 15개 주에서는 (California, Hawaii, Illinoise, Indiana, Maryland, Michigan, Minnesota, New York, North Dakota, Oregon, Rhode Island, South Dakota, Virginia, Washington, Wisconsin) 주정부에 등록을 하게 되어 있다.

일단 franchisee 후보자에게 제공될 offering circular는 먼저 주정부의 administrator의 검토를 거쳐서 합당하다고 인정이 되면 그 후에 공개될 수 있다. 내용은 계속 update시켜야 하며 1년 단위로 등록해야 한다. 비용은 US $ 250~$ 500이다.

검토기간은 보통 2~6주 정도이나 때에 따라 6개월 정도가 걸릴 때도 있다. 이 같은 사항은 때에 따라 프랜차이즈 회사가 프랜차이즈 판매에 막대한 지장을 초래하기도 한다. 그리고 프랜차이즈를 소개하는 세일즈맨·브로커 등도 마찬가지로 주정부에 등록을 해야 한다.

또한 계약갱신 및 종료, 각종 fee, 지역보호권 등 관련된 계약내용이 franchisee에게 불공정하거나 차별 취급한 사례가 발생되면 주정부나 연방정부에서 franchisee로부터 이 같은 불만사항을 접수하여 조사하게 된다.

그 밖에도 프랜차이즈와 관련되어 있는 법규로는 Little FTC Acts라 하는 consumer protection law, federal mail and wire fraud law federal and state racketeering and corrupt practices law, securities law 등이 있다.

3. The Disclosure Document

1970년대에 The Federal Trade Commission에서 만든 the franchise rule에 의하면 프랜차이즈 회사는 disclosure document 없이 프랜차이즈를 팔 수 없다.

이 법은 장래의 franchisee 후보자에게 프랜차이즈 판매상담회의와 실제 계약이 이행되기 최소한 business day로부터 10일 전 혹은 대금지급 전에 disclosure document를 제시하여야 한다고 정하고 있다. 이를 위배하면 $ 10,000까지의 벌금을 내어야 한다.

또한 프랜차이즈 회사가 상기 행위를 위배했다고 판단하면 Washington, DC에 있는 The Federal Trade Commission의 The Bureau of Consumer Protection에 신고하면 된다.

이 disclosure document는 어려운 법률 용어가 아닌 평범한 어휘(layman's language)로 쓰여져야 하며, 내용은 프랜차이즈의 역사, 프랜차이즈 회사의 경험, 회사의 파산 및 소송 관련 history, 제공하는 상품이나 서비스에 대한 설명, 프랜차이즈 fee, royalties, franchisee lists, financial data 등이 기재되어야 한다.

이 document는 franchisee가 원하는 모든 정보가 들어 있는 것은 아니지만 거의 대부분이 들어 있으므로 반드시 변호사 및 관련 advisor들과 함께 검토해야 한다. 구체적인 disclosure document의 내용은 다음과 같다.

- 프랜차이즈 회사 · 이사진 · 중역들의 인적 사항
- 프랜차이즈 회사 · 이사진 · 중역들의 비즈니스 및 프랜차이즈 경력.
- 프랜차이즈로 제공되는 상품 혹은 서비스에 대한 기술.

• 프랜차이즈 회사 · 이사진 중역들에 대한 소송기록.
• 프랜차이즈 회사 · 이사진 · 중역들에 대한 파산기록.
• 프랜차이즈 사업에 대한 예상 매출 · 비용 · 이익에 대한 산출방법과 수치
• 프랜차이즈의 구매 및 영업개시에 관련하여 지급해야 하는 대금내역
• 프랜차이즈 영업 개시 후 지속적으로 지급해야 하는 비용명세.
• 프랜차이즈 운영에 필요한 노동력 내용(종업원)
• 사업을 위한 설비 · 시설 · 부동산 등에 대한 구매 · 임대 · rent 등의 여부.
• royalties, commission 등의 여부와 지급액.
• 프랜차이즈 구매와 관련 프랜차이즈 회사의 융자보조 여부
• 프랜차이즈에서 판매될 상품이나 서비스에 대한 프랜차이즈의 제한 사항.
• 제3자 프랜차이즈 운영의 가능 여부(대리운영 가능 여부).
• 프랜차이즈의 파기 · 종결(폐쇄) · 갱신 등에 대한 조항.
• 프랜차이즈 회사가 보유한 franchisee수와 이에 대한 목록.
• 프랜차이즈 폐쇄의 rate, 내년에 개점 예정인 프랜차이즈 수
• 프랜차이즈를 위한 장소 선정에 있어서의 프랜차이즈 회사의 권리
• franchisee를 위한 교육 program.
• financial statement를 포함한 프랜차이즈 회사의 financial mation.
• 프랜차이즈 계약서.

제7절 프랜차이즈 결정시 고려할 사항

프랜차이즈 소유주로서 사업을 성공적으로 이끌기 위해 의사결정에 반드시 참조하고 평가해야 하는 다섯 가지 필수항목은 다음과 같다.

• 본인 자신
• 판매상품 또는 서비스(business의 선택)
• 시장상황
• 프랜차이즈 회사

• 프랜차이즈 계약내용

위의 다섯 가지 항목은 계약 전에 매우 주의깊게 객관적으로 평가해 보아야 하는데, 이 평가가 적절한가의 여부에 따라 사업 성공여부가 좌우된다 해도 과언이 아니다.

1. 본인

시간과 돈을 투자하고 위험부담을 안을 각오가 되어 있는가.

사업을 성공적으로 이끌기 위해 수년 간·장시간 헌신할 각오가 되어 있는가.

- 자기 자신을 관리(managing)할 수 있는가.
- 다른 사람들과 조화를 이루어 일할 수 있는가.
- 능동적으로 일을 시작하는(self-starter) 사람인가.
- 자기 자신을 야망 있고, 능동적이고 헌신적(enthusiastic)이라 생각하는가.
- 동시에 여러 가지 벌려진 일을 처리할 수 있는 능력이 있는가.
- 타인으로부터 협조·지원받는 것을 꺼리지 않는 성격인가.
- 프랜차이즈를 소유할 충분한 운영자금(work's capital)이 있는가.
- 프랜차이즈 회사에서 제공하는 이점을 얻기 위해 본인의 주관(independence)을 포기할 수 있는가.
- 육체적으로나 정신적으로 건강한 상태인가.
- 침착하고 원만한 성격의 소유자인가.
- 과거 신용 history(rate)가 좋은가.
- 가족으로부터 지원을 받을 수 있는가.
- 사업을 영위하기에 도움이 될 수 있는 과거 경험이나 교육수준은 갖추어져 있는가.
- 사업을 위해 갖추어야 할 법적 구조(proprietorship, partnership, corporation)에 대한 이해를 하고 있는가.

2. 상품 및 서비스

- 열의를 다해 일할 가치가 있는 상품이나 서비스인가.
- 타 상품이나 서비스에 대해 경쟁력이 있다고 판단되는가.
- 고품질의 믿을 만한 상품이나 서비스인가.
- 기 시장에서 시도되어 확인된 상품이나 서비스인가.
- 상품이나 서비스의 공급원은 믿을 만한가.
- 특허나 trademark 보호를 받는 상품이나 서비스인가.
- warranties나 guarantees로 보상받을 수 있는 상품이나 서비스인가.
- 연방정부나 주정부의 기준에 맞고 안전 · 건강 측면에서 기준이 맞는가.
- 전국적인 광고로 잘 알려진 상품이나 서비스인가.
- 다른 프랜차이즈 회사에서 유사 · 신상품 혹은 서비스가 개발 중인가.

3. 시장

- 프랜차이즈에 관련된 전체 시장은 커지는가, 정체되어 있는가, 줄어드는가.
- 예정된 프랜차이즈 상점 인근의 상품이나 서비스의 수요는 어떠한가.
- 인근에 경쟁 상품이나 서비스가 있는가, 또한 있다면 가격이나 품질면에서 경쟁력이 있는가.
- 취급 상품이나 서비스가 1년 내내 판매가능한가, 계절을 타는 상품인가.
- 단기간 유행을 타는 상품이나 서비스인가 혹은 life cycle이 짧은 시장인가 아닌가.
- 인근의 인구가 늘어날 것인가, 정체할 것인가, 줄어들 것인가

4. 프랜차이즈 회사

우선 프랜차이즈 계약을 하게 되면 계약기간 동안은 프랜차이즈 회사와 동고동락을 해야 하므로 가능한 한 많은 정보를 얻어 두는 것이 좋다. 회사 자체의 연혁은 각종 비즈니스 잡지나 책 등을 통해 얻을 수 있고, 회사의 신용

또는 Dun & Bradstreet(D & B) Report 통해서, 주식평가(상장회사의 경우)는 moody rate, stand Arnd poor rate 혹은 주식 중개업자를 통해서 얻을 수 있다.

그 밖에 프랜차이즈 회사의 거래은행 · 공급업체 · 기존 프랜차이즈 가맹점 소유주 등을 통해서도 간접 정보를 얻을 수 있다. 알아보아야 할 항목들은 다음과 같다.

- 회사의 명성 · 자금력 · 건실도 · 관리층의 수준은 어떠한가.
- 주요 간부 · 이사진 · partners · 관리자들은 누구인가.
- 회사가 International Franchise Association에 가입되어 있는가.
- 대차대조표는 건실한가, 각종 financial 지표가 동종업 경쟁사와 비교하여 건실한가.
- D & B상에 credit rate는 어떻게 평가받았는가.
- 회사가 파산 선고를 받은 적이 있는가.
- 회사가 민사나 형사소송에 관련이 되었거나 사기 · 횡령 등으로 기소된 적이 있는가.
- 회사의 단기 · 장기 목표는 무엇인가.
- 본사의 종업원은 몇 명이고 어떠한 직종들이 있는가.
- 언제 회사가 사업을 시작했으며 프랜차이즈의 역사는 몇 년인가.
- 지난 3년간 프랜차이즈 부문의 총 매출액은 얼마이며 내년도 예상은 어떠한가.
- 각 프랜차이즈 가맹점의 평균 총매출액과 순수익은 어떠한가.
- 현재 몇 개의 프랜차이즈 가맹점이 있으며, 회사가 직영하는 매장도 있는가, 지난해에 추가된 가맹점 수와 금년에 추가 예정인 가맹점 수는 얼마인가.
- 현재 몇 개 주에서 영업중이며 확장계획은 있는가.
- 경쟁 업체에 대한 회사의 전략은 어떠한가.
- 프랜차이즈 법에 위배되어 처벌받은 적이 있는가.
- franchisee로부터 피소된 적이 있는가, 있다면 어떠한 소송내용이었으며 어떻게 처리되었는가, 소송내용에 대해서는 추후 보완수정이 되었는가.
- 현재 회사를 대상으로 걸려 있는 소송이 있는가.

- 매년 연구·개발비로 지출하는 금액은 얼마이며, 매출액의 몇 %정도인가.
- 지난 3년간 실패한 franchisee는 몇 개나 되며, 실패하게 된 주요 원인은 무엇인가.
- 지난 3년간 제3자에게 소유권을 넘긴 franchisee는 몇 개이며, 소유권 이전을 하게 된 주요 원인은 무엇인가.
- 지난 3년간 회사에 의해 폐쇄된 franchisee는 몇 개이며 폐쇄된 주요 원인은 무엇인가.

5. 프랜차이즈의 계약

계약시점에는 계약서에 서명하기 전에 반드시 프랜차이즈에 정통한 변호사와 공인회계사의 의견을 듣고 계약에 임해야 하며, 다음 사항들은 반드시 확인할 필요가 있다.

- 프랜차이즈는 독점권이 있는가 없는가, 일정 영업구역에 대한 보호를 받는가.
- 계약기간은 얼마이며 계약갱신 기간은 언제이고 계약의 파기·종료·갱신 등에 대한 계약규정은 어떻게 되어 있는가.
- 프랜차이즈를 팔려고 할 때 회사의 거부권 여부와 구매자 선택의 자유 여부, 또한 이에 대한 계약규정은 어떻게 되어 있는가.
- 계약자가 프랜차이즈 운영을 직접 해야 하는지의 여부, 즉 대리인 운영의 허가 여부.
- 회사가 추정하는 프랜차이즈의 예상수익과 이의 근거.
- 프랜차이즈 시작에 필요한 자금 및 초기에 필요한 현금 규모.
- 프랜차이즈 fee는 얼마인가, 즉 프랜차이즈 시작에 필요한 토지·건물·설비·원료·비품·상품·조직·광고·마케팅 등에 투자해야 하는 자금은 얼마인가.
- 사업시작시 회사의 지원 항목은 어떤 것들이 있는가(예 : 프랜차이즈의 위치 선정, 건물의 구매 혹은 임대에 대한 선택권, 건물의 구조 및 장식 grand-opening plan, 서비스 및 유지·보수에 대한 계약 등), 이러한 자

원 항목에 수수료를 지급해야 하는지의 여부.

- 초기 투자액에 대한 회사의 융자 여부, 융자기간 및 이자율은 얼마인가.
- 프랜차이즈의 장소 물색에 대한 책임은 누구에게 있으며, 장소는 회사가 갖고 있는 기준에 반드시 맞아야 하는가.
- franchisee가 장소를 찾아야 한다면 이를 위한 충분한 시간(5~6개월 정도) 회사가 인정하는가.
- 지속적으로 지급해야 하는 royalty fee가 있는가, 있다면 언제 얼마를 지급해야 하는가, 이는 동종 타(他) 프랜차이즈와 유사한 수준인가.
- 프랜차이즈에서 팔게 될 상품이나 서비스에 별도의 필요요건이 있는가, 혹은 제한요건이 있는가.
- 프랜차이즈용 물품 구매는 공급자가 지정되어 있는가, 이 경우 구매가격은 경쟁력이 있는가.
- 회사의 logo 사용, 보험 가입, 프랜차이즈 직원 유니폼 착용, 건물구조 등에 대해 제한 요건들이 있는가.
- 계약서의 서명 이후 실제 사업시작 시점까지 얼마나 시간이 소요되는가.
- 사업시작을 위해 몇 명의 종업원이 필요한가, 급여수준은 어떠한가, 임시고용인도 필요한가.
- 회사가 제공하는 교육 program이 있는가, 있다면 기간은 얼마인가, 교육대상은 관리직과 현장직 모두인가, 교육내용은 무엇이며 교육비 부담은 누가 하는가.
- 다른 franchisee들과 정보나 의견교환을 위한 회사 차원의 정기적 회의가 있는가.
- 광고비 부담 여부와 그 금액은 얼마인가.
- 신문・잡지・TV 등의 매개체를 통한 광고, public-relations, 마케팅 지원 program은 있는가, 이에 관련된 비용부담은 co-op형태(회사와 franchisee가 광고분에 대한 비용을 나누어 부담하는 것)인지의 여부.
- 회사의 전국적 광고예산은 얼마인가.
- 프랜차이즈의 외상 매출금에 대한 자금 융통을 위한 금융제도는 있는가.
- 회사가 지속적으로 정보 제공을 하는가(시장 정보・상품 정보・회사 경영방침 등).

- 회사의 관리적 차원의 지원에는 어떤 것들이 있는가(예 : 회사 직원의 정기적 매장 방문 및 지도 · 관리 manual 제공, 고객관리 manual 제공, 각종 양식 제공 등).
- 회사 지원 부서원들의 지식 · 경험 수준은 어떠한가.
- site-visit staff(프랜차이즈 영업을 관리 · 감독하기 위해 프랜차이즈 회사에서 파견하는 감독관)가 관할하는 프랜차이즈 수.
- 회사가 지원하는 보험 program 유무 여부(예 : 의료보험 · 자동차보험 · liability · property 보험 등).
- 우수 프랜차이즈에 대한 포상제도 여부.
- 회사에 제출해야 하는 서류의 종류와 기간(예 : 손익계산서 · 대차대조표 등).

6. 주의해야 할 프랜차이즈 회사

The Better Business Bureau(BBB)에서 프랜차이즈 홍보를 할 때 다음과 같은 형태로 접근하는 프랜차이즈 회사를 조심하라고 경고하고 있다.

- 아주 소규모 투자로 엄청난 이익을 보장하는 프랜차이즈 회사.
- 프랜차이즈 사업내용을 검토하기도 전에 '늦기 전에 당장 사업을 시작해야 한다'고 서두르는 프랜차이즈 회사.
- 프랜차이즈의 매출 · 이익 · 매장 위치 등 필요자료의 제출을 꺼리거나 무시하는 프랜차이즈 회사.
- 프랜차이즈 상품이나 서비스의 판매가 아주 쉽다고 장담하는 프랜차이즈 회사.
- 프랜차이즈 회사의 소유주나 간부 직원들의 list 제출을 꺼리는 프랜차이즈회사.
- 최종 소비자가 아니고 다른 franchisee나 distributor에게 판매하여 이익을 얻을 수 있다고 chain sale이나 피라미드(계 조직) 개념의 판매를 강조하는 프랜차이즈 회사.
- 이미 유명해진 프랜차이즈나 혹은 다른 회사와 유사한 이름을 가진 프랜차이즈 회사.

- part-time이나 자가 영업으로도 큰 소득을 얻을 수 있다고 장담하는 프랜차이즈 회사.
- 프랜차이즈 fee나 royalty fee가 아주 싼 경우.

7. 일곱 가지 주의사항

1) disclosure statement나 제안된 계약서는 충분히 검토하고 숙지해야 한다.
2) 변호사를 포함해 필요한 관련 전문 advisor들에게 최종 결정전에 반드시 상의해야 한다.
3) seller나 세일즈맨이 약속한 내용들이 서면계약서에 들어 있는지 반드시 확인해야 한다.
4) 이미 사업을 시작한 franchisee들에게 프랜차이즈 내용과 경험에 대해 확인해야 한다.
5) 프랜차이즈 회사가 제시하는 예상 소득에 대해 면밀히 조사해야 한다. 이러한 예상소득은 반드시 서면으로 받고 어떤 근거에 의해 산출되었는지 확인해야 하며, 기 사업을 하고 있는 다른 프랜차이즈 업소의 비교자료도 요청한다.
6) 다른 형태의 프랜차이즈와 하고자 하는 프랜차이즈와 어떠한 장·단점이 있는지 비교해 보아야 한다.
7) 이 같은 조사가 완전히 끝나기 전까지는 프랜차이즈 구매욕구를 자제해야 한다.

또한 최종 의사결정 전에 다음 The Federal Trade Commission에서 추천하는 다음 일곱 가지 주의사항은 반드시 확인하고 넘어가야 한다.

제9장

국내 프랜차이즈 비즈니스 진단과 대책 방안

제1절 프랜차이즈 시스템의 개념

제2절 독립점포와 프랜차이즈의 비교

제9장 국내 프랜차이즈 비즈니스 진단과 대책 방안

제1절 프랜차이즈 시스템의 개념

Franchise system이란 특정지역내에서 일정기간 동안 모기업이 개인이나 혹은 비교적 작은 기업에게 규정된 방법대로 사업을 할 수 있는 권한이나 특권을 허가해주는 marketing 또는 분배의 형태로서 프랜차이즈 본사(Franchisor)와 회원사간의 관계망이라 말할 수 있으며 이 System에 가입하는 행위를 프랜차이징(franchising)이라고 한다.

Franchise system은 Franchisor 본부와 가맹점 Franchisee의 사업가와 계약을 체결하고 자기의 상호·상표·영업운영권·상품체크·know-how을 제공하여 상품의 판매나 기타의 영업행위를 행할 권리와 의무를 부여하고 사업자는 일정한 대가를 본부에 지급하고 사업에 필요한 자금을 부과하여 Franchiser의 지도나 원조에 의거 사업을 운영하는 경영형태라고 정의할 수가 있다.

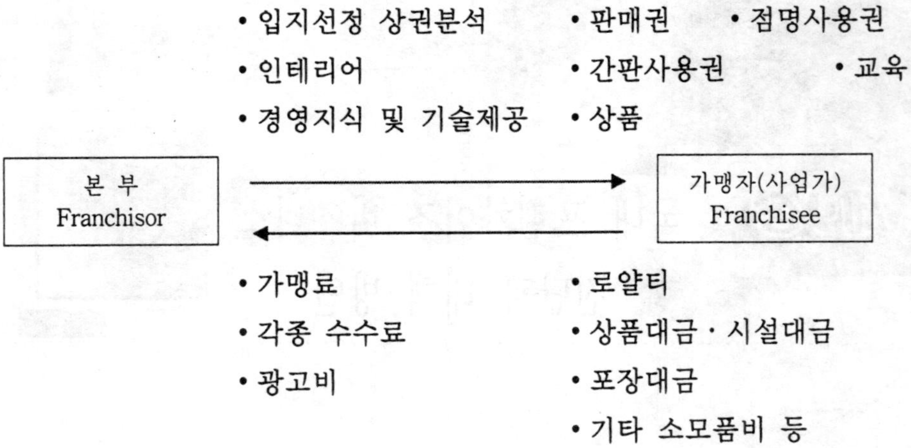

1. 특징

1) Franchising은 Franchisor와 Franchisee와의 계약관계를 맺는 것으로 쌍방의 책임과 의무를 명시하게 된다.
2) Franchisee 사업자에게 일정기간 동안 특정지역에서 사업을 운영할 수 있도록 계약에 명시한 바의 권한 · 특권 · 유형 · 무형의 자산을 전도하거나 허락하는 것이다.
3) Franchisor가 Franchisee에게 받는 보수의 대가로 조직 · 훈련 · 상품계획 및 경영에 용역을 제공하는 계속적인 관계이므로 법적으로는 회원사가 독립적인 존재이지만 경제적으로는 의존적인 종적인 관계에 있다고 할 수 있다. 이 때 부여되는 특권이나 이용권은 다음이 포함된다(각종 용역, 상품, 서비스마크, 이미지, 전문성-판촉, 광고, 상품계획, 생산기술의 혁신, 품질관리, 사업경영방식, 회계, 설비 등).

Franchise System은 1898년 제너럴 모터스 회사는 자동차 판매업자들에게 이 방식의 개념을 도입했으며 제1차 세계대전후 Howard D. Johnson이 도로변의 많은 식당들을 Franchising 했으며 1960년에 들어와서 이 경향은 식음료 service 분야에 도입 놀라운 성장을 이루었음.

국내의 Franchise는 1979. 9. 난다랑(커피전문점)이며 햄버그 전문점인 롯데리아가 1979. 10월에 이 system을 채택한 최초인 것이다. 그러나 도입 초기에는 이 system에 대한 인식 부족으로 활성화되지 못하다가 GNP $6.000-$10.000인 1990년 초에 접어들면서 중대기업의 신규진출 러시 및 유명브랜드가 도입되고 프랜차이즈의 급성장 및 외식산업의 근대화가 이루어지면서 한편으로는 많은 문제점들도 가지고 있는 것이 현실인 것이다.

2. 대형 프랜차이즈에 가입했을 때의 이점

1) 본부에서 총괄적으로 판촉활동을 함으로써 최소의 비용으로 최대의 판촉 효과 기대화
2) 본부에서 대량 구입으로 인한 재료의 저가격 구입
3) 본부로부터의 재무, 행정, 생산, 연구, 광고, 마케팅에 관하여 전문가의 자문의뢰
4) 자금의 조달이 용이
5) 실패율이 적다.
6) 고객으로부터의 신용도가 높다.

3. 프랜차이즈의 매리트 측면

본부 측	가맹점 측
1) 재무적인 위험의 회피 (분점 개점비용이 없다) 2) 단시일내에 다점포 가능 3) 가맹점의 증가되는 만큼 이익의 증가 4) 단기간 내에 지명도가 높다 5) 재고 부담이 없다 6) 노사 문제의 회피	1) 실패위험성의 최소화 2) 소자본 운영 3) 무경험자도 운영의 가능 4) 사업시작과 기일이 오래 걸리지 않는다. 5) 경영의 리스크가 적다 6) 경영의 Know How 획득 7) 상품의 종류가 다양하면서 대량구입에 따른 경비 절감 8) 경영지도의 Back-up 9) 대량광고의 이점 효과

4. 프랜차이즈의 단점 측면

본부 측	가맹점 측
1) 약관에 대한 재판이 많다. 2) 가맹점의 과실이 타가맹점에게도 영향을 준다. 3) 매뉴얼에 의하지 않는다. 4) 명령과 지시의 협조부재 5) 가맹점의 동일한 영업행위 6) 상품 손상의 가능성(가맹점의 실수) 7) 가맹점의 압력단체화(집단 탈퇴) 8) 인력의 운영파견 문제	1) 가맹점의 일반적인 계약 준수 2) 로얄티의 과다 3) 획일화로 인한 지역적인 특성무시 4) 마진율이 박하다 5) 프랜차이즈를 악용하는 사기꾼 6) 본부의 의존도가 너무 높다 7) 경영의 자유행동이 인정되지 않는다. 8) 계약 중도해지 곤란 9) 경영개선 노력의 불필요 10) 본부측이 파산하면 가맹점이 파산된다.

5. 고객 측면

장점	단점
1) 서비스 수준의 향상 2) 표준화된 서비스와 품질의 규격화 3) 염가의 상품 service	1) 책임소재의 불분명 2) 고객에게 악영향 우려 3) 단일 품목의 메뉴

6. 프랜차이즈의 성공조건

1) 프랜차이즈의 제일정신은 타인과의 계약을 중시하는 정신이다.
   상호간의 신뢰구축에서만 체인점의 장점은 극대화된다.
   즉 본부와 가맹점이 모두가 공동운영체가 뚜렷하다는 인식과 상호 신뢰가 긴밀하다.
2) 확실한 Know-how가 있어야 한다(무형자산).
   즉 본부의 노하우가 튼튼하면 기업경영능력이 탁월하다.
3) 도덕성의 확립이 되어야 한다.

즉 부를 창조할 목적으로 구성된 전략적 동반 관계로 장기적인 계약관계인 만큼 본사에 대한 신뢰도와 도덕성의 확립은 절대적인 중요성이다.

4) 제공하는 상품이 분명한 차별성과 특성을 지녀야 한다.

5) 소비자의 욕구나 세태에 변화의 민감성

6) 자금계획과 자금조달이 용이해야 한다.

7. 좋은 프랜차이즈 본사 선택방법

1) 유망한 업종의 프랜차이즈를 선택해야 한다.

유망한 업종이란 아직 절정의 성공에 도달하지 않은 영역 즉 현재보다 미래 성공의 가능성이 큰 영역이다.

2) 직접 확인해야 한다.

일본에서는 프랜차이즈의 첫째 성공조건 → 올바른 경영의 이념

믿음은 생명인 것이다. 우리나라 → 역사가 짧고, 모험가형, 사기형이 많음

- 사업주의 신원과 경력 확인(주민등록, 과거의 사업실적, 금융거래실적)
- 본사의 자금력 확인(주거래 은행 확인)
- 본사의 경영능력 확인(경영방침, 사업의 특색, Know-how 등)
- 계약조건 확인(가맹점의 금액, 지급의 조건, 환급조건, 로얄티 액수, 산정방식, 광고, 판매촉진비, 교육훈련, 배상조건, 계약의 제반사항)
- 체인점의 확인(본부 원조의 만족도, 평균매출액, 제3자 양도가능성, 제반조건 사항 등)
- 법률전문가의 조언(계약하기 전 계약사본을 가지고 조언)

3) 본사의 부실형 느낌

- 상담실이나 사장실이 너무 화려하거나 분수가 넘치는 경우
- 지나치게 수다스럽다
- 아이디어나 사업계획이 추상적이고 Know-how가 구체적이 아닐 때
- 서울 또는 거주지역에는 없고 타지역에만 있는 경우
- 전성기가 지난 업종을 과장 혹은 광고 홍보만 강조

상기와 같이 Franchise system을 설명하였지만 1996년 12월말 국내 산업이 외국에 각종 기술과 브랜드를 도입한 뒤 지급한 금액이 U$23억 달러인 것이다.

이 중 식품산업은 1.2%인 U$4,000만 달러나 된다. 브랜드는 기술과 상품사용료가 매출액의 3%~4% 로얄티를 지급한다. 즉 햄버그나 치킨을 하나 먹으면 30~60원의 로얄티를 내는 것이다. 햄버그(버거킹) 3.4%, 맥도널드 3.2%, 웬디스 2.22~4.44%, KFC 3.6%, 피자인 3.6%, 도미노 피자 3.5%, 코코스 3% TGI 프라이데이 3%, 베니건스 3% 등이다.

일반적으로 사업을 하는데 있어서 업종을 선택하는 단계에서 독립소매점 · 체인점 · 대리점으로 구분 생각하게 되는 것이다.

즉 피자, 햄버그, 아이스크림은 체인점이 유리하고 가전제품, 중저가 구두점 등은 대리점이 유리하며 서점이나 노래방의 경우는 독립소매점이 일반적 생각인 것이다. 세가지 형태 중 어느 것이 지배적인가는 생산업체의 시장 지배력에 달려 있으며 대개 생산업체들이 영세하고 난립하면 독립소매점이 많다.

체인점의 가장 큰 장점은 예비사업가나 초보사업가들이 손쉽게 개업할 수 있다는 이점이 강하다. 독립점포가 개업연도에 30% 이상이 실패하고 5년 후에도 절반이 넘는 점포가 문을 닫는데 비하여 체인점은 10%에 못 미치는 정도의 실패율을 보이고 있어서 프랜차이즈 사업의 상대적 안정성을 설명해 준다.

8. 프랜차이즈 비즈니스의 문제점

본부로서는 자사의 직영점과 똑같은 통제력을 가맹점에 대하여 행사할 수 없게 됨으로써 서비스의 질 저하 등으로 전체기업의 이미지를 저하시킬 수 있는 것이 문제점이 대두된다.

9. 프랜차이즈 비즈니스 운영상의 문제점

1) 본부가 강한 통제력을 발휘하면 할수록 거래가맹점은 불리한 입장이 된다. 이는 가격측면이나 서비스 측면에서 소비자에게 불이익을 주는 사회적인 문제가 될 수가 있다.

2) 프랜차이즈 시스템을 악용하는 경우 거래관계상 불만이 야기되고 서비스를 받아야 하는 소비자에게 악영향을 줄 수가 있다.
3) 영업의 결과에 대한 책임 소재가 본부인지 가맹점인지 불명확하게 되는 경우가 있으므로 소비자의 제안이 거부될 수가 있다.

10. 프랜차이즈 계약의 중요항목

1) 상표, 상호 등 영업 심벌의 사용조항
2) 장소의 선정과 지역 구분 조항
3) 점포내장의 통일성
4) 가맹점의 설비투자와 본부의 원재료 공급 등에 관한 조항
5) 가맹금, 로얄티 등
6) 자금조달의 본부지원
7) 가맹점의 교육훈련
8) 판매촉진 광고선전 등의 조항
9) 경리업무 등의 원조에 관한 사항
10) 매뉴얼 제공 및 관리에 관한 사항
11) 영업시간
12) 본부가 지시하는 정책, 규정 등의 준수사항에 관한 조항
13) 가맹점의 제반 보고 의무조항
14) 상품제공 및 대금결제에 관한 조항
15) 타 체인의 참가 타 업종 영업의 허용 등에 관한 조항
16) 프랜차이즈 점의 양도 등에 관한 조항
17) 계약기간 및 계약변경에 관한 사항

11. Franchise Business 참가자들을 위한 조건

F. B System은 발전과정에서 사회에 기여한 바도 크지만 여러 가지 형태로 사회적 독소로써 경제계에 끼친 악영향도 많은 것은 사실이다. 우리나라에서는 이 제도가 모든 사업분야의 유통단계에 큰 비중을 두고 성장치 못하였

으나 가까운 장래에 중소기업 유통업육성이라는 차원에서 정부나 학계가 검토중인 것이다. F.B는 법적인 처리에 앞서 본인의 재산보호라는 면에서 이 문제를 처리하는 것이 바람직한 내용일 것이다. 향후 프랜차이즈 가맹점으로 생계를 꾸려가는 투자 희망자를 위하여 미국의 규제사항에 관한 내용을 중심으로 프랜차이즈 참가자들이 행하여야 할 사전준비를 설명한다.

1) 모든 F.C의 가맹자로 투자를 하려는 사람은 투자에 따른 위험부담을 인식해야 한다.
2) F.C의 가맹점으로써 영업을 하려면 우선 자기 자신의 성격을 스스로 판단해야 한다.
3) F.C 본사에 대한 평가분석을 철저히 해야 한다.
4) F.C 안내서의 분석을 철저히 해야 한다.
5) 안내서의 분석과 이윤추구에 대한 확실한 파악
6) 전문가의 조언
7) 법률상 인정된 권리 등에 대한 인식 강화

12. Franchise System의 평가 Check List

1) 법률고문이 투자하고자 하는 프랜차이즈 계약을 각 조목마다 분석하고 보증하였는가?
2) 프랜차이즈 본부가 자신에게 독점권을 허용하고 있는지 혹은 동일 지역 내에 제2, 제3의 가맹점을 개점할 것인가?
3) 본부가 비슷한 상품과 용역을 취급하는 다른 프랜차이즈 기업과 연결은 되어 있는가?
4) 만약 동종의 타 프랜차이즈가 연결되었을 때 제2의 조직에 대한 자신의 보호책은 무엇인가?
5) 프랜차이즈 계약을 취소하려 할 때 어떤 조건과 부담이 있는지?
6) 자신이 가맹점을 양도하려 할 때 보상여부?
7) 프랜차이즈 기업은 몇 년이나 영업을 했는가?
8) 본부의 정직성과 공정거래의 평판이 있는가?
9) 기업의 정확한 수익을 표시하는 공인된 수치를 본사가 제시하는지?

10) 다음 사항을 지원하는가? (관리와 훈련계획 / 종업원 훈련계획 / PR계획 / 자금관계 / 신용문제 / 상품화 방법)
11) 적정 입지 선정에 본사의 지원이 있는가?
12) 자금력이 풍부하여 자금지원 계획이나 확대방침을 수령할 수 있는지?
13) 본부는 개인기업 형태를 취하여 정책결정이 사주 1인에 의한것인지 혹은 관리와 훈련과 경험이 많은 인재를 포용하고 있는 회사형태인가?
14) 가명점주 자신이 경영을 스스로 행할 수 없을 때 본부의 지원은 무엇인가?
15) 본부는 가맹점을 성공적으로 운영하며, 가맹점뿐만 아니라, 본부자체도 이익을 낼 수가 있다고 면밀히 분석하여 인정하고 있는가?
16) 가맹점 구입에 관한 법률규제가 있으며 이때 본부는 이 법규를 준수하고 있는가?
17) 가맹점 개점 후 손익분기점에 달할 때까지 필요한 경영자금은 충분한가? 그 조달원칙은 무엇인가?
18) 상품이나 용역을 제공하는 프랜차이즈에 자신의 기업인생의 대부분을 소비할 각오는 되어 있는가?
19) 주어진 지역의 인구가 향후 3~5년간 증가할 것인가, 정체, 감소할 것인가?
20) 지역 내에 자신의 상품용역과 동종의 경쟁자가 있는지(개인사업자, 프랜차이즈 기업)
21) 프랜차이즈 계약에 의해 판매하고자 하는 상품이 자신의 지역 내에서 자신이 정하는 가격으로 시장성이 있는지에 대한 검토는 했는지?
22) 자신은 본부, 종업원, 고객들을 원만하게 일하며 이익을 발생시킬 수 있도록 능력과 경험이 있는지?

제2절 독립점포와 프랜차이즈의 비교

항목	독립점포	프랜차이즈
마진율	비교적 높다	상대적으로 박하다
창업비용과 시간	많이 들고 준비기간이 길다	저렴하고 한달이면 창업 완료되며 짧다
장점	독립성-개성과 창의력 탄력성-변화에 대안 적응 책임성-경영의 자유	경영의 편리성(경영 Know-how) 상품의 점포 전국적인 인지도 우수 전체적인 안목과 경영의 과학성 안정적인 재료 상품 확보
단점	육체적 정신적 고통 지명도의 취약 상품의 안정적 확보가 어렵다 노련한 상술의 필요성	독자적 개성의 어려움(본사 개입 횡포가능성) 시장이나 소비기호에 변화가 늦다. 경영사고와 실패가 외부로부터 올 수가 있다.
적당한 점포	문방구, 서점, 음식점 등	fast food, 옷가게, 맥주점 등
자본규모	영세 또는 상술과 상품의 질을 가진 비교적 큰 자본가	중소규모의 자금

국내 최초 프랜차이즈 비즈니스의 외식산업

국내에서 프랜차이즈 시스템을 가장 먼저 도입한 분야는 외식산업이다.

생성명멸이 유명한 국내 외식산업은 지속적인 성장을 위해 종래의 경영시스템에서 탈피된 새로운 시스템으로서 전환이 필요했으며 이에 따라 관련 업체들이 택한 것이 프랜차이즈 시스템이다.

국내 외식산업의 프랜차이즈 현황은 업종별로 성장기, 쇠퇴기, 둔화기로 나누어 점검해 볼 수가 있다. 우선 지속적인 브랜드 개발과 한국적 음식문화에 맞는 체질 개선 등으로 꾸준히 성장세를 지속하고 있는 업종은 "국수전문점"을 들 수가 있다.

1. 국수 전문점 : 자리 회전이 빠른 만큼 현금회전이 빠르다.

장터국수는 1983년 설립 국수업계 최초로 프랜차이즈 방식을 도입하였으며 전국에 280개의 가맹점. 다림방은 278개의 체인망에 본사에서 슈퍼바이저를 파견 관리한다. 마진율은 장터국수가 50%이며 다림방, 다전국수, 민속마당이 60% 이면서 모두가 현금 결제이다.

일본의 시고야, 세이면 등의 유명 브랜드가 제품의 질이나 면생산 기술 등이 상당한 수준의 발전단계에 있어서 시장경쟁에 우위를 점하려면 지속적인 투자 및 개발이 이루어져야 한다.

2. 참치회 전문점 : 싱싱한 생선회를 가정까지 배달한다.

동원산업(주)의 계열사어서 운영하며 비교적 타 횟감어류에 비해 저렴하고 신선도·편리함이 장점이다. 국민소득의 증가와 함께 수요가 계속 증가하고 있음. 가맹점은 참치회 및 초밥류를 배달 전문으로 하는 동원직배, 홀에 와서 먹기도 하고 배달도 가능한 동원회촌, 참치만 전문으로 하는 동원참치 전문점, 활어회 위주의 동원활어 직판장 등 4종류의 형태가 있음.

3. 프랜차이즈 비즈니스의 향후 전망

프랜차이즈 비즈니스의 발전을 위해서는 외식의 전환 내지는 우선순위의 변화가 이루어져야 한다.

1) 기업우선에서 → 개인우선
2) 거대기업 → 중소기업
3) 생산자 우선 → 소비자 우선
4) 제품의 질 → 삶의 질
5) 협동 → 찬조로서의 전환이 필요하다.

4. 프랜차이즈 비즈니스가 21c를 좌우할 수 있느냐의 여부

1) 프랜차이져와 프랜차이지가 얼마나 잘 협조해 나가느냐
2) 프랜차이져와 프랜차이지가 공동의 이상과 목적을 가지고 어떻게 쌍방의 장점을 함께 활용하고 필요한 전환을 해 나가느냐
3) 일반 대중의 욕구가 무엇인지 잘 파악해야 하며
4) 세계 시장의 수요가 어떤 방향으로 흘러가는지 파악하고
5) 시장의 욕구에 신축성 있게 대처해 나가야 한다.

제10장

환대산업의 마케팅 전략

제1절 상품의 수명주기

제2절 마케팅의 정책개발

제3절 시장조사방법론

제4절 레스토랑의 성공적 운영을 위한 “신입지” 전략

외식산업컨설팅론

제10장 환대산업의 마케팅전략

제1절 상품의 수명주기

1. 환대산업의 주요한 경영목표는 이윤을 극대화하는데 있고 이를 달성하기 위해서는 다양한 전략을 이용해야 한다.

대부분의 경영전문가들이 현상을 연구하여 상품의 수명주기를 말하였는데 이는 다음의 그림이 나타내듯이 5단계를 거치게 된다.

라이프 사이클

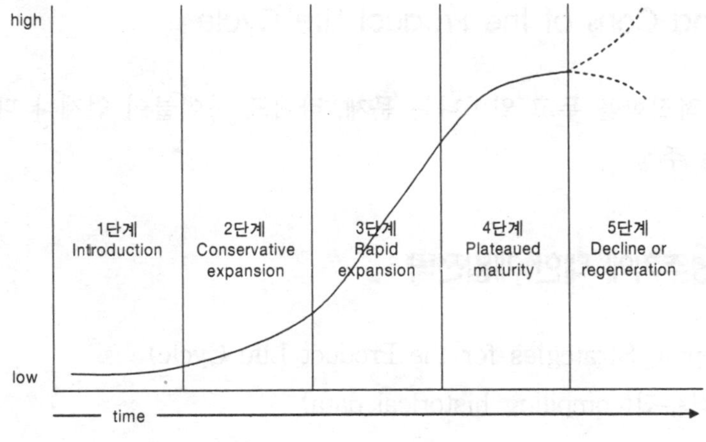

1단계 : Introduction Stage

이름을 인식시키는 단계, - 첫 번째 손님의 인식이 좋으면 그것이 광고의 효과를 가져온다. 이 단계에서 기업은 고정고객 확보를 위해 노력한다. 재정상태는 불안하고 조직도 간단하다. 만일 기업이 자신을 시장에 확실하게 인식시키는데 성공하게 되면 곧바로 확장을 결정하게 된다.

2단계 : Conservative expansion stage

점진적인 성장기를 말한다. 시장세분화를 통해 소규모 시장이 중요하게 인식되어진다. 예) 프랜차이징 등

3단계 : Rapid expansion stage

확장과 연구개발이 동시에 이루어지는 시기

4단계 : Plateaued maturity stage

상품이 가장 높은 수익을 내고 있는 시기다. 이 시기에는 강력한 경쟁 상품도 나오기 시작하여 경쟁이 치열해지며 따라서 상품서비스 믹스의 질을 강화시킨다. 이 단계는 몇 년은 계속 유지되겠지만 결국에는 약화된다.

5단계 : Decline or regeneration

쇠퇴기 또는 재조정기라고 부른다. 기업이 점차 쇠퇴하거나 다시 판매가 늘기 시작하거나 이러한 과정이 다시 시작된다. 예) McDonald's

2. Pros and Cons of the Product Life Cycle

시기의 적절함을 두고 일어나는 문제, 라이프 사이클이 언제나 다 들어맞지는 않다는 주장.

3. 상품수명주기에 대한 개발전략

(Developing Strategies for the Product Life Cycle)

• 데이터수집(compiling historical data)

- 경쟁상품에 대한 확인(Identifying competitive trends)
- 상품수명주기에 대한 연구(Studying the product life cycles)
- 판매기획(Projecting sales)
- 라이프사이클에 맞는 현재의 위치 설정(Locating current position on the life cycle)
- 전략개발(Developing strategies)

4. Trends Affecting the Hospitality Industry

어떤 사업에서든 경향을 확인하는 것은 성공의 열쇠라고 할 수 있다. 즉 현재에 무슨 일이 일어나고 있으며 미래에는 무슨 일이 일어날 것 같은지를 확인하는 것이다. 이 때 4가지의 측면 즉 경제적, 사회문화적, 기술적 그리고 정치적 관심사를 조사해야 한다.

- 소비자의 태도와 욕구의 변화
- 정치적 활동들(세금)
- 방어전략

5. 환대산업의 마케팅에 있어서의 특이한 경향

(Specific trends affecting hospitality marketing)

- Shrinking guest loyalty : 가격저하로 인해 소비자의 품위가 줄어듦. 예) 항공사나 숙박업체간의 인센티브 제도, bonus points로 극복. 미국 호텔산업의 지도자격인 Mariott사의 '쾌적전쟁(amenities war)'과 '재방문자 프로그램(hotel frequent-traveler program)'을 잘 다뤄, 보다 나은 서비스가 되게 하는데 관심을 기울이고 있다.
- 가격과 질(the price-value relationship)에 대한 소비자들의 복합적인 관심의 증대
- 시장세분화(Market segmentation)

6. 환대산업에서의 주요업체

Leading Foodservice Corporations and Operators

Rank Corporation	Headquarters	Number of Units
1 U.S. Dept. of Agriculture Food and Nutrition Service	Alexandria, VA	90,000
2 R. J. Reynolds Industries, Inc.	Winston-Salem, NC	9,500
3 McDonald's Corp.	Oak Brook, IL	8,500
4 PepsiCo Food Service Division	Purchase, NY	6,900
5 Pillsbury Co. Restaurant Group	Minneapolis, MN	4,900
6 Holiday Corp.	Memphis, TN	3,800
7 Wendy's International Inc.	Dublin, OH	3,200
8 ARA Services, Inc.	Philadelphia, PA	2,700
9 Imasco, Inc.	Rocky Mount, NC	2,600
10 Marriott Corp.	Washington, DC	2,000

Top Fifteen Brands within the Foodservice Industry Based on Annual Sales

Rank	Brand/Corporation	Headquarters
1	McDonald's	Oak Brook, IL
2	Burger King	Miami, FL
3	Kentucky Fried Chicken	Louisville, KY
4	Wendy's	Dublin, OH
5	Hardee's	Rocky Mount, NC
6	Pizza Hut	Wichita, KA
7	Dairy Queen	Minneapolis, MN
8	Denny's	LaMirada, CA
9	Taco Bell	Irvine, CA
10	Red Lobster	Orlando, FL
11	Big boy	Washington, DC
12	Arby's	Atlanta, GA
13	Ponderosa	Dayton, OH
14	Jack in the Box	San Diego, CA
15	Domino's Pizza	Ann Arbor, MI

The Top Ten Lodging Corporations

Rank	Corporation	Nuber of Rooms
1	Holiday	295,000
2	Best Western	180,000
3	Hilton	95,000
4	Sheraton	94,000
5	Ramada	89,000
6	Quality International	75,000
7	Marriott	70,000
8	Howard Johnson	65,000
9	Days Inn	60,000
10	Motel 6	58,000

제2절 마케팅의 정책개발

1. 마케팅 정책의 방향

전략적인 마케팅정책에 있어서의 필수적인 단계에 초점을 맞추고 전략적인 마케팅정책을 쓰지 않아서 실패하게된 하나의 fast-food 체인의 예를 생각하며 효과적인 마케팅정책을 다루어 본다. 주요한 개념들은 다음과 같다.

- Contingency planning
- Operational marketing planning
- Strategic marketing planning

(위 세 가지: 정책의 종류)

- Market penetration
- Product-service mix development
- Market development
- Diversification

- Mission

- Strategy
- Goals
- Objectives
- Policies
- Action plans and marketing programs
- Strengths, weaknesses, opportunities, and treats(SWOT's)

[A Strategic Marketing planning Model]

전략적인 마케팅정책을 위해서는 다음 두 가지가 고려되어야만 한다.

(1) 기업 자체가 처해있는 현 상황 (2) 기업이 바라는 시장에서의 위치

2. 전략적 마케팅의 단계는 다음과 같다.

1) Input environmental scanning and marketing information system
2) Establish organizational objectives
3) Assess the organization's strengths, weaknesses, opportunities and treats(SWOT's)
4) Develop alternative marketing strategies
5) Evaluate the advantages and disadvantages of each alternative
6) Select the best alternative strategy
7) Develop specific action plans and an implementation schedule
8) Implement and monitor the plan
9) Evaluate results based on established performance criteria
10) Feedback

3. 정책이 실패하는 이유

경영기획자들의 노력에도 불구하고 다음과 같은 이유들로 인해 정책이 실패하는 경우가 생긴다.

1) 전략적 정책이 마케팅 기능의 일일 활동으로 통합되지 않은 경우
2) 정책과정이 기획자에게 인식되지 못했을 경우
3) 마케팅을 모르는 운영자가 기획했을 경우
4) 회계기획이 고려되지 않은 경우
5) 불충분한 정보와 환경의 다양성에 대한 인식 부족
6) 지나친 단기계획

제3절 시장조사방법론

마케팅조사의 중요한 측면들을 그 내용으로 보면 대부분의 성공적인 기업들은 새롭고 혁신적인 아이디어들을 개발하는데 있어 마케팅조사에 상당한 비중을 두고 있다. 환대산업에서 주로 사용하는 독특한 조사의 응용과 조사방법론을 고찰하면서, 마케팅 연구과제의 영역에 주안점을 고찰해 보기로 하자.

도입

마케팅 조사방법론

- 실험기법(경험기법)
- 관찰기법
- 조사기법
- 표본추출방법론
- 조사수단의 설계

특정한 마케팅 연구의 적용

- 마케팅검사(감사)
- 타당성 조사
- 제품개발

요약

핵심어와 개념(주요 단어와 개념)

재검토와 토론을 위한 질문

1. 도입

시장조사는 고객이 어디출신인가? 얼마나 자주 이 지역에서 외식을 하는가와 같은 광범위한 의문에 대한 해답을 얻기 위한 노력이다. 고객이 가장 빈번히 식사하는 식당은 어떤 종류의 식당인가, 만약 X레스토랑의 수용능력이 20% 향상되었다면, 판매와 이익에 어떠한 영향을 미칠 것인가, 어떤 도시에서 컨벤션센터를 건립했다면, 그 도시에 얼마나 많은 추가 객실 수요를 발생시킬 것인가?

시장조사를 수행하는 것은 매우 중요한 작업이다, 그리고 조사를 수행할 때 적절한 기법이 사용되도록 주의하여야 한다. 환대기업 자체에서 시장조사를 수행하든지 혹은 외부자문기관에 의뢰하든 어느 것도 상관은 없다. 다만, 시장조사자료는 사용된 방법론에 충실하여야 한다. 만약 사용된 방법론이 부적합하다면, 그 결과는 정확한 상황을 설명할 수 없으며, 그리고 이러한 정보에 기초한 마케팅결정은 매우 부적절하다 하겠다.

2. 마케팅 조사방법론

다음은 조사실행의 결과가 실제의 정황을 정확하게 반영하게 만드는 5단계이다.

1) 문제의 명확성

시장조사를 시작하기 전에, 문제점이 명확하게 드러나야 한다. 무엇을 목적으로 시장조사가 수행되는가? 어떤 형태의 문제점이 해결되어야 하는가? 어떤 해결책이 모색되는가? 대다수의 시장조사자들이 갖는 주된 경향은, 특히 초보 조사자들에 있어서, 문제점을 명확하게 할려는 적절한 사고 없이 정보수집활동을 한다는 것이다. 이러한 경향은 지양되어야 할 것이다. 문제점을 규명하고 선정하는 데 소요되는 짧은 시간으로서 결국은 많은 시간을 절약할 수 있게 해야 한다.

2) 1차조사의 수행

본 단계의 목적은 시간과 비용을 절약하는데 있다. 예전에 연구되었던 문제나 분야를 연구한다면 얻을 수 있는 것은 아무것도 없다. 그러므로 가장 본질적으로 산출된 마케팅정보는 첫째로 명시된 문제에 합당한 자료를 수집하기 위해 검토되어야 한다. 둘째, 모든 유용한 2차자료도 검토되어야 하는데 이 또한 같은 이유 때문이다. 이러한 두 가지 일반적인 형태의 정보는 많은 양의 시간을 절약할 수 있게 하고, 연구과제에 부분적인 해결 시안을 주는 경향이 있기도 하다. 이러한 시안들은 차후의 단계에서 검토될 수 있다.

3) 시장조사의 설계

명확한 문제점과 2차 자료원으로부터의 수집된 자료에 기초하여, 조사의 설계는 추가자료를 수집할 수 있는 조사기법에 맞춰 구성되어야 한다. 무수히 많은 방법론이 일반적으로 사용되어 진다. 즉, 전화와 D.M 조사법, 개인면접법, 소비자그룹 면접법, 그리고 구매동기 조사법이 이에 포함된다.

4) 자료수집

일단 조사방법론이 설계되었다면, 설계된 방법으로 자료를 수집하여야 한다. 지름길이란 없다. 즉, 느리지만 체계적인 접근방법이 최선의 방법이 되는 것이다. 결과에 영향을 미치는 외부변수들에 의한 자료의 비신뢰성을 피하도록 하여야 한다.

5) 자료분석

통계처리과정이 더욱 정교할수록 자료분석에 대한 정확도가 커진다. 조사자들이 결과치를 산출하는데 많은 시간을 소비했던 통계처리과정을 이제는 몇초 또는 몇분에 컴퓨터를 이용하여 처리할 수 있게 되었다. 자료분석의 일반법칙은 각각의 표본자료분석을 실시한 후 좀더 정밀한 자료분석으로 진행시키는 것이다.

6) 자료의 요약과 결과의 도출

이미 언급된 5단계에 기초를 했다면, 이러한 처리과정은 문제점, 중요 변수들, 중요 변수들 간의 상관성, 그리고 유효한 수행과정에 대해 명확히 제시하여야 한다. 그러면 일반적인 경우에 있어서 그 의사결정은 명확하게 나타난다. 그러나 기타의 경우에 있어서, 경영적 판단이 의사결정요소가 될 것이다. 숙지해야할 중요한 요점은 더욱 정확한 의사결정을 할 수 있는 조사를 수행하기 위해서 방법적 접근이 취해져야 할 적절한 시기가 언제인가 하는 것이다.

3단계는 시장조사의 설계를 내용으로 하고 있다. 다음은 시장조사의 설계를 위한 3가지의 일반적인 접근방법이다. (1) 실험기법, (2) 관찰기법 (3) 조사기법.

(1) 실험기법

실험기법은 3가지의 기법 중에서 가장 일반적인 방법이나, 환대산업에 있어서는 특별한 경우에만 사용된다. 이 기법을 사용할 경우, 조사자는 조사대상인구를 그룹화하여 나누고, 각 그룹에 각기 다른 실험을 한다. 예를 들면, 대부분의 패스트푸드 회사는 시험판매의 중심지로 특정 지방소재의 도시들을 선정한다. 선정된 여러 중심지에 따라서, 그 회사는 새로운 품목에 대한 소비자의 반응을 얻고 이러한 품목에 대한 미래 판매를 계획하기 위해서 신상품의 설명 또는 시험판매를 한다. 이때 신제품과 구제품의 인기도를 알아보기 위해서 그리고 어느 제품을 전체 유통조직에 도입할 것인가를 결정하기 위해 각기 다른 시험판매자들에 있어서 판매정도를 비교하게 된다. 이러한 형태의 연구를 수행하기 위해서는 상당한 비용이 든다. 그리고 실험기법의 결과에 영향을 미칠 수 있는 모든 외부변수를 통제하는 것이 매우 어렵다. 예를 들어, 날씨 또는 경쟁적인 환대기업의 선전활동과 같은 외부변수들은 신제품의 판매량에 쉽게 영향을 미칠 수 있다. 실험기법은 비용이 많이 들기 때문에, 대형 체인기업만이 전적으로 수행할 수 있다.

Mc Donald's, Burger King, Wendy's와 같은 대형 체인기업들은 계속해서 실험적인 시험판매 연구를 실행하고 있다. 이러한 연구를 통해서 대형 체인기업들은 신제품의 미래수요를 정확하게 예측한다. 때문에 시험-마케팅을 수행할 수 있는 재정규모와 재정 안정성을 갖춘 기업은 추가의 경쟁우위를 차지할 수가 있는 것이다.

⑵ 관찰기법

관찰기법은 소비자행동의 관찰과 관찰된 행동을 입증하거나 기록하기 위한 체계적 기록을 작성하는 것을 그 내용으로 한다. 관찰기법을 사용할 때, 관찰자의 역할을 하는 모든 개개인들이 같은 방식으로 그들의 관찰한 것을 기록하는 것이 중요하다. 그러므로 1인 이상의 관찰자가 관찰결과를 기록할 경우, 행동을 관찰하고 입증된 정보를 기록하기 위한 일반적인 기법(기준)을 사용하는 것이 필요하다. 이것은 서로 다른 관찰자간에 일관성을 유지하기 위해서 필요하다. 이러한 방식으로 하지 않는다면, 관찰기법의 효과는 기대할 수 없다.

관찰기법은 다양한 개인판매 접근에 따른 관찰된 소비자의 반응을 기록하는데 사용될 수 있다. 업장지배인이 접대사원에게 주류판매에 있어서 각기 다른 3가지 판매방법을 사용하도록 했다고, 가정하자. 이때 각 직원에게 고객의 반응과 사용된 판매방법을 기록하게 한다. 그리고 약 2주 정도의 일정기간 후, 업장지배인은 모든 직원이 기록한 정보를 비교하고, 어떤 판매기술이 앞으로 가장 효율적인가를 현명하게 결정할 수 있을 것이다.

그러한 정보는 환대산업에 적용하기가 용이하지만, 관찰기법은 그 나름대로의 단점을 가지고 있다. 대표적 단점은 모든 관련 고객행동을 기록하고 관찰하는 것이 어렵다는 것이다. 그리고 정확하게 같은 방법으로 정보를 기록하고 관찰하기 위해서 관찰자 전원을 교육훈련시키는 것 또한 어렵다.

⑶ 조사기법

조사기법이 적절히 사용된다면, 환대산업의 경영자는 많은 양의 정보를 수집할 수 있다. 조사기법은 다양한 상황에 적용되고 비교적 비용이 적게 든다. 조사방법에는 전화조사법, D.M조사법, 개인면접법과 같은 많은 다양한 방법이 있다.

전화조사법은 즉각적인 결과를 유도하는데 적격이다. 큰 장점은 비용이 적게 든다는 것이다. 한 장소에서, 단지 한 개인이 매우 짧은 기간에 다수의 사람에게 답변을 요구하고, 많은 사람을 접할 수 있다. 다른 한편, 대면접촉을 할 수 없고, 응답자들이 전화상으로 질문에 대한 답변을 하지 않으려는 경향을 보인다. 그리고 전화 상으로 접수된 응답의 신뢰성이 불확실하다.

D.M 조사법 역시 많이 사용된다. 이 조사법은 완성도가 높고 비용도 적절하나, 두 가지 주요 단점을 가지고 있다. 첫째, 응답률이 낮다. 대게 25%정도만이 응답되고, 이러한 낮은 응답률에 근거한 의사결정에 치명적인 결과를 초래한다. 조사에 응답하는 개개인들이 전형적이지 않고, 목표시장부문에 대한 다수성을 대표하는 의견이나 응답을 줄 수 없다는 위험이 상존하고 있다. 둘째, D.M 조사는 심도 있는 질문을 하기가 어렵고, 후속질문을 하기에도 부적당하다. 응답자들은 단지 설문지를 볼 뿐, 명확한 설명을 들을 수가 없다. 때문에 목표시장부문의 복잡한 의견을 반영하는 응답을 얻기가 더욱 어렵다.

개인면접법은 좀더 심도 있는 질문을 할 수 있다. 면접자는 보통 면접을 위한 지침서를 사용하고, 응답자에게서 연속된 응답과 응답자 특유의 관심사에 초점 맞추어 질문을 조절할 수 있다. 조사기법으로서 개인면접 법은 두 가지 단점을 가지고 있다. 주요 단점은 비용이 많이 든다는 것이다. 정보를 수집하기 위해서 응답자와 장시간 면담을 하기 위해서는 매우 비용이 많이 든다. 심도 있는 면접은 2시간 정도가 소요된다. 그러하기 때문에, 면접할 수 있는 대상은 제한되고, 단위 면접당 비용이 매우 많이 든다. 면접을 위한 이동경비도 개인면접법의 비용을 인상시키는 요인이 된다. 둘째, 효율적인 면접을 실시하기 위해서는 면접자를 능숙하게 만드는 훈련이 필요하다. 게다가 면접자들을 관리하기 위한 관리기구도 필요하다.

6단계의 조사방법론중 5단계는 자료분석에 관한 내용이다. 자료분석을 위한 가장 기초적 접근방법은 평균(산술평균), 중위수(중간값), 최빈치(최다 빈도를 나타내는 응답치)와 같은 지배적 경향을 나타내는 적절한 기준치를 산출하는 것이다. 게다가 가변성을 측정하기 위해서는 순위(1~10의 순위와 같이 최고치와 최저치간의 차이)와 표준편차(양측 평균치상의 수치분포)가 필요하다.

이러한 결과치가 산출되면, 대개 상관성 여부를 측정하기 위해서 교차표를 작성한다. 상관성의 상관정도 뿐만 아니라 상관성이 긍정적 혹은 부정적 결과를 갖는지를 설명하기 위해 상관계수가 산출될 수 있다. 예를 들어, 환대산업에 있어서 시장조사자가 연간수입과 한 주간 몇 번이나 외식을 하는가의 상관성 여부를 조사하려 한다고 가정하면, 그 조사연구의 결과가 연간수입과 주간외식 횟수간의 높은 상관성(+0.90)을 나타냈다면, 이는 연간 수입이 증가할수록 주간 외식횟수도 증가한다는 것을 의미한다. 낮은 상관성은 정반대의 결과를 낳는다.: 만약 위에서 제시한 예에서 상관성이 매우 낮은 상관성(-0.90)을 나타냈다면, 연간수입이 감소할수록 주간외식 횟수는 감소하게 된다. 상관계수는 -1.00에서 +1.00의 범위에 걸친다. 부정적이든 긍정적이든지 상관계수가 1.00에 가까울수록 상관성은 커진다.

매우 다양한 통계기법들이 마케팅조사에 일반적으로 사용된다. 이러한 기법들에는 복합 회기분석, 유별분석, 요인분석이 있다. 복합회기분석은 하나이상의 독립변수가 다른 종속변수에 미치는 영향을 분석하려는 것이다. 예를 들어, 라디오 광고가 판매량에 어떤 변화를 미치는가이다. 유별분석은 수적인 가치를 표시하기보다는 변수들을 계층화시키려는 것이다. 예를 들어, 평균 주간 외식 횟수가 10번 이상인 사람들의 성격과 특징은 무엇인가이다. 요인분석은 다수의 변수들 간에 있어서 상호관계성을 나타내는 몇몇의 기본요인을 밝히는데 사용되는 통계기법이다.

통계처리는 자료분석에 매우 유용성이 크지만, 경영자가 의사결정을 하는 과정에서 통제불가 요인과 비평적인 사고를 고려해야만 한다.

(4) 표본추출 방법론

대게 시장조사자료는 가능성 있는 표본추출에 근거를 두고있다. 즉, 비교적 소규모의 표본집단을 무작위로 추출하고, 이 표본에서 산출된 결과는 보다 큰 규모의 집단에 일반화시킨다. 표본추출시 생긴 오류는 산출결과와 일반화 과정에 영향을 미치기 때문에, 시장조사자들은 주의 깊게 무작위 표본을 추출해야 한다. 환대산업에 적절한 표본추출기법에는 ① 무작위표본추출, ② 집단표본추출, ③ 체계적 표본추출이 있다.

어떤 기법을 사용하든지, 선결과제는 정보수집을 위한 인구를 명확히 하는 것이다(여기서 인구는 정보수집을 위한 명확한 개인들로 구성된 집단이다). 예를 들어, 두 종류의 독특한 인구는 ① 미혼이면서 20~26세 사이의 남녀, ② 식당에서 1마일 이내에 직장을 가지고 있으며, 연간 2만5천$의 수입이 있는 남녀가 될 수도 있다.

다음 단계에 필요한 것은 조사대상의 수를 결정하는 것이다. 이것을 표본의 규모라 한다. 표본의 규모는 경영자가 기꺼이 책임을 질 수 있는 위험수위에 따라 좌우된다. 많은 사람들이 조사대상자가 될수록, 수집된 정보가 전체 인구를 대표하는 신빙성이 더욱 커지기 때문에, 위험의 정도는 감소된다. 조사대상의 수가 많을수록 수집된 정보가 더욱 신빙성이 있고 유효한 경향을 갖기 때문에 위험은 감소되는 것이다. 그러나 여기에도 다음과 같은 문제점이 있다. 얼마나 많은 사람들이 조사될 수 있는가? 이것은 쉬운 문제가 아니며, 적당한 해답도 없다. 정확한 표본의 규모는 궁극적으로 원하는 정확성의 정도에 기초하여 산출된다. ±10% 내에서의 정확한 결과를 얻는 것은 비교적 쉽고, 요구되는 표본의 규모가 크지 않아도 된다. 그러나 ±1% 내에서의 정확한 결과를 얻기 위해서는 더욱 큰 표본의 규모를 필요로 한다. 표본추출은 매우 복잡한 기술이다.

필요 표본규모는 인구의 규모와 직접적인 관계를 가지고 있다. 표에서와 같이, 인구내의 개인의 수가 크면 클수록, 표본에 포함 되어야 하는 인구의 백분율은 적어진다.

인구 규모의 상관적 요소로서의 표본 규모

인구 규모	필요한 표본규모
500	217
5,000	357
50,000	381
100,000	384

인구를 명확히 하고 조사할 개인의 수를 결정했다면, 다음 단계는 개인집단을 선정하고, 조사를 수행하는 것이다. 조사가 어떤 유용성이 있는 것이라면, 조사는 매우 신중하게 수행되어야 한다. 잘못 선택된 표본은 전체인구의 의견을 대표하는 정보를 제시할 수가 없다. 전체인구를 대표하는 정보가 없이는, 정확한 의사결정을 하기가 매우 어렵게 된다. 부정확한 자료에 근거한 의사결정은 잘해 보아야 보잘것없는 것이 되고 만다.

표본추출의 가장 일반적인 기법 중의 하나는 무작위 추출법이다. 이 기법은 각각의 인구 구성원을 선택하는데 있어서 동등한 기회를 준다. 무작위 추출은 환대산업의 마케팅조사자가 시장조사를 수행할 때 사용하는 가장 적절한 기법이다. 표본추출을 통한 표본이 대표성을 꼭 갖는다고는 확언할 수는 없지만, 유용한 기법에 가깝다고 할 수 있다. 무작위로 표본을 선택하는 단계는 다음과 같다.

① 인구를 정의하고 명확히 한다.

② 필요한 표본의 규모를 결정한다.

③ 모든 구성원을 서열화한다.

④ 인구의 각 구성원을 1부터 연속번호를 붙인다.

⑤ 무작위 번호표에서 임의로 번호를 선택한다. 컴퓨터 프로그램을 사용하여 무작위 번호를 쉽게 산출할 수 있으며, 조사방법론 교과서에서 또한 알 수 있다. 무작위 번호는 4단계에서 책정한 번호와 일치할 것이다.

⑥ 원하는 표본규모를 완성하기 위해서 5단계를 반복하여 개인집단을 선정한다.

환대산업의 마케팅 조사자가 고려해야 할 또다른 표본추출 기법은 집단표본추출법이다. 집단표본추출법은 별도로 선택된 개인 집단보다는 이미 형성된 집단을 활용하는 방법이다. 만약 경영자가 지정한 날 혹은 한정된 식사시간 동안 특별한 환대업체를 단골로 하는 모든 사람을 조사하려 한다면, 이것이 집단표본추출법이며, 단골 고객이 집단이 되는 것이다. 경영자는 집단을 구성하기 위해서 개인 집단을 선택할 수 있지만, 표본으로서 전체 집단을 사용할 수 있다. 지정한 날에 호텔에서 투숙하는 모든 고객이 유사 집단이 될 수도 있고, 한 아파트나 연립주택에 살고 있는 개인들이 유사집단이 될 수 있다.

체계적 표본추출은 환대산업의 마케팅 조사자들에게 잠재적인 관심이 되고 있다. 체계적 표본추출은(대개 알바벳 순서로) 현재 가지고 있는 연명부를 사용하는 것과 연명부로부터 대표적인 표본을 추출하는 것을 내용으로 하고 있다. 그 단계는 표에서 제시하고 있다.

(5) 조사수단의 설계

환대기업에서 시장조사자들은 대게 설문지법을 사용하는데, 비교적 비용이 저렴하고, 설문지를 통하여 광범한 양의 정보를 수집할 수 있기 때문이다. 다음의 표가 조사수행의 예이다. 이러한 조사도구는 한국음식업협회에 의해서 개발되어졌으며, 그리고 식당에 알맞은 시장조사의 형태로 재발간되었다.

조사는 우편, 개인인터뷰, 그리고 전화 인터뷰를 이용할 수 있다. 그러나 조사의 설계란 결코 간단한 작업은 아니다. 이것은 몇 가지의 질문을 간단히 적어두거나 조사의 도구를 개발시키는 것은 쉬우나, 이것은 결코 결과된 조사가 사실이 될 수는 없다. 성공적인 앙케이트를 계획하는 것은 매우 어려운 임무이며, 이것을 개발하기 위해서는 상당한 시간과 욕구가 필요하다. 아래에서의 일련의 질문들은 조사도구를 만들 때에 계획자에게 도움을 주고 있다.

표본추출방법

단계	사례
1. 인구를 정의하고 명확히 한다. 2. 필요한 표본규모를 결정한다. 3. 인구의 리스트를 확보한다. 4. 표본의 규모로 전체인구 규모를 나누어 k를 결정한다. 5. 리스트의 초상부 근처의 무작위 지점에서 시작한다. 6. 원하는 표본의 규모가 될 때까지 리스트의 인명을 k회 추출한다.	1. 도시 XYZ의 전체 인구 100,000명 2. 100,000명의 적절한 표본규모는 384명이다. 3. 자료원:전화번호부 4. k=100,000 ÷ 384 k=260 5. 무작위로 리스트의 최상부 근처의 인명을 추출한다. 6. 원하는 표본의 규모를 만들기 위해서 260회 인명을 추출한다.

- 누가 무엇을, 어떻게, 어디서, 언제하나?
- 그 주제에 대해서 무엇을 알고 있나?
- 그 주제에 대해서 무엇을 느끼나?
- 왜 응답자는 위의 반응과 같은 방식으로 느끼고 행동하는가?

조사 앙케이트를 작성할 때 계획자는 앙케이트의 내용을 명확하면서도 가능한 한 흥미롭게 작성해야 한다. 쉽고도 흥미롭게 조사를 시작함으로써 계획자는 응답자들에게 조사도구를 기초로 하여 모든 질문에 대하여 동참하고 응답을 하도록 해야 한다. 하나의 조사방식 속에서 넓은 해석을 요하는 것(오픈식)과 좁은 해석을 요하는(클로우즈식) 두 가지의 질문의 형태를 구사할 수 있다. 오픈식의 질문은 다음과 같다. "귀하께서 우리 식당을 개선하는 방식에 관한 논평이나 제안을 해 주시겠습니까?"(이러한 것들은 응답자들이 자신의 반응을 적기 위한 몇 줄의 빈 여백으로 나타낸다) 이와는 달리, 폐쇄식에서는 아래와 같은 형태로 나타날 수 있다.

당신의 응답에 가장 적합한 것에 대하여 기입하여 주십시요.

	매우우수	우수	보통	그저 그렇다	나쁨
음식의 질	______	______	______	______	______
음료의 질	______	______	______	______	______
서비스의 질	______	______	______	______	______

▶ 한국음식업협회의 고객태도에 대한 앙케이트 조사 ◀

고객에 대한 서비스를 위해서 더욱더 많은 것을 알고자 하오니 아래의 질문을 완성해 주시면 대단히 감사하겠습니다.

1. 이 음식점에 오시기 전에 당신께서 하신 일이나 머무르셨던 곳은 어떤 것입니까?(하나의 항목에만 기입하여 주십시오)

① 직장
② 집
③ 쇼핑
④ 사회적 또는 레크리에이션 활동
⑤ 여행 또는 휴가
⑥ 기타(정확히 기입하여 주십시오) ______________________

2. 당신이 이 식당을 나가신 후에 어디를 가시겠습니까?(하나의 항목에만 기입하여 주십시오)

① 직장
② 집
③ 쇼핑
④ 사회적 또는 레크리에이션 활동
⑤ 여행 또는 휴가
⑥ 기타(정확히 기입하여 주십시오) ______________________

3. 이 식당을 포함하여 당신이 저녁식사 때에 가장 좋아하는 식당은 어디입니까?(정확한 식당의 이름을 기입하여 주세요)

____

4. 아래의 각각의 항목들에 알맞게 당신이 위에서 언급했던 식당과 이 식당과 비교하여 주십시오(당신이 가장 좋아하는 식당과 이 식당을 비교하여 아래에 적당한 기호로 기입하여 주십시오).

	매우좋다	좋다	같다	나쁘다	아주 나쁘다
서비스	______	______	______	______	______
청결	______	______	______	______	______
음식의 질	______	______	______	______	______
메뉴의 다양성	______	______	______	______	______
종업원의 친절성	______	______	______	______	______
분위기	______	______	______	______	______
지역의 편리성	______	______	______	______	______
가격의 적당성	______	______	______	______	______

5. 오늘의 모임에 당신은 몇 분과 함께 오셨습니까?

①1명 ②2명
③3명 ④4명
⑤5명 ⑥6명 이상

6. 당신은 얼마나 자주 이 식당을 이용하십니까?

① 일주일에 한 번 이상 ② 일주일에 한 번
③ 두세주에 한 번 ④ 한 달에 한 번
⑤ 두세달에 한 번 ⑥ 석달에 한 번 정도
⑦ 이 번이 처음

7. 오늘 식사 선택은 누가 하셨습니까?

① 스스로 ② 식구 중 다른 사람이
③ 회사동료 ④ 친구
⑤ 기타.

아래의 질문은 분류목적을 위해서 사용합니다. 모든 질문은 비밀이 보장됩니다.

8. 당신의 나이는?

① 18~24 ② 25~34
③ 35~44 ④ 45~54
⑤ 55~64 ⑥ 65세 이상

9. 당신의 성별은?

① 남성 ② 여성

10. 당신 가족의 수는?

① 1명 ② 2명
③ 3명 ④ 4명
⑤ 5명 이상

11. 가족 중 돈을 벌고 있는 사람의 수는?

① 1명 ② 2명 ③ 3명 이상

12. 당신의 직업의 종류는?

① 세일즈맨 ② 성직자
③ 농부 / 목장경영자 ④ 자영업자
⑤ 전문직 / 기술자 ⑥ 정치인
⑦ 경영인 / 관리인 ⑧ 서비스 직종
⑨ 주부 ⑩ 무직
⑪ 학생 ⑫ 기타

13. 당신의 가족의 정확한 수입은?

① 2백만원 이하 ② 2백~3백만원
③ 3백~4백만원 ④ 4백~5백만원
⑤ 5백~6백만원 ⑥ 6백만원 이상

두 질문 형태들은 넓게 사용되고 있으며, 또한 믿음직한 장점들을 제공하고 있다. 넓은 해석을 요하는 질문들은 응답자들로 하여금 더욱더 개인적인 측면에서 대답할 수 있으나, 이러한 조사형식은 그러한 결과의 분석과 요약을 하는데 있어서 많은 어려움이 있다. 반면, 좁은 해석을 요하는 질문들은 분석하기는 쉬우나 응답자들이 매우 좁은 응답의 선택폭을 지니며 가장 적절한 선택된 항목을 선정할 수밖에 없다.

만일 주관적인 의견들이 사용되어진다면 넓은 해석을 요하는 질문들이 가장 효율적이나, 반면 좁은 해석을 요하는 질문들은 객관적인 사실과 정보를 수집하는 데에 있어서 최상의 방법이라 할 수 있다.

조사는 여러 가지 이유로 사용되어지지만, 모든 상황에 적합한 법칙을 설정하기는 어렵다. 그러나 아래와 같은 가이드 라인은 모든 조사기법을 설정하는데 적용되어진다.

- 응답자를 비난하거나 전문적인 용어를 피할 것.
  응답자에게 친숙한 언어를 구사할 것.
- 장황한 문장을 피할 것. 이것은 응답자로 하여금 응답에 대한 의욕을 저하시킬 수도 있으며 응답문항의 수를 감소시킬 수도 있을 것이다.
- 애매 모호한 질문은 피하라.
- 한 개의 질문당 한 개 이상의 아이디어가 담긴 질문은 피하라.
- 응답자를 당황하게 할 수도 있는 사적인 질문을 피할 것.
- 개개의 질문에 대하여 합법적이고 논리적인 이유가 있는지를 확인할 것.
- 개인적인 편견을 질문 속에 넣지 말 것.
- 질문의 목적을 충분히 당신도 이해하고 있는지를 확인할 것. 왜냐하면 당신이 이해하지 못하는 질문들은 응답자도 이해할 수 없기 때문이다.
- 좁은 해석을 요하는 질문에는 항목에 잘 모르겠음 또는 의견이 없음이라는 항목을 넣는 것이 적당하다.
- 좁은 해석을 요하는 모든 항목들은 서로의 연관성이 없어야 한다.
- 좁은 해석을 요하는 질문에서의 선택 수는 5~6개의 항목들로 한정할 필요는 없다. 많은 항목들도 적절하게 사용되어질 수 있다.
- 선택항목의 수는 하나의 좁은 해석을 요하는 질문에 대해 확인을 해야 하는 지침 속에서 매우 명백하게 알려야 한다.

- 응답자를 혼동시킬 수 있는 하나 이상의 의미를 갖고 있는 단어나 문장을 살필 것.
- 수입과 같은 개인적인 질문은 설문의 첫 부분에 놓아진다면, 일반적으로 응답자로 하여금 설문에 대한 부담을 덜 줄 것이다.

조사는 환대조직을 경영하는 데 있어서 매우 유용하다. 조사는 잠재고객과 현존고객에 대한 많은 양의 정보를 얻게 한다. 마케팅 연구조사의 설계는 생각이상으로 어려운 작업이다. 만일 조사설계에 많은 것을 알기 원하는 독자가 있다면 더욱더 많은 정보에 대한 최고의 자료중의 하나는 Don A. Dillman이 저술한 "The Total Design Method"-우편, 전화조사방식이다.

"소비자 시장조사 무조건 믿지 말라"

최근 국내외기업들은 『소비자 만족』에 경영초점을 맞추고 있다. 소비자기호를 맞출 수 있는 상품을 개발하려고 애쓰고 애프터 서비스에 노력한다. 이를 위해 마케팅전략으로 소비자 시장조사를 자주 애용하고 있다.

그러나 소비자 설문조사에는 적지않은 함정이 도사리고 있다고 미국의 경제주간지 포천誌는 경고했다. 『신제품이 마음에 든다. 물건이 나오면 바로 사겠다』고 응답한 소비자들이 정작 매장에 제품이 전시되면 외면하는 일이 많다.

스포츠용품업체인 스팰딩社와 미즈노社는 90년대 초에 이같은 경험을 했다. 이 회사들은 펌프운동화의 원리를 이용, 공기주머니를 부착한 야구용 펌프 글러브를 개발했다. 소비자 설문조사에서 보인 반응은 『대환영』이었다. 그러나 1백달러의 가격표를 붙여 시장에 내놓았을 때 소비자들이 외면하는 바람에 적지않은 손해를 감수해야 했다. 코카콜라가 80년대 중반에 개발한 뉴 코크(New Coke)도 19만명의 시음회에서 큰 호응을 받았으나 시판후 실패상품으로 전락했다.

신제품 개발 때도 소비자 의견을 무시한 제품이 히트하는 사례도 많다. 크라이슬러의 미니밴은 시장조사에 응한 소비자들이 기괴한 모양새에 코웃음을 쳤지만 시장에서의 평가는 달랐다. 냉동식품도 소비자들의 예상과는 달리 히트상품으로 올라섰다.

마케팅전문가들은『시장조사가 소비자들의 기호변화를 파악할 수 있는 좋은 방법일 수 있지만, 소비자를 무시해야 기발한 아이디어로 신제품을 개발할 수 있을 때가 많다』고 말한다.

이와 관련해 미국에서는 최근 설문조사보다 소비자 관찰을 통해 신제품 아이디어를 얻는 회사들이 늘고 있다.

사무용가구업체인 스틸케이스社는 신제품 아이디어를 얻기 위해 여러 회사에 비디오카메라를 설치하고 직원들이 눈치채지 못하게 그들의 행동패턴을 관찰했다. 그 결과 집단으로 모일 수 있으면서 개인공간도 보장해주는 모듈식 가구를 개발해 히트를 쳤다.

20개 의류체인을 갖고 있는 美필라델피아의 어번 아웃피터社도 창업이후 25년간 두 차례밖에 설문조사를 하지 않았다.

이 회사는 소비자들이 실제 착용하는 의류를 조사하기 위해 매장과 뉴욕의 이스트빌리지 등 주택지를 찾아 카메라로 촬영하고 이 자료를 신제품 개발에 활용했다.

소비자들이 진정으로 원하는 욕구는 설문조사에서 주장하는 것과는 다르다는 것을 이들 회사의 영업실적이 말해 주고 있다.

3. 특정한 마케팅연구(조사) 적용

1) 마케팅 감사

근간에 마케팅 감사라는 용어는 환대조직체들의 경영자나 소유주에 의하여 자주 사용되어져 왔다. 이 용어의 의미는? 마케팅 감사가 어떻게 사용되어질 수 있나? 모든 환대조직체를 운영하는데 있어서 마케팅감사에 어떻게 관계되어지는가? 마케팅감사는 조직체들의 마케팅전략과 실행의 효율성을 측정하고 조사하는 데 사용되어지는 간단한 도구이다. 감사에서 경영은 넓은 관점을 필요로 하며 위에서 언급된 대상물뿐만 아니라 환경조건에 대응하는 조직체들의 수행의 분석을 추구하고 있다.

마케팅 감사를 최대한으로 활용하기 위해서는 환대조직체의 경영은 일정한 기초 위에서, 그리고 시스템적인 방식 안에서 마케팅 감사가 수행되어야 한다. 거대한 주요 환대산업체들은 최소한 1년을 기초로 하는 감사수행계획을 세워야 할 것이며, 대다수의 경영자가 이 마케팅 감사를 사용할 것이다. 개개의 경영자는 감사에 필요로 하는 마케팅 요소들을 명확하게 결정해야 할 것이다. 아래는 전반적인 마케팅 감사를 위해 제시된 항목이다.

① 마케팅환경 감사

이것은 거시적 환경으로 둘러싸인 환대경영의 간단한 연구와 함께 시작하는 것은 바람직하다. 이것은 그 산업에 영향을 미칠 수 있는 거시적 범위의 경제적, 사회적, 기술적인 요소들을 살피는 것을 의미한다. 덧붙여 거시적인 환경은 제 관찰되어져야 한다. 즉, 환대경영을 둘러쌓고 있는 경쟁환경을 조사하는 것을 의미한다. 이 연구의 구성은 시장, 소비자, 그리고 경쟁자들로 구성되어져야 한다.

② 마케팅전략 감사

환경적인 상태를 고려하여 볼 때, 기업의 마케팅전략은 주의 깊게 고려되어져야 한다. 시장에 관련된 목표와 대상들이 주의깊게 고려되어진 다음, 목표가 현재 적절한 지와 만일 그 목표가 적절하다면 성공적인 목표달성을 위한 최상의 전략을 설정해야 할 것이다.

③ 마케팅세일 효율성에 관한 감사

마케팅 노력과 판매에 대한 소비자들의 반응은 주의깊게 연구되어져야 할 것이다. 서비스와 세일즈 직원이(소비자에게) 얼마나 효과적인가? 세일즈 직원이 정말로 환대산업경영의 소비자에게 욕구를 충족시켜 주고 있는가? 그들이 정말로 제공된 서비스와 생산품의 개인적인 판매에 적절하게 종사하고 있는가?를 주의깊게 연구해야 한다.

④ 내부 및 외부의 마케팅 생산성에 대한 감사

판매를 늘리기 위해 수행된 노력들 또한 조사되어져야 한다. 모든 광고와 증진을 위한 노력들은 면밀히 조사하여 그 노력들이 1달러당 소비된 최고의 결과들을 산출해야 하다. 이러한 노력으로 예산 재검토는 나타날 수 있는 기술인 것이다. 마케팅 감사는 아래와 같은 목적들에 알맞게 실시된다면 매우 유용할 수도 있다.

- 추구하는 새로운 기회들에 적합한 연구를 할 것.
- 폐쇄시켜야 할 조직체의 약점을 연구할 것.
- 미시적, 거시적 환경에 최신의 정보를 제공할 것.

2) 타당성 연구조사

새로운 호텔이나 음식점을 개설할 때에는 타당성 조사라는 특별한 연구계획이 수행되어진다. 환대시설에 대한 투자하려 하는 개발자나 투자자의 무관심은 그 기업이 성공할지, 않을지에 대해 중요한 영향을 미친다.

투자자는 자신이 투자하려하는 자금과 거기서 발생하는 이익과 내포된 위험성의 정도에 대해 많은 관심을 보인다. 전통적으로 투자자는 자신이 투자한 돈에 대해 생겨나는 이익금에 대해 관심을 보인다.

타당성 조사는 일반적으로 2가지의 주요 분야를 포함하고 있다. 첫 번째 것은 계획에 대한 시장타당성에 대해 초점을 맞추고 있다. 이 계획은 그 지역 내에서 수요의 창출자를 포함한 그 지역에 수요와 공급에 기초를 두어 평가되어진다.

설령 고객이 오랜 동안의 거리를 이동하여 그 호텔을 이용한다 하더라도 수요와 공급의 분석은 왜 그 지역에 잠재적 고객이 그 지역을 방문하는지 이유와 그 지방에 수요를 창출하는 매력물에 초점을 맞춘다. 대다수의 호텔은 본질적으로 단기 체류 손님을 받는다. 즉, 단지 리조트와 회의센터만이 마지막 목적지로써 고객을 끌어들이고 있다. 수요공급의 분석에 따르면, 전통적으로 운영통계의 계획이 이러한 타당성 조사의 분야안에 포함되어 있다.

이 연구의 두 번째 부문의 것은 환대산업 개발의 재정적인 타당성까지 커버하고 있다. 전통적으로 이러한 계획의 경제적인 면은 삭감된(할인된) 투자의 자금흐름을 조사하며, 또한 그 계획의 진실한 경제적 효용성에 대한 더욱 더 좋은 아이디어를 잠재하고 있는 투자자에게 제공하는 것을 조사하고 있다.

투자자가 자신이 투자한 자금에 대해 인정 가능한 이익률은 개개의 계획과 들어맞지는 않을 것이다. 그러나 일반적으로 말하자면, 그 계획 속에 포함된 위험률이 높을수록 그 위험요소에 투자하여 얻어지는 이익은 더욱더 높다 할 수 있다.

타당성 조사는 환대산업의 경영자나 투자자에 대해서 매우 비판적이다. 일반적으로 한 개의 객실에 대한 도시호텔의 개발비용은 10만$를 초과하므로 투기적인 요소가 매우 높다. 잠재투자자들은 그들의 결정에 바탕을 둔 안전하고 정확한 타당성에 대한 조사를 지니고 있다는 점이(환대산업에 대한 투자에 있어서) 비판적인 요소로 작용한다.

잘 조사되어진 타당성 조사는 개발자에게 안전한 잠재 투자자의 확보와 재정확보 및 임대를 위한 협상과 독점판매권에도 도움을 줄 수 있으며, 또한 초기 시장계획의 개발에 대한 기초, 프로젝트 매니저와 건축가에 의한 개발과 계획의 지침 및 운영자금과 1년 또는 5년에 대한 자본금을 준비할 때의 목표를 제공한다.

미국 호텔 및 모텔협회의 타당성의 이해를 위한 실행지침서에 따르면, 위에서의 계획들은 일반적으로 아래와 같은 부분들을 포함하고 있다.

① 소개

② 요약과 결론 : 이 부분은 "실행상의 요약"이라고 쓰여져 있어서 잠재투자자나 그밖의 개인적으로 투자에 흥미를 지닌 사람에게 이 계획의 전체의 보고서 없이도 계획의 개요를 볼 수 있도록 하였다.

③ 시장지역 성격 : 이 부분은 그 지역의 경제 및 인류통계의 예측의 요약에 따른 그 지역의 지리학적인 정의를 제공하고 있다. 이것의 초점은 그 지역의 미래 경제의 잠재성 및 전통적으로 포함하는 인구, 소득, 소매판매, 고용, 상업발전, 운송 그리고 관광의 잠재 발전에 기반을 두어 맞춘다.

④ 계획지역과 지역평가 : 이 부분은 지역 매력물에 대한 접근성, 투명도, 계획의 형태에 알맞은 그 지역에 대한 적응성과 그 지역구획의 범위, 면허취득, 건물에 관한 규약 등에 초점을 맞추어야 한다.

⑤ 경쟁력 조사 : 이 부분은 계획되어진 경쟁과 완전한 현재의 재고목록을 제공하여 개개의 시장세분화로 나눈다. 이 부분에서는 제공된 자산의 기회, 취약 및 강점에 관한 완벽한 조사가 반드시 제공되어져야 한다.

⑥ 미래 수요분석 : 각각의 수요시장 세분화는 현재와 미래에 관한 경향을 결정하기 위해 결정된다. 그 이유로는 각각의 소비자시장 및 소비자수요는 식당의 욕구, 공공적인 미팅공간 욕구, room night에 알맞게 계산되어 진다.

⑦ 권장되고 있는 시설 및 서비스 : 현재의 시장상태, 경쟁력 상황, 제공된 시설에 대한 경제적 타당성들은 최고의 성공가능성을 제공하는 시설의 형태에 관한 것들을 제공하고 있다. 목표시장 분할과 시설물 개념도 동

일시되어지며, 그리고 추천 상품서비스 믹스도 제공되어져 있다.

⑧ 경제연구 : 이 마지막 부분은 초기의 투자에 대한 기대되는 이익금이 얼마나 될 것인가? 세금과 지출에 관한 운영계획은 1년, 2년 또는 5년 동안 어떻게 될 것인가? 라는 문제의 중심부에 접하고 있다. 이러한 수치들은 보통 주요 부서에 의해서 분석되어지고 있다. 계획된 자금의 흐름은 무엇일까?

3) 상품(제품) 개발

아무리 성공적인 식료서비스나 숙박의 개념이라 할지라도 기업이 그 개념의 다른 면을 혁신시키고, 변화시키지 않는다면 그것은 후퇴하여 남아 있을 수 없다.

100대 식료서비스와 숙박기업을 살펴볼 때 매년 오래된 기업들은 점차 사라지고 새로운 기업들이 급성장하는 면을 볼 수가 있다. 맥도날드와 같은 기업은 지속적으로 이러한 산업부문에서 선두를 달리고 있다. 왜냐하면 그들은 그들이 시장에서 우위를 지킬 수 있는 새로운 신상품과 서비스를 성공적으로 개발하여 왔기 때문이다. 식료서비스 기업이 단지 다량의 점포를 세움으로써 시장점유율과 판매를 확장시킬 수 있다고 사람들은 믿고 있다. 다시 말해서 오늘날은 이러한 것은 상품서비스 믹스 개발에 의해 현존하는 점포 내에서 행해져야 한다.

이 개발은 2가지의 형태 즉 혁신과 "선임자에 대한 모방"이라는 형태를 지니고 있다. 혁신자란 위험을 떠맡는 것이다. 그는 언제나 새로운 신상품으로써 제일 먼저 시장에 뛰어든다. 그러나 환대산업과 서비스는 상품에 대한 모방이 쉽게 이루어질 수 있기 때문에, "선임자에 대한 모방"을 하는 사람들은 시장에서의 리더가 시장에서 제일 먼저 신상품을 개발하여 시장에 내어놓은 직후 곧 바로 그들도 그들의 경쟁상품과 서비스를 시장에 내놓을 수 있다.

새로운 상품과 서비스는 그냥 생기는 것이 아니다. 그것들은 거의 우연히 생기지 않는다. 대부분의 회사는 새 상품과 서비스 개발을 위한 지침에 알맞은 매우 조직화된 과정을 지니고 있다. 아래의 부분은 식료서비스 기업의 새로운 메뉴개발을 함으로써 마치 전형적으로 수행되어지고 있는 과정들을 조사한 것이다.

① 신상품을 그룹별로 모을 것

어떤 아이디어는 체인 내에서 그리고 그 분야에서 일하고 있는 조직단위에 의해서 발생되어진다. 그러나 이것은 보통 회사내에서 1개의 그룹을 담당하여 신상품의 개발을 운영하고 있다. 이 그룹은 대표성을 지녀야 하며, 재정, 회계, 운영, 마케팅을 포함한 많은 부서로부터 입력을 지녀야 한다. 각각의 신상품 그룹의 구성원들은 신상품의 그룹과 그 그룹의 개개의 부서들간에 연락소와 같은 것을 제공해야 한다. 이것의 목표는 아이디어 오픈(IDEASE OPEN)과 커뮤니케이션의 연계를 유지하는 것이다.

② 신상품의 우선권을 설정하라

시장에서의 승리자가 되기를 원하는 신상품 개발은 추구하는 수많은 지침 안에서 경쟁하여 이기기는 쉽다. 모든 신상품 후보들은 그 회사의 전반적인 임무와 미래지침에 알맞도록 짜여져야 한다. 현재의 상품들-아마도 소멸되고 그리고 현재상품에 대해 추가되어 발전되어진 후속상품을 결정하기 위하여 평가되어져야 한다. 다양한 시험시장에서의 신상품은 미래의 승자와 패자를 결정하기 위해 평가되어져야 한다. 만일 시험시장에서의 승자로 나타난다면, 이것은 아마도 범조직적으로 빠르게 소개될 것이다. 반면, 성공적이지 못한 경우에는 이것은 다시 형성되거나 없어질 것이다.

③ 잠재성을 지닌 신상품

아이디어는 모든 잠재자원으로부터 추구되어져야 한다. 메뉴항목들은 보통 현재의 식료서비스 메뉴들을 확장하고 강화하기 위한 것으로 생각되어진다. 현재의 메뉴항목개발은 어느 지역요리법과 같은 새로운 음식의 테스트, 집에서는 쉽게 만들 수 없는 음식, 포장이 가능한 음식, 그리고 배달될 수 있는 가볍고 건강에 좋은 메뉴항목에서 활발하다.

④ 잠재신상품의 적격심사

일단 어떤 아이디어가 기술에 의하여 운영되어지면, 그것은 잠재력이 가장 높은 상품의 선택을 위하여 잠재상품의 리스트를 심사하는 것이 중요한 임무이다. 이것은 일반적으로 양적, 질적 분석에 의해 상품을 조사함으로써 수행된다.

• 질적인 기준들은 아래와 같은 질문사항들을 포함하고 있다.

그 상품이 판매가 증가할 범위는 얼마나 될 것인가? 그 상품이 새로운 소비자를 끌어들일 것인가? 상품에 알맞은 소비자의 적정가격은 얼마인가? 우리가 우리의 조직 안에서 이 상품을 만들어 낼 수 있는 능력과 자질을 지니고 있는가? 경쟁 속에서 비슷한 상품이 제공되겠는가? 만일 그렇다면 우리가 우리의 상품을 차별화할 수 있는 방안은 무엇인가?

• 양적인 분석들은 아래와 같은 범위에 기초를 두어 잠재력을 결정하는 각각의 중요성이 더해진 새로운 상품을 포함한다. 즉, 상품과 회사의 이미지, 전반적인 회사의 목표, 강점, 약점, 기회, 형세 및 현재와 미래의 잠재 수요, 현재의 상품서비스 믹스 안에서의 빈틈, 새로운 상품의 개발을 위한 필요준비 그리고 신상품에 알맞은 공급의 원료와 필요성분.

일단 이 두 형태의 분석이 완성되면, 최고의 잠재력을 지닌 최상의 상품 아이디어들이 좀더 나은 개발을 위해 선택된다.

⑤ 한층 더한 상품의 개발

이 곳에서의 상품이란 전형적으로 실험조리부에서 실험된다. 이러한 강조사항들은 상품을 새롭게 하기 위한 요리법 개발에 기초를 두고 있어서 지속적으로 신상품을 만들 수 있게 한다. 표준들은 음식의 1인분, 준비 및 지체 시간뿐만 아니라 증정품에 맞게 설정되어진다. 만일 개발의 계획이 계획대로 진행된다면, 상품은 몇 개의 선택조직 안에서 실험되어진다. 본 연구에서의 상품개발은 목표시장의 대표성으로 구성된 초점 그룹들에 의해서 평가될 것이다. 능숙한 촉진자에 의해 이끌려지는 초점그룹들은 다른 속성들과 가격, 생산품에 대해 소비자 피드백의 유혹과 테스트를 설정함으로써 상품의 잠재력 영향에 접근할 것이다. 만일 이러한 과정들이 계속적으로 성공한다면, 생산품은 한정된 시장실험을 더욱더 많은 조직 속에서 수행될 준비를 갖추게 된다. 시장실험은 약 3~12개월 동안 지속되어져야 한다. 이 실험기간 동안 상품은 ① 다양한 촉진과 광고에 대한 반응과 가격, 질에 관련한 소비자의 피드백 및 ② 주중의 서로 다른 날들 동안과 요일 시간별의 판매수치 그리고 ③ 그 메뉴 항목들이 만들어 내고 있는 재정적인 기여도 등에 기초를 두어 평가되어진다.

⑥ 전 신상품의 전시에 관련한 최종 결정

이러한 점에서의 결정은 상품의 미래성에 관련을 두어 설정된다. 선택은 쉬우나 결정은 어렵다. 이러한 선택들은 회사의 전매장에서 신상품을 소개하는가 하면 또한, 상품과 배치계획을 재형성하며, 그렇지 않으면 상품을 포기하여 자연적으로 소멸케 하는 것이다.

4. 요약

환대산업 속에서 실행되는 실제의 마케팅조사는 다른 분야에서의 조사와 매우 유사하다. 현재 시장에서의 경향, 미래경쟁자에 관한 계획과 대처 방안, 현재의 고객과 잠재고객 경영에 관심을 두고 있는 다른 문제표출에 대해 알려고 하는 끊임없는 욕구가 있다. 마케팅 조사계획은 경영에 의해 매일 발생되는 실질적인 문제에 대한 정답을 찾기 위해 계획된다.

마케팅조사에 관한 기초는 어려운 것이 아니다. 하지만 이 조사계획으로 나오는 해석, 분석, 수행, 계획의 특징성은 매우 필요로 하는 부분이다. 이것은 마케팅조사계획을 성공적으로 운영하기 위해서는 대단한 기술이 필요하다. 본 장에서는 아래와 같은 6단계의 연구방식에 대한 개요를 제공하고 있다.

① 문제를 정의하라. ② 초기의 계획을 설정하라.
③ 연구를 계획하라. ④ 자료를 수집하라.
⑤ 자료를 분석하라. ⑥ 자료를 요약하고 결론을 내려라.

아주 많은 마케팅연구방법론 중에도 3가지 방식(실험연구방식, 관찰방식, 조사방식)이 널리 사용되어지고 있다. 이 장에서는 이러한 각각의 방식들에 대해 간단한 개요와 그 방식들의 장점 및 단점을 제시하고 있다.

비판적 부분은 조사 앙케이트 계획과 표본수집부분을 포함하고 있다. 연구에 알맞은 표본수집에 사용되는 주로 대부분의 방법들은 무작위 표본추출, 군집표본추출방식, 체계적 표본추출방식이 있다. 앙케이트 조사의 계획은 연구계획의 성공여부에 비판적이다. 이 장에서는 앙케이트의 평가나 계획에 있어서 유용한 예와 가이드라인을 제시하였다. 특정한 마케팅연구 적용은 마케팅감사와 타당성 조사 그리고 신상품의 개발방법이 있다. 이러한 적용들은 우연히 일어나는 것이 아니다. 오히려 이러한 각각의 분야는 가능한 한 편견이 없는 방식 속에서 형성되고 제시되어지는 연구를 확실하게 하는데 익숙한 특정한 형성과 과정들을 지니고 있다. 마케팅감사는 환대산업의 경영에 있어서 매우 유용한 도구이다. 감사란 잠재적인 강점을 나타낼 수도 있는 동시에 경영자가 현존하고 있는 약점을 개선시킬 수도 있다. 다른 감사의 양식들과 같이, 재정적인 감사와 마케팅감사도 경영자에게 대단히 큰 가치를 지니고 있다. 하지만 이런 것들은 환대산업의 마케팅기능을 비판적으로 바라보고 있다.

타당성 조사는 일반적으로 아래와 같은 부분으로 나누어지고 있다.

이 부분들은 소개, 요약과 결론, 지역시장의 성격, 계획지역과 평가, 경쟁력분석, 미래의 수요분석, 권장시설과 서비스, 경제적 계획으로 나누어지고 있다.

신상품 개발단계에서는 새로운 상품군의 수집, 새로운 상품 우선권의 설정, 개발에 적합한 잠재성을 지닌 신상품의 결정, 잠재성을 지닌 신상품의 분류, 한층더 새로운 상품개발 그리고 회사내의 모든 조직체에서 상품판매를 위하여 최선을 다할 수 있을 것인지에 대한 최종 결정사항을 포함하고 있다.

5. 주요 단어와 개념

1) 시장연구방법론
2) 사전조사
3) 자료수집
4) 실험방식
5) 관찰방식
6) 조사방식
7) 의미, 매개물, 방식, 상호관계, 다변수 통계
8) 무작위 표본추출, 군 표본추출, 체계적 표본추출
9) 조사도구
10) 마케팅 환경감사
11) 마케팅 전략감사
12) 마케팅 생산성 감사
13) 타당성 조사, 마케팅 타당성, 재정적 타당성

14) 상품개발과정
15) 질적 표준
16) 양적 표준

6. 재검토와 토론을 위한 질문

1) 마케팅자료 수집에 관한 3가지 방식에 대하여 토의하라. 특정상황에서 당신이 가장 잘 활용할 수 있는 방식은?
2) 무작위 표본 추출은 어떻게 행하여지나?
3) 만일 당신이 환대산업에 고용되어 마케팅 정보시스템의 수행과 계획을 하도록 요청받는다면, 당신은 어떠한 방식으로 그 임무에 접근할 것인가?
4) 개발시에 타당성 조사의 역할은 무엇인가?
5) 타당성 조사의 주요 부분은 무엇인가? 그 주요 부분들의 내용은 무엇인가?
6) 만일 당신이 이 타당성조사 과정의 평가를 해야한다면, 어떻게 그 임무를 수행할 것인가?
7) 기업의 전형적인 신상품의 개발과정은 무엇인가?

제4절 레스토랑의 성공적 운영을 위한 "신입지" 전략

레스토랑이나 물판점 같은 소매업에 대한 입지전략이 많은 사람이 모여드는 곳을 찾아서 점포를 개설하던 종래의 방식으로부터 탈피하여 입지창조에 의하여 새로운 시장을 개척하여 집객 기능을 창출하는 전략으로 변화하고 있다. 서울의 경우는 서울역 주변의 남대문 시장권, 영등포역 주변의 영등포 시장, 청량리역을 중심으로 발달한 청량리 · 답십리 · 경동시장, 그리고 최근에 각광을 받고 있는 강남구 압구정 상권과 잠실 전철역 주변의 롯데월드와 천호동 주변시장 같은 곳이 대표적인 판매시설 집결지역으로서의 기존상권을 형성하고 있다.

이처럼 유동인구 집중도가 높은 도시 가운데에서도 레스토랑이나 물판점 · 상업시설이 발달된 지역의 특성은 철도나 지하철, 버스와 같은 대중교통망이 잘 발달되어 있다는 데서 찾아볼 수 있다, 즉 많은 사람들이 용이하게 접근할 수 있는 곳이 최적의 입지로 평가받고 있는 것이다.

그러나 오늘의 대도시의 중심부에 레스토랑을 개설하려면 엄청난 지가 때문에 일정한 규모의 부지확보가 어려운 실정이어서 현대의 레스토랑 물판점 입지선정에 대한 기본적 구상이 크게 변하고 있다는 것을 알 수 있다.

많은 사람들이 모여들고 있는 기존상권내의 장소를 찾아서 그곳에 시설을 개설하는 것이 아니라, 먼저 레스토랑을 개발코자 하는 장소를 교통여건이 양호한 교외나 도로변에 선정한 다음 그곳을 향하여 많은 사람들이 모여들 수 있도록 하는 적극적이고도 인공적인 신입지 창조로써 레스토랑을 개점하는 방식이 늘어나고 있다.

1. 입지에 관한 시대적 변화

불특정 다수의 유동고객을 대상으로 하는 레스토랑업의 성공과 실패는 입지조건에 의하여 크게 좌우되는 관계로 흔히들 입지산업이라고 부른다. 그러나 좋은 장소에 대한 개념이 다양하여서 좋은 장소를 선정하는 데에는 세심한 검토가 필요하다.

1) 좋은 입지의 정의가 변하고 있다.

① 통행량 많은 곳, 빌딩의 입구, 역에서 가까운 곳, 눈에 띄는 장소에 대한 장점과 그에 소요되는 높은 보증금, 임대료, 토지취득비의 부담이라는 단점에 대한 상관관계를 검토하라.

② 여유있는 소비, 교통망의 발달에 의한 도시와 변두리의 거리단축현상, 여성의 사회진출, 외식의 빈도와 시간대의 확산과 같은 사회변동에 대응하라.

③ 호입지 판단의 기준이 바뀌어야 한다.

2) 자가용 문화가 탄생시킨 "신입지"에 착안하라.

① 1세대 1대로부터 '1인 1대 시대로'

② 주차장은 절대로 필요한 시설이며 안전하고 쾌적하여야 한다.
③ 번화가와 번화가를 연결하는 연변에는 자동차를 주차할 수 있는 공간이 생기기 쉬우므로 독특한 컨셉의 레스토랑 입지로서 적격이다(아래 그림의 점선부분).

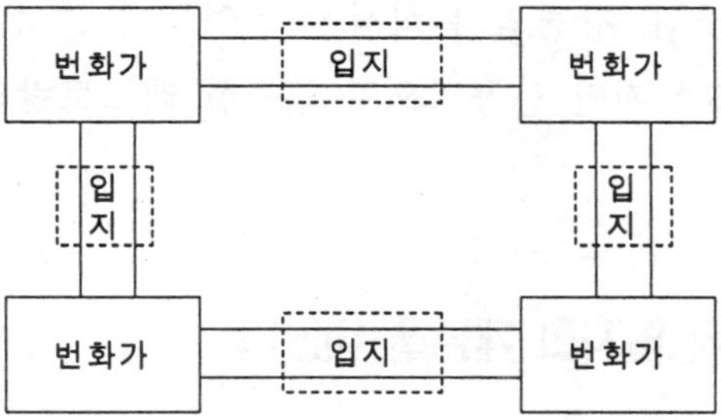

④ 자동차를 타고 찾아오는 레스토랑이 되기 위하여는 차별화된 경영전략이 필수적이다.

3) 입지한 권역에 대한 이미지가 대단히 중요하다.

자동차를 타고 찾아오는 고객유치에는 입지지역에 관한 이미지와 지역의 평판 및 명칭 등이 젊은 고객유치에 영향을 크게 미친다.

4) 포장지 효과현상은 악입지를 호입지로 탈바꿈시킨다.

① 식사는 어디가서, 쇼핑은 어디가서, 데이트는 어디서, 커피는 어느 곳에 가서 마실까 하고 생각날 때 「○○으로 가자」 현상은 마치 유명점의 포장지 만으로도 내용물이 좋은 것으로 기대하는 심리와 같다.

5) 표면로 지역보다는 이면로 지역이 유리한 입지가 될 수도 있다.

① 표면로 지역의 자본비 부담을 상쇄하기 위하여는 더 큰 매출액과 이익을 확보하지 않으면 안 되는 것이 커다란 결점이다.
② 깊숙한 장소에 드라마 성을 갖춘 좋은 레스토랑을 발견할 때 "이런 곳에 이런 식당이 있었나?" 하는 의미성을 연출할 수 있다면 운영비가 적게드는 호입지가 될 수 있다.

6) 풍경과 정취가 있다면 호입지에 틀림없다

- 드라마성 연출이 가능한 주위풍경은 좋은 입지를 만든다.
- 창고 골목에 있는 건물 10층의 Bar에 가면 바다가 한눈에 보이고 각종 선박의 야경이 좋아서 밤술 손님이 붐빈다.
- 숲 속에 있는 찻집, 강변의 음식점은 연인들이 즐겨 찾는다.
- 자연풍경도 중요하지만 인공적으로 연출한 레스토랑의 내외 장식도 중요하다.

2. 생활형태의 변화가 입지의 개념을 바꾼다

레스토랑과 같은 일반대중을 상대로 하는 사업경영은 원래부터 사람들이 모여들게끔 하는 이른바 집객효과 능력에 의하여 좌우된다. 레스토랑 집객의 입지도 집객요인에 의하여 분류된다.

1) 생활의 24시간화가 거리와 입지의 얼굴을 바꾼다.
   심야형 도시(방송, 금융, 주식, 시장거리)
2) 휴일증가가 휴양지의 입지를 변화시킨다.
3) 여성화 사회의 입지는 일과후의 여성 고객을 겨냥하라.
   퇴근시간대의 구매력이 여성의 직장활동 증가와 함께 늘고 있다.
4) 보수적인 입지는 번영하기 어렵다.
   변화없고 권위적인 영업주들의 의식이 문제다. 변화하지 않으면 쇠퇴한다.
5) 입지는 자신이 창조할 수 있다.
   ① 사람이 모이는 곳이 호입지다. 집객능력이야말로 성공의 열쇠이다. 사람이 모이게끔 할 수 있다면 악입지를 호입지로 바꿀 수 있다.
   ② 좋은 레스토랑이 나타났다고 소문나면 사람들 와글와글 모여든다.
   ③ 정보와 소문에 약하고 자동차가 생활수단화된 사회현상을 활용하라.
6) 시간생활 시대의 입지
   다양한 생활패턴이 레스토랑 운영의 고정관념 타파를 요구한다.
7) 일요일이 한산한 상업지구의 입지를 변화시키면 휴일을 위한 파티나 피로연 장소로 각광을 받는 호입지가 된다.

3. 레스토랑 입지분류

매력이 있는 좋은 장소를 인공적으로 만들어 냄으로써 그곳에 많은 사람들이 모여들게 할 수 있도록 하는 입지창조 지향의 지역개발 사업이 활발히 추진되고 있다. 레스토랑에 대한 신 입지전략을 수립할 때는 생활형태의 변화에 따른 새로운 입지개념을 도입할 필요가 있다.

1) 거리의 성격을 먼저 파악하라.

① 입지성격에 따라 업종과 업태를 결정하라

② 새로운 유흥지구는 ××족의 거리라고 소문난 곳이다.

③ 자동차문화 시대의 신입지는 부지 취득비가 저렴한 곳을 겨냥하라.

2) 입지 분류

레스토랑의 유형은 위치한 지역의 특성에 의하여 조성된다.

입지분류	유흥지구 (Play-Town)	터미널 환송역 중심으로 발달된 입지 쇼핑, 환락, 음식을 중심으로 주간, 야간 영업이 가능한 장소에 부합하며 심야형의 레저성이 요구되는 전천후형 식당운영이 요구되는 곳
	신유흥지구 (New Play-Town)	새로운 형태로 최근에 조성된 입지, 환락요소는 강하지 않으나 지역 특성을 살린 차별화가 발전의 기초이며, 젊은이 지향의 입지로서 생산되는 예가 많다. 주간, 야간 장소에서부터 심야형으로 레저성이 요구되는 곳
	상업지구 (Business Town)	비즈니스 중심으로 아침, 주간, 석간 또는 야간도 가능한 곳 낮에는 비즈니스맨들을 위한 실질성의 요구가 강함, 이른 아침 출근에 대한 수요가 많다.
	공업지구 (Factory Town)	공장비즈니스 중심지로서 공장직원과 방문객 중심임. 공장사람들이 이용하는 역을 중심으로 발전한다. 야간이나 심야형, 실질성이 강함
	주거지구 (Bed-Town)	주거자가 목적객, 가족 중심의 휴일, 주말나들이, 역 근처는 주, 야간, 심야형, 그 외는 야간과 심야형, 실질성이 요구됨
	학교지구 (School Town)	학생중심, 개학기에 번창하나 방학기 한산, 스낵류 위주 중복요소가 형성되면 유리하다.
	신개발지구 (New Town)	자동차사회, 여성화사회에 대두된 신입지, 레저성 요구됨 주, 야간, 심야형으로 theme가 생명이다.

3) 장래성이 있다는 입지가 위험한 입지가 되기 쉽다.

시장성장 속도를 추월하는 다수의 경쟁점의 출현 가능성이 문제가 된다.

4) 주거지구에 고급점은 무리이다.

특수한 고급주택가에 개설하는 경우를 제외하고는 중급이하의 업종을 선택하여야 한다.

5) 주거지구는 야간형 입지에 가깝다.

6) 학생가는 학생과 일반인이 함께 이용하는 중복요소가 있으면 좋다.

계절지수/고정비용을 극복할 수 있도록 학생과 일반인 고객을 겨냥하라

7) 공장 상업지구는 역이나 전철역 근처에 출점할 것.

8) 입지한 상가로의 발전을 예측하라.

① 대로 · 고속 주행가의 레스토랑은 신장하기 어렵다.

② 홍등가 지역은 피할 것.

③ 묘지 전방위 근처는 피할 것.

④ 관청근처는 피할 것.

⑤ 환경정화시설물 근처를 피할 것.

9) 새로운 유흥지구에서의 영업은 입지보다 기획이 중요하다.

- 현대레스토랑 경영의 요체는 훌륭한 기획과 연출에 있다.
- 포장지 효과 현상이 강하다.

10) 새로운 유흥지구는 거리의 역사에 따른 업종선정에 유의할 것.

연령별 추이에 따른 시장형성, 고객과 거리의 역사는 함께 성장한다.

11) 초번잡가의 개점은 2호점 이후부터 착수하라.

12) 표면위치보다 이면위치가 중요하다.

13) 업종 벳팅은 없는가, 업종지정이 없는 빌딩입주는 위험하다.

14) 1층에 화려한 품종이 입점한 빌딩의 지하나 지상 2층에 식당영업은 부진하기 쉽다.

15) 빌딩은 층수에 따라 입지로서의 가치가 다르다.

층수	최상층	3층 이상	2층	1층	지하 1층
가치	120점	50점	75점	100점	70점

※ 엘리베이터는 2기 이상이 필수적임.

16) 입지는 계단에 의하여 좌우된다.
- 나선 계단은 불리
- 노면으로부터 직접 입구는 불리
- 입구폭은 최소 90cm, 최적 120cm가 요구된다.

17) 입지 이점보다는 결점에 신경 써라.

18) 경쟁점 유무 조사로 호입지를 판단한다.
- 영업시간, 영업경과 연수, 점별 종업원 수, 주문서 수량으로 실적을 판단할 수 있다.
- Menu로서 객단가 판별, Bestseller 메뉴를 파악하라.

4. 입지선정을 위한 종합평가표를 활용하라

레스토랑을 경영하기 위하여는 신규로 창업하거나 현재 타인이 운영하는 업소를 매입 또는 임차하는 방법이 있다. 레스토랑을 경영함에 있어서도 직영, 운영위 수탁계약, 프랜차이즈 체인점 등 많은 방식들이 있다. 그러나 레스토랑을 경영하기 위하여는 사전에 치밀한 타당성 검토가 이루어져야 하는데 그때에 이루어져야 할 평가표의 실례를 보면 지역평가표, 건설적지평가표, 경쟁시설능력평가표를 들 수 있다. 또한 레스토랑의 호입지 7대영역에 대한 평점과 성공한 레스토랑에 대한 특장점을 충분히 검토함으로서 레스토랑 사업 착수준비를 치밀하게 추진할 필요가 있다.

1) 레스토랑 입지조건, 지역평가표

도시명	지역명					년 월 일
조사항목	평가기준	1	2	3	4	5
인구의 규모는 많은가	12345	3만 이하	5만인	10만인	20만인	30만인 이상
인구증가현상은 어떠한가	12345	감소하고 있다	점차 감소하고 있다	불명	점차 증가하고 있다	증가하고 있다
지역성격은 어떠한가	12345	관광형구역	소비형구역	정치형구역	생산형구역	영업형구역
지역개발계획은 있는가	12345	무	소형	중형	대형	현재진행중
연간유동객은 많은가	12345	무	별로없음	조금 있음	다소 있음	크게 있음
장래의 발전성은 어떠한가	12345	무	별로없음	조금 있음	다소 있음	크게 있음
연간유입 여행객 수는 많은가	12345	5만인 이하	10만인	20만인	30만인	50만 이상
주요교통망이 지역에 미치는 영향은	12345	중요하지 않음	별로 중요치 않음	조금 중요함	중요함	극히 중요함
인접한 레스토랑의 수는	12345	5개 이상	3개	2개	1개	없다
역과 버스터미널은 있는가	12345	없다	1개	2개	3개	5개 이상
은행이 몇 개 있는가	12345	없다	1개	2개	3개	5개 이상
전국적 회사의 지점, 영업소 등의 수는 많은가	12345	없다	1개	2개	3개	5개 이상
생계규모는 어느 정도인가	12345	만원 이하	만원	만원	만원	만원 이상
소비수준은 어느 정도인가	12345	만원 이하	만원	만원	만원	만원 이상
계절경기변동폭은 어떤가	12345	극심하다	조금 심하다	조금 있다	별로 없다	전혀 없다
종합평점기준	65 이상 = 우수　50~60 = 우량　35~49 = 보통　30 이하 = 불량					

2) 레스토랑 입지조건, 건설적지평가표

도시명	면적			평		년 월 일
조사항목	평가기준	1	2	3	4	3
주요 교통기관으로부터의 거리는 가까운가	12345	500M 이내	400M 이내	350M 이내	250M 이내	150M 이내
회사·관청가로부터의 거리는 가까운가	12345	〃	〃	〃	〃	〃
번화가로부터의 거리	12345	〃	〃	〃	〃	〃
인근주요도로 폭은 어떠한가	12345	M 이하	M 이하	M 이하	M 이하	M 이하
인접도로 수는 많은가	12345	없음	1	2	3	4
레스토랑 건물은 눈에 띄는가	12345	보이지 않음	약간보임	일부만 보임	반쯤보임	잘보임
지가(평당)는 높지 않은가	12345	500만 이상	400만원	300만원	200만원	100만원 이하
용적률은 얼마인가	12345	200%이하	200%~400%	400%~500%	500%~600%	700% 이하
건폐율은 얼마인가	12345	60%이하	60%~70%	70%~80%	80%~90%	90% 이상
경쟁점 가동률은 높은가	12345	50%이하	50%~60%	60%~70%	70%~80%	80% 이상
건설예산은 충분한가	12345	부족하다	약간 부족하다	가능하다	어느 정도 여유있다.	충분하다.
주차능력은 있는가	12345	5대 이하	10대	15대	20대	20대 이상
진입로폭은 넓은가	12345	5M 이내	8M 이내	10M 이내	15M 이내	20M 이상
풍치물은 있는가	12345	전혀 없다	부족하다	다소 있다	보통 있다	많이 있다
지명도는 높은가	12345	전혀 없다	부족하다	다소 있다	보통 있다	많이 있다
종합평점기준	65 이상 = 우수 50~60 = 우량 35~49 = 보통 30 이하 = 불량					

3) 레스토랑 경쟁시설능력평가표

레스토랑	면적			평		년 월 일
평가항목	평가기준	1	2	3	4	5
수용정원규모는 어떠한가	12345	명 이하	명	명	명	명
좌석가동률의 수준은 높은가	12345	60% 이하	60~70%	70~80%	80~90%	90% 이하
요금의 수준은 어떠한가	12345	높음	약간 높음	보통	약간 저렴	저렴
주차장 규모는 어떠한가	12345	5대 이하	10대	15대	20대	30대 이상
교통의 편리성은 좋은가	12345	불편	약간 불편	보통	편리	아주 편리
접객서비스의 수준은 높은가	12345	불량	좋지 못함	보통	좋은 편임	양호
건물시설의 노후도는 어떠한가	12345	대단함	약간	보통	좋은 편임	새건물
입지의 혜택이 있는가	12345	없음	약간 있음	보통 입지	혜택 없음	혜택 많음
평판은 어떠한가	12345	불편	좋지 않음	보통	좋음	대단히 좋음
평균 식사단가는 높은가	12345	5,000원 이하	7,000원	10,000원	15,000원	20,000원 이상
고정객은 많은가	12345	무	별로 없음	보통	많음	아주 많음
증축여지는 있는가	12345	무	별로 없음	조금 있음	많음	아주 많음
전국적으로 유명한가	12345	무명함	유명하지 않음	조금 유명함	유명함	대단히 유명함
시설(부대) 다양성은 큰가	12345	불편	양호치 못함	보통	양호	대단히 양호
경영층의 경영능력은 우수한가	12345	무	별로 없음	보통	우수함	대단히 우수함
종합평점기준	65 이상 = 우수 50~60 = 우량 35~49 = 보통 30 이하 = 불량					

4) 레스토랑 호입지 7대 권역에 대한 평가표

권역별		입지 특성·시설구분	평점
교통간선지구	Transit center	교통기관의 간선 집결지, 주변지역	20
상업지구	Business center	관청, 상업, 학교, 금융가, 무역회사 밀집 지역	20
물류지구	Shopping center	상점가, 교통센터, 메스콤, 전시장	20
위락지구	Amusement center	오락, 사교, 식음, 야간 레저.	20
관광·문화지	Tourist culture center	도시 리조트, 스포츠, 레크리에션, 건강, 문화교실, 관광지	10
경승지 주변	Park riverside area	강, 공원, 천, 환경, 야경, 항구	5
유명시설지구	Landmark symbolic area	외양, 건축 기술상, 상징성, 명물화, 가시성, 화제성, 지명도 높은 곳	5
총평가	입지 판정 : 80~90점=우수한 입지, 50~79점 : 재검토 대상, 0~49점 : 불량한 입지		100점

5. 성공한 레스토랑의 일반적인 특장점

① 지역 내에서 널리 잘 알려진 곳
② 밝고, 활기차고, 즐거운 분위기가 조성된 곳
③ 찾아가기(접근) 쉬운 곳
④ 풍부하고 맛있는 메뉴가 있는 곳
⑤ 호의적 접객이 되도록 종업원이 철저히 교육된 곳
⑥ 고객의 입장에서 모든 것을 생각해 주는 곳
⑦ 화제성 있는 이벤트가 있는 곳
⑧ 단순명쾌한 콘셉이 있는 곳
⑨ 판매가격이 적정한 곳
⑩ 레스토랑 명칭이 좋은 곳
⑪ Drama성이 있는 영업이 이루어지고 있는 곳
⑫ 고객이 안전하고 평안을 느낄 수 있는 곳
⑬ 화장실이 충분하고 아주 깨끗한 곳
⑭ 주차장이 밝고 안전하고 주차하기 쉬운 곳
⑮ 주인이 직접 운영하는 레스토랑

고객이 많은 레스토랑에는 맛있는 음식과 훌륭한 서비스가 있어 고객들은 행복감도 곁들여서 맛본다. 결국 사람들은 행복이 있는 곳에 모여들기 마련이다.

제11장

식당창업계획

제1절 창업계획의 개념

제2절 창업계획의 중요성

제3절 창업의 요소

제4절 창업단계

제5절 사업 아이디어와 구체화⇒ 상품구성

제6절 조사단계(타당성 조사)

제7절 건설기본계획 및 운영관리계획 단계

제8절 창업자의 중요성

제11장 식당창업계획

제1절 창업계획의 개념

- 창업- 기업을 만드는 것(시스템을 만드는 것)
- 창업계획 - 기업을 만들기 위해 구상부터 개장 전까지 과정을 짜는 것

제2절 창업계획의 중요성

① 사업성격의 파악 및 사업목표의 확립
② 위험요소에 대한 대비
③ 창업비용의 절감
④ 경영능력 향상
⑤ 자금의 취득 용이
⑥ 사업지원자들로부터의 협력 용이
⑦ 통제를 위한 표준

제3절 창업의 요소

① 창업자
② 사업Idea
③ 자본

제4절 창업단계

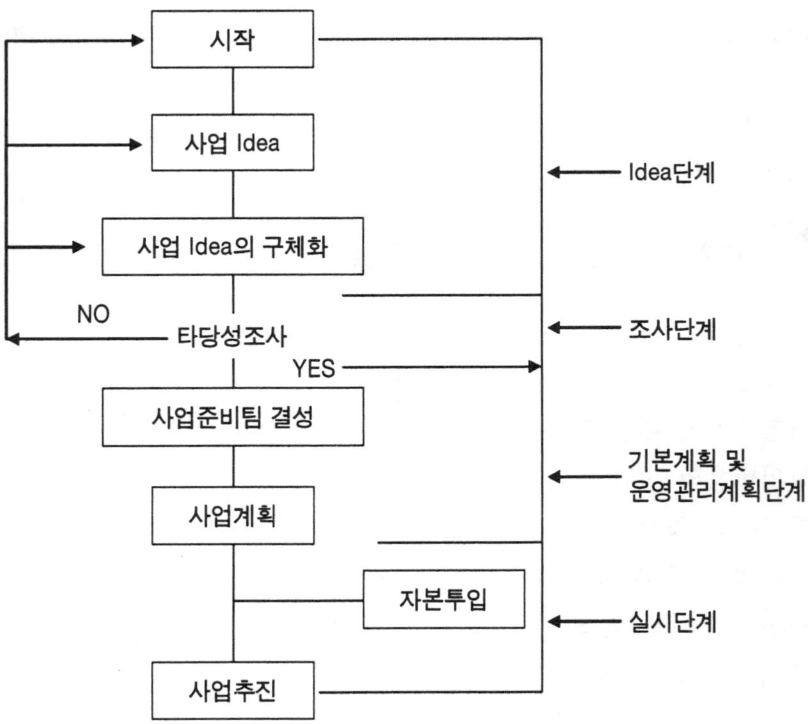

제5절 사업 Idea의 구체화(Concept의 결정)⇒상품구성

(1) Idea의 구체화
(2) 메뉴
(3) 인적서비스의 형태
(4) 규모
(5) 표적시장
(6) 경영형태
- 개별적 경영(independent)
- 소유직영
- 모회사
- 임차경영
- 관리운영위탁
- 프랜차이즈(Franchise)
- Franchisor - 경영지도만 한다
- Franchisee와 동일한

(7) 후보 입지 탐색
(8) 가격대
(9) 가구, 인테리어 분위기

제6절 조사단계(타당성 조사)

사업으로서 성공여부 확인과 투자규모 결정(본인이 할 수도 있고 전문가에게 맡길 수도 있음)

1) 예비조사

(1) 예비조사

(2) 필요한 전문지식

(3) 전망

(4) 법적인 제한

2) 입지, 경쟁분석

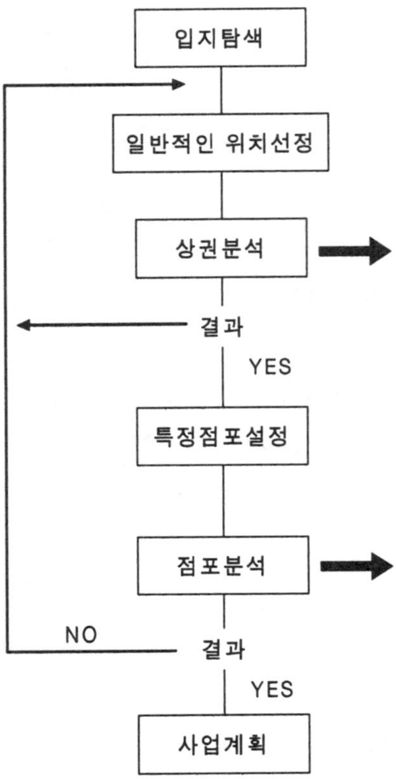

(1) 인구통계분석
　① 인구수와 세대수
　② 소득수준 ③ 교육수준
　④ 직업 ⑤ 가족구성관계
　⑥ 연령 ⑦ 주거형태
(2) 구매력-가처분소득
(3) 잠재고객의 구매습관
　① 현재의 구매장소
　② 현구매장소에서의 구매이유
　③ 수요지역과의 거리와 시간
(4) 지역의 장기적 발전성
　① 대단위 주택단지 상가 또는 사무실 여부
　② 접근시설 신설(도로, 지하철 등) 여부
(5) 교통상황-대중교통수단
(6) 고객유인요소-상가, Leisure town, 금융기관
　학교, 관공서, 시장, 약국, 극장

(1) 부지의 크기, 형태, 경사도, 건물의 크기와 형태,
　건물내에서의 위치, 사용년수, 주차시설
(2) 토지용도, 건폐율, 고도제한
(3) 환경규제
(4) 통행량
　① 성별 ② 시간대
　③ 연령 ④ 통행목적(통근, 통학, 쇼핑 등)
　⑤ 요일별(평일, 주말)
　⑥ 차량통행량도 조사
(5) 주변상가분석
　① 호혜업종
　② 경쟁점(규모, 시설, 메뉴, target market, 매출액,
　　수익성, 성공 또는 실패요인, 성장율)
　③ 점포수와 규모
(6) 접근성
(7) 가시성
(8) 점포의 전 이미지
(9) 상 · 하수, 배수, 전기, 전화
(10) 지가와 임대료, 임대기간
(11) 소유권관계
(12) 임대인 경우, 임대주에 대한 조사(신용, 재력, 평판)
(13) 지역주민의 반응
(14) 정류장(버스, 지하철)과의 거리
(15) 노동력 취득 가능성
(16) 관공서의 인접여부
(17) 급 · 배수

※수요지역과의 거리선정 기준은 제공 식음료의 종류, 접근수단(도로, 교통수단), 면적, 주차장 유무, 지역의 특성 등에 따라 일정하지 않다.

3) 수요분석

외식비율

상권인구	→	외식수요

외식수요 = 상권인구 × 외식비율

4) Menu가 설정

5) 시설 및 규모 가설정(점포계획)

시설 및 규모는 menu와 시장조사 결과에 따라 결정한다.

6) 투자액 가설정

시설과 규모에 의거 투자액 산출

7) 추정손익계산서 작성

추정손익계산서란 미래의 일정기간 동안 기업활동으로부터 발생할 이익 또는 손해가 얼마인지를 추정하기 위하여 작성하는 표이다.

항목 \ 월	1	2	3	4	5
매출액 매출원가(재료비) 매출총이익(손실)					
인 건 비 일반관리비 광열비 영업이익					
지급이자 잡 손 세전당기순이익					
세 금 당기순이익					

※ 일반 관리비는 교통통신비, 사용용품, 임차료 등이 포함된다.

제7절 건설기본계획 및 운영관리계획 단계

1. 건설기본계획

조사단계에서 설정되어진 것을 바탕으로 현실의 설계도에 나타낸 것.

1) 배치계획

① 부지내의 건물의 위치
② 출입구의 위치
③ 대지내의 동선과 주차장

2) 건물 평면 계획

① 주방
② Dining Room
③ 사무실
④ 화장실
⑤ 공용면적
⑥ 창고

3) 외부장식(Exterior)

점두, 진열창, 문, 간판으로 구성
외장은 고객 흡인기능, 고객 선별기능, 기억기능을 갖도록 디자인되어야 한다.

① 간판은 고객으로 하여금 상점을 발견하고 확인하게 함과 동시에 상점에 대한 이미지 전달
② 출입구는 고객이 쉽게 출입을 할 수 있도록 기능적으로 편리해야 하며 출입하는데 심리적, 물리적 부담이 가지 않아야 한다.

ㄱ. 출입구 수

ㄴ. 출입구의 위치와 방향

ㄷ. 출입구의 크기

ㄹ. 여닫는 방식

③ 진열창

있는 경우도 있고 없는 경우도 있다.

④ 점두(Shop Front)

출입구와 진열창을 제외한 고객이 볼 수 있는 모든 부분

4) 내부장식

외부장식에서 보여준 이미지를 보다 구체화시켜야 한다. 구성요소로는 조명, 색깔, 바닥, 천장, 벽, 탁자와 의자, 여러 구조물 등이 있다.

2. 재무계획(추정재무제표 작성)

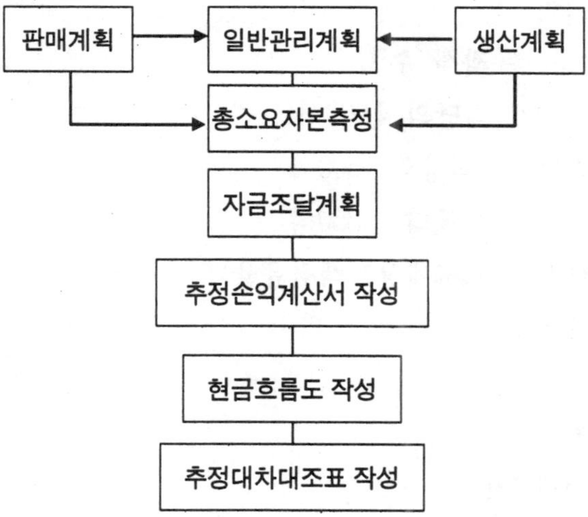

여기서의 모든 것은 추정하는 것으로

① 작성자 본인의 경험이나 주관을 바탕으로 직접 계산하는 방법

② 비슷하거나 동일한 기업의 실적차이를 적용하는 방법

③ 동업계의 실적치를 적용하는 방법이 있다.

1) 판매계획

① 예상판매액 측정

가장 어려운 부분이 매출액 측정이다.

예상매출 = 상권인구 × 외식비율 × 유인율 × 평균객단가

예상수요

외식비율

고객유인력(율)

상권인구 → 외식인구 → 고객점유율

(예) 상권인구 60,000명　　주변 사무실 및 상가　10,000명

주변 주택지역　50,000명

• 외식비율	점심	저녁
사무실 및 상가	70%	35%
주택지역	5%	10%

• 외식업체 수와 총 좌석 수

기존 120개 식당의 4,000석

공사중 10개 식당의 600석

계획중 5개 식당의 350석

• 본 식당의 예상유인율(예상고객점유율)

점심 1.5%

저녁 2%

• 평균 객단가

점심 3,000원

저녁 5,000원

• 일일예상매출액

점심 {(10,000) × 0.7) + (50,000) × 0.05 × 0.015 × 3,000 = 427,500

저녁 {(10,000) × 0.3) + (50,000) × 0.02 × 5,000 = 800,000

일일매출액 = 427,500 + 800,000 = 1,227,500

② 판매비용측정

항 목	금 액
판매직원급여 광 고 비 판 촉 비 교 통 비	

2) 일반적인 관리계획

일반관리계획이란 기업경영에서 제조나 판매에 해당 안 되는 사항으로서 회사전반에 영향을 미치는 업무들이 일반관리업무이다. 따라서 일반관리비는 제조, 판매비용을 제외한 기업경영에 필요한 비용을 말한다.

항 목	금 액
급 료 제 수 당 퇴 직 금 복리후생비 수도, 광열비 지급임차료 감가상각비 접 대 비 보 험 료 운 반 비 교통통신비 사무용품비 차량유지비	

3) 총 소요자금 추정

사업실패 요인 중의 큰 하나가 자금 부족인 것을 보면 소요자금 추정은 매우 중요하다.

- 고정자금
  - 유형고정자금
  - 무형고정자금
- 운전자금

유형고정자금

항 목	금 액
토 지 건 물 차 량 주방기기 각종 Ware류 사무기기	

무형고정자금

항 목	금 액
영업권 특허권 광업권 어업권	

운전자금 - 매일 매일의 사업을 운영하는 데 필요한 자금.

일반 제조기업은 원자재구입에서 생산을 거쳐 유통, 판매되는데 장시간이 걸려 운전자금이 많이 필요한 데 비하여 외식산업에서는 생산과 판매가 거의 동시에 일어나기 때문에 많은 운전자금이 필요하지는 않으나 개업초기에는 넉넉한 운전자금이 필요하다.

항 목	금 액
원자재 재고 급 여 임차료 세 금 보유현금	

4) 자금조달

자기자본

타인자본 - 금융기관, 개인적 연고

여타 방법 매입채무 - 구입한 제품, 원료, 장비, 용역 등에 대하여 대금을 지

급하지 않고 매입하는 것

리스(lease) - 일정한 자산(주로 시설재)을 구입하여 이용자에게 대여하고 사용료를 받는 것

5) 추정대차대조표

이는 일정시점의 재무상태를 나타내는 것임.

6) 추정현금흐름표

현금흐름(cash flow)은 기업 안팎으로 현금의 유입과 유출상태를 보이는 것을 말하는 것으로 근래에 쓰이는 투자평가 기법은 이를 근거로 판단한다.

현금흐름 = 현금유입 - 현금유출

추정현금흐름표

	0(준비기간)	1	2	3	4
<u>현금수입</u> 자본금 단기차입금 장기차입금 현금매출 외상매출금수금					
<u>현금지출</u> 고정투자 창업비 원자재구입비 판매비 일반관리비 인건비 지급이자 부채상환액 각종 세금					
<u>당기수입, 지출비교</u> 수입금액 지출금액 잉여(부족)					
<u>현금상태</u> 기초잔액 당기잉여(부족) 기말잔액					

3. 운영관리계획

운영관리시스템을 만드는 것.

1) 인사조직

① 모델조직 편성

가. 소형식당(150좌석 이하)

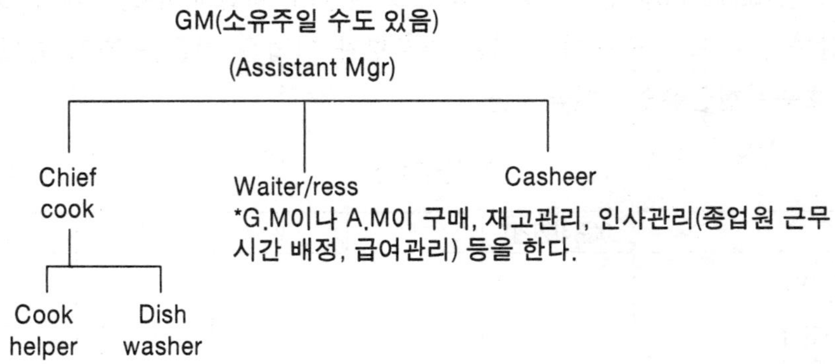

나. 중형식당(150-400 seat)

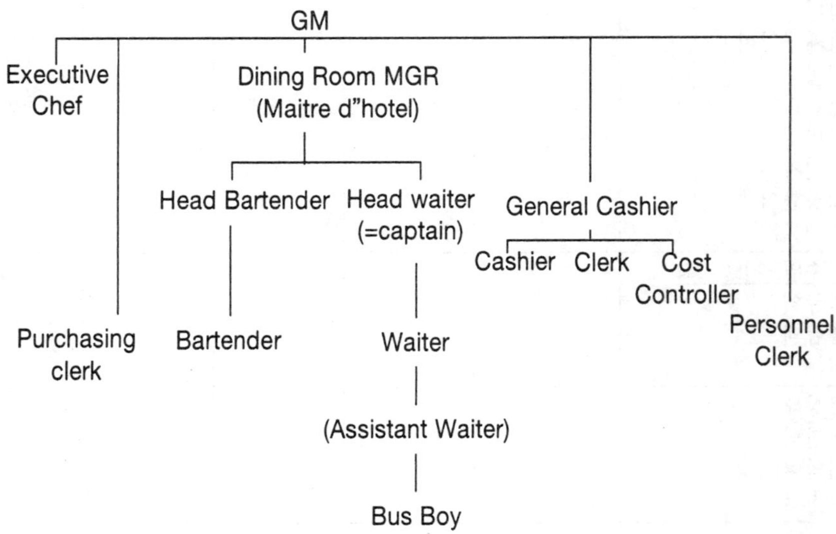

다. 대형식당(400 seat 이상)

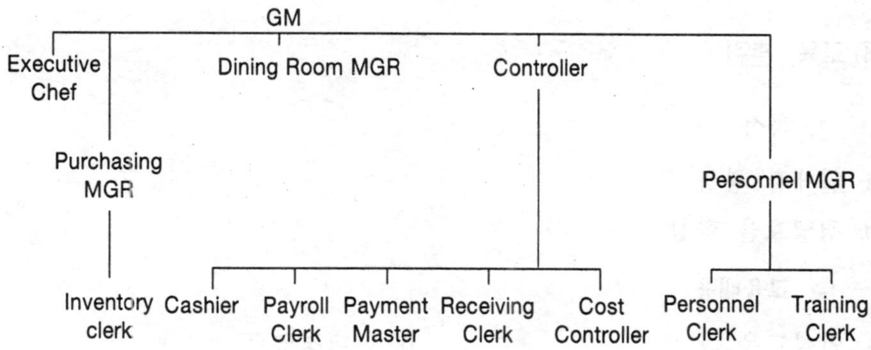

② 각 부서별, 직급별 소요인원 결정

***직원 정원 설정기준**

a. 채산성

총 매출액 대비 인건비

b. 시설규모 및 작업량

16~50석/1명

③ 고용

ㄱ. 고용조건 결정

a. 임금-초임, 제수당, 상여금, 퇴직금 등

b. 복지후생-자녀등록금, 무이자 대출, 주택대여

c. 노동조건-근무시간, 출, 퇴근시간, 휴가(연, 월차)정년, 해고

ㄴ. 채용방법과 순서

a. 채용방법

매스컴 이용

관련기관에 추천의뢰

연고 이용

b. 순서

모집공고 → 시험 및 면접 → 신체검사 → 합격여부

c. 채용기준

각 직급, 부서별 근무자의 경력 및 학력규정

④ 교육, 훈련

ㄱ. **목적**

a. 일체감 형성

b. 경영효율 향상

ㄴ. **교육내용**

a. 인성교육

b. 현대경영

c. 기업의 경영이념(철학)

d. 상품교육

e. 부문별 전문교육

f. 외국어 교육

g. 체력훈련

ㄷ. **효과**

a. 사기앙양

b. 애사심

c. 전문지식의 증진

d. 체력증진

e. 사고율 감소

f. 의사소통원활

g. 불만감소

h. 낭비와 손실감소

i. 결근 및 이직률 감소

⑤ 배치

본인의사, 적성, 이전 경력 고려

⑥ 업무위탁(Outsourcing)

ㄱ. **목적**

인원절감을 통하여 인건비 절약과 노조문제 해결에 있다.

ㄴ. **범위**

a. 린넨류, 유니폼, 수건류 세탁

b. 보안업무

c. 해충방제

2) 마케팅

3) 메뉴

4) 생산

5) 구매

4. 계획일정표

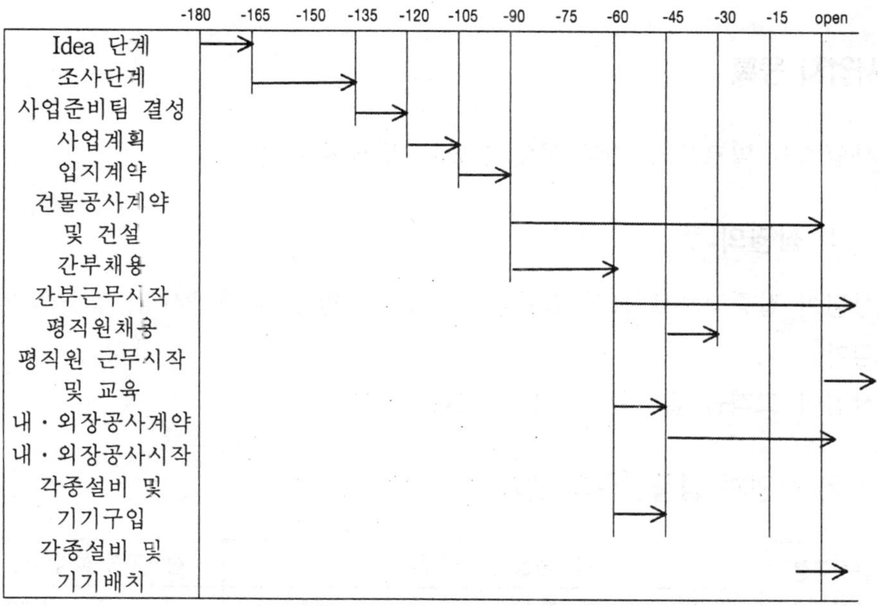

5. 영업허가 신청

해당구청 위생과에 신청하면 3일내 허가여부결정

구비서류

① 영업허가 신청서

② 신원증명서-식품위생 관련전과 확인

③ 위생교육필증-요식업 중앙회 발급

④ 건축허가대장등본(가옥대장)-건물용도 확인(근린생활시설)

⑤ 소유주(경영주)의 건강진단증(보건증)-보건소

⑥ 액화가스 사용필증(객석 및 객실의 면적비 70㎡이상인 경우)-구청지역 경제과

⑦ 조리사 채용

ㄱ. 객석 및 객실의 면적이 66㎡이상인 경우

ㄴ. 복요리인 경우

6. 사업자 등록

사업개시 일로부터 20일 이내 관할 세무서에 제출

1) 상권의 뜻

상점이 집중적으로 모여 집단을 이루는 곳(명동, 남대문시장, 영등포 역)⇒ 상점가

상점이 고객을 흡인할 수 있는 지리적 영역

2) 상권과 상품유형의 관계

음식유형 측정수단 차원	편의품점 성격의 음식				선매품적 성격의 음식	
	도보 시간	대중교통수단 이용유무	거리	자기차량 이용시간	거리	자기차량 이용시간
1차상권 (55~70%)	7분 이내	×	500M 이내	10분이내	10km이내	15~30분 이내
2차 상권 (15~25%)	15분 이내	○	1Km 이내	30분이내	30Km이내	30~60분
3차상권 (주변상권) (5~10%)						
	1차 상품과 통행량 분석에 치중				상권분석에 치중	

(1) 편의점 : 최소의 구매노력을 들여 구매하는 상품(치약, 담배, 청량음료, 라면, 맥주, 껌, 캔디, 문구용품 등)
편의점 성격이 강한 음식-우동, 비빔밥, 만두, 떡국
상권이 좁고 상권내 상주인구와 통행량에 큰 영향을 받음.

(2) 선매품 : 어느 정도 미리 생각하고 구매하는 것(중저가 의류, 중고차, 가구, 구두, 주방용품, TV, 화장품, 스포츠용품 등)
선매품점 성격이 강한 음식-갈비, buffet, 영양탕, 보쌈, 족발, 호텔의 식당들, 상권이 넓기 때문에 꼭 요지일 필요는 없다.
상권내부에서 비슷한 또는 동일한 성격의 다른 점포와 경쟁.
유명상표, 개성적이고 매력적인 설비, 좋은 인적 SVC, 넓은 주차공간은 상권을 더욱 확장.

(3) 전문품 : 상당한 노력을 하여 구매하는 상품(자동차, 하이패션 의류, 고급 audio system) · 음식은 전문품에 속하지 않는다.

※ 선매품적 성격이 강한 음식의 경우 실제 상권과 거리가 매우 떨어져 있어도 성업 중인 곳이 있는데, 이는 음식의 매력도와 그 지역에 대한 매력도가 더해져 이루어지는 것이다(지역매력도가 더 크다고 보아도 무방). 그러나 이런 곳은 날씨, 계절, 경기에 큰 영향을 받고 점심과 저녁, 주중과 주말간 매출기복이 심하다.

※ 많은 상점이 밀도 있게 집중적으로 모여져 있는 곳(큰 상점가)은 고객흡입능력이 크다.

※상권의 크기와 모양은 업종, 점포규모, 경쟁점의 입지, 이동시간, 교통장애물(유료다리 또는 도로, 비포장도로) 및 매체의 이용과 같은 여러 요인에 의하여 영향을 받는다.

대체적 점프점유형태의 장단점

결정대안	장 점	단 점
A. 부지구입과 신축	1. 소유 2. 영업상의 신축성 3. 새로운 시설 4. 일정한 담보 5. 지가의 상승	1. 초기의 고가격 2. 건설기간 3. 좋은 부지의 부족 4. 장기적인 고정화 5. 도시계획문제
B. 임차	1. 초기의 저가격 2. 신속한 이용가능성 3. 좋은 입지 4. 장기적인 고정성의 저하 5. 도시계획문제 적음	1. 점포신축 불능 2. 임차조건의 악화 3. 영업의 비신축성 4. 시설의 노후성 5. 판매가능성 많음 6. 부동산가 상승으로 인한 상대적 손실 7. 담보가 안됨
C. 기존시설의 구매	1. 소유 2. 영업상의 신속성 3. 신속한 이용가능성 4. 좋은 입지 5. 도시계획 문제는 적음 6. 일정한 담보 7. 지가의 상승	1. 초기의 고가격 2. 장기적인 고정화 3. 비품의 비적합성 4. 시설의 노후성

제8절 창업자의 중요성

1. 창업자의 창업시기

창업자가 창업을 시작함에 있어 언제쯤 어느 시기가 좋으며, 적정연령의 때는 몇 세가 적정할꺼라는 30~50대의 창업주는 누구라도 고민에 갈등을 가질 것이다. 아울러 국가경제의 흐름에서 호경기, 불경기일 때의 시점에 많은 어려움이 있는 것은 사실이다.

이에 IMF 외환위기의 도래로 인한 창업의 시기와 시점은 더욱 큰 고민을 주며 해야 할지 안 해야 할지의 성공과 실패의 두려움에 창업을 망설이는 창업자들이 많은 것이다. 그런데 현재의 사회적 · 경제적인 여건과 환경의 변화에 따라서 근래 불어닥친 창업의 열풍을 타고서 120만 명 이상의 실업자도 문제이거니와 고학력자의 실업자는 더더욱 큰 문제거리가 아닐 수 없다. 이에 명퇴자, 조퇴자, 가정주부의 창업바람, 정년 후의 사업을 찾는 층, 두려움에 근무하는 조직체의 간부 등등 여러 가지 여건으로 인한 창업이란 것이 벽을 허물 수 있다는 탈출구를 찾는 것이다. 모두가 성공의 빛이 있는 것은 아니지만 업종과 업태를 잘만 찾아 창업을 하게 되면 경제적으로 나을 수 있으며 누구에게도 간섭받지 않고 일할 수 있는, 그리고 어려움 속에서 창업이 성공했을 때의 느끼는 감은 그 어떤 무엇과도 비교할 수 없을 것이다.

창업을 한번쯤 해야지라고 마음을 갖는 창업자는 자신의 조건사항을 따져보고 가능하다는 판단이 서게 되면 과감히 실행에 옮겨 보는 것이 바람직하며, 꿈이 없으면 기회도 오지 않고 누구에게나 일생에 몇 번의 행운의 여신을 만날 수도 있는 것이다.

창업의 최적기 시기는 창업자의 적성, 환경, 위치에 따라 다를 수 있지만 50대 이상의 중년층에서 창업을 시작한다는 것은 많은 제약을 갖는다. 이는 위험부담이 크고 사고의 자체가 이미 안정성을 굳게 가졌기 때문에 모험적인 새로운 사업을 시작하는데 큰 용기와 모험이 따르기 때문이다. 아울러 80년대는 40대 위주의 창업이 많았으며 90년대는 30대 위주의 창업으로 점차 창업자의 연령이 낮아지고 있으며 앞으로도 점점 그 연령층은 낮아질 것이다. 근래에는 20대의 젊은층들이 벤처기업에 뛰어들어 신규사업의 창업에 연구를 몰두하고 정부에서도 적극적인 지원과 육성을 도와주고 있다.

따라서 창업의 시기도 이론상으로 경험과 자금에 인맥 등의 충분한 노하우가 있는 40대 후반 50대가 적합하다는 결론이겠지만, 사업이란 것이 단순히 경험과 이론만으로는 불가능하며 가끔은 과감성과 저돌적인 행동이 요구되기 때문에 가능하면 창업의 시기가 창업자 스스로가 도태됐다고 느꼈을 때는 빨리 사업을 시작하는 것도 바람직한 것이다.

창업을 시작하려는 사람은 누구나 성공할 자신의 모습을 그리며 생각하겠지만 조금 더 깊게 생각하면 실패하면 어떻게 할까라는 걱정과 자신이 처음 고민했던 원점으로 다시 돌아가기 쉽다.

2. 창업의 시점

모든 창업자는 호경기에 시작하는 것이 좋다고 보는 견해가 많지만 사업이란 것이 일시적인 경제활동이 아닌 장기적인 경제활동이란 것을 알게 될 때는 오히려 불경기에 사업을 시작하는 것이 더 현명하다고 하겠다. 그 이유는 다음과 같다.

① 사업을 신중하게 보다 철저하게 추진할 수가 있다.

불경기 때는 기존기업은 시설투자 및 사업확장을 자제하기 때문에 새로운 사업을 시작할 때보다 철저한 사업계획을 할 것이며, 사업추진도 더욱 신중할 것이다.

② 경쟁자가 비교적 적은 상태에서 사업을 시작할 수 있다.

불경기 때는 신규창업도 호경기에 비하여 적고 기존사업도 확장을 하지 않기에 사전에 꾸준한 준비를 해온 창업 예비자의 경우에는 불경기가 오히려 창업의 적기가 될 수 있다.

③ 주변여건이 창업하기에 매우 좋다.

- 제조업을 창업하는 경우-기존 기업 부도로 공장, 기계 등의 시설활용도가 높고 법원 경매나 성업공사 공매 등을 통해 호경기 때의 절반수준이면 좋은 입지, 좋은 시설을 골라서 사업장을 취득할 수 있다.
- 도·소매업이나 서비스업 하는 경우-장소가 좋은 곳에 점포와 사무실을 얻을 수 있으며 임대료도 저렴하고 좋은 조건으로 계약도 할 수 있다.

④ 대부분의 업종에 있어서 경쟁자가 호경기 보다 많지 않기 때문에 업종선택이 비교적 용이하다.

⑤ 금융기관에 대한 자금수요가 적어서 금융기관으로부터 자금조달이 쉬운 점(IMF 외환위기 때는 이자가 고율임).

⑥ 종업원 충원이 용이함.

그러나 주의할 점은 사전에 충분한 준비가 없이 단순히 불경기에 사업을 시작하는 이점만 믿고 실행에 옮겨서는 절대로 안 된다. 이를 "불경기가 사업에 적기"라는 것은 사전에 장기적으로 철저한 준비를 해온 창업 예비자에게 적용되는 창업시기임을 명심해야 한다.

제12장

외식산업의 성공전략

제1절 외식산업이란?

제2절 외식산업의 7가지 성공전략

제3절 결론

제12장 외식산업의 성공전략

제1절 외식산업이란?

당신의 직업이 무엇이냐고 물었을 때 식당업 또는 외식사업이라고 대답한다면 그것은 틀린 대답이다. 우리가 하고 있는 사업은 식당업 또는 외식사업이 아니라 곧 바로 망할 수 있는 소매업인 것이다.

생각해보자.

우리는 우리가 경영하는 식당 또는 그와 유사한 시설에서 제품을 생산해낸다. 그러나 다른 일반 소매업과 달리 우리가 생산해내는 제품은 각기 다른 사람의 손에서 부패할지도 모르는 위험 속에서, 제한된 제품수명을 가지고 있다. 이와 같은 위험 때문에 신속히, 가급적 빨리 판매되어져야 하는 문제점을 안고 있다. 당신은 식당업 또는 외식사업을 곧 망할 수 있는 소매업을 하고 있다는 새로운 시각으로 보기 시작했다면 식당경영의 다음과 같은 특성을 이해하고 경영전략을 세울 필요가 있다.

첫째, 식당업 또는 외식사업에서는 본 제품의 생산과 판매가 동시에 이루어진다

둘째, 식당에 오는 손님은 아주 수명이 짧은 제품을 구입하러 오는 손님이지 그냥 구경 삼아 들르는 고객은 결코 아니다.

셋째, 우리의 고객은 하루에 세 번 또는 어쩌면 더 많이 방문할 수도 있다.

또한 며칠을 계속해서 방문할 가능성이 충분히 있다.

넷째, 식당업은 서비스를 단순히 제공한다기보다는 환대를 제공한다고 할 수 있다. 환대가 그냥 서비스와 다른 점은 몸과 마음 양쪽 전부를 모두 만족시켜 주는 것이다.

다섯째, 식당업 그 자체가 쇼 비즈니스이다. 직접 보여주고 느끼게 함으로써 재방문을 유도한다.

우리는 식당업과 소매업의 공통점을 이해하게 되면서 지금 우리가 하고 있는 일과 앞으로 해야 할 일의 차이점을 정확하게 구별할 수 있을 것이다.

식당업 또는 외식사업을 하는 목적은 간단하다.

많은 사람들에게 식당을 왜 합니까? 라고 물으면 다음과 같이 대답할 것이다.

그건 돈을 벌기 위한 것이요.

그러나 오늘날의 현실은 그렇지 못하다. 어떻게 하면 우리 손님들의 기대에 부응하여 그와 같은 성공적인 식당업을 할 수 있을까?

다음에서 언급하고자 하는 일곱가지 G'7 전략이 필요하다.

제2절 외식산업의 7가지 성공전략

1. 경쟁력 있는 입지확보(Good Location)

경쟁력 있는 입지확보를 위한 사전조사

1) 입점위치 선정

- Warmap을 통한 전략적 입점 위치 결정
- 대중교통 수단, 연계여부 조사
- 지역특성 조사(상업지역/주거지역)

2) 주변여건 조사

- 인구밀도 조사(반경 4km 이내 접근 고객 가능성)
- 오피스 숫자 조사(유동인구 조사)
- 집객시설 조사(극장, 백화점, 터미널, 체육관 등)
- 고객성향 조사(직접 설문조사)

3) 입점규모 조사

- 건물내 또는 신축건물인 경우의 사전조사
- 건물내 : 건평 / 임대면적(전용율 계산), 건물 등기부등본, 주차대수, 접근성, 가시성, 수도, 전기, 냉난방, 도시가스등 기존 시설
- 신축건물(나대지 임차)인 경우
  건평 / 용적률 / 건폐률 / 미관지구 / 고도제한등 법적 규제사항 검토, 건물등기부등본 / 토지대장 / 토지이용계획확인원 / 건축물 / 관리대장 서류검토

4) 배치여부 조사

- 현관/영업장/주방/대기실/화장실/창고/주차장
  ex) 3층 신축건물인 경우
    1층 : 주차장, 출입구, 종업원 출입구, 창고
    2층 : 영업장, 주방, 대기실, 화장실
    3층 : 종업원 휴게실, 화장실, 전기실
    지하 1층 : 기계실, 창고

5) 경쟁업체 조사

- 동종업체, 유사업체 : 매출액, 회전율, 객단가, 고객성향 등의 조사

2. 완벽한 프로젝트의 진행(Good Project)

철저한 실행계획을 통한 Project의 진행

1) 정확한 투자비 계획

① 임차보증금 + 월세금액, 인상률(매출액 대비 %)

② 고정자산(인테리어, 설비, 전기, 가스, 조경, 기타공사)

③ 고장자산(주방기기, 테이블, 의자, 조명기구, 장식품, 접시류, 글래스류, 스테인리스 기물류, 주방기물류, 음향기기류, 금전등록기, 통신사무기기, 간판류)

④ 개점비(식재료, 유니폼, 광고선전비, 교육훈련비, 인쇄비, 소모품비, 린넨류, 인허가비용, 설계비)

2) 자금계획 확정 : 월별 세부 자금계획

3) 매출계획

3개년 매출계획의 확정(매출가격의 조정, 객단가 조정, 회전율 조정)
매출액 추정(좌석수 × 회전율 × 객단가 × 일수)

4) 인원 및 인건비 계획

영업시간 / 좌석수에 따른 인원 채용계획 수립
일근무 인원 / 급료 / 근무시간

5) 손익계획 : 예상 목표를 정한 손익계획의 수립

매출액 : 100%

매출원가 : 35%

매출총이익 : 65%

인건비 : 25%

판매관리비 : 20%

투자비 : 10%(투자이자, 감가상각비)

세전이익 : 10%

6) 종합일정계획

개점일이 확정된 일정계획의 수립
월별 세부일정 계획의 수립

3. 최상의 식음료 제공(Good Food & Beverage)

완벽한 식음료 제공을 위한 사전준비

1) 5가지 메뉴의 준비

- 한글메뉴 : 식음료의 정확한 설명이 곁들여진 메뉴
- 영문메뉴 : 외국인을 위한 영문표현 메뉴
- 어린이 메뉴 : 양과 가격이 적정한 메뉴
- 점자메뉴 : 장애인을 위한 메뉴
- 투고메뉴 : 미래의 고객을 위한 선전물

2) 정확한 식재료 품목표 확정

- 식재료 : 육류, 가금류, 생선류, 소스류, 향료류, 과실류, 채소류, 제빵류 등
- 음료 : 소다류, 맥주류, 와인류, 리큐류

3) 정확한 맛과 원가율 산정을 위한 레시피 확정

- 표준 식재료의 무게 부피, 단위의 정확한 산정
- 원가산정
- 판매가 결정
- 원가율 산정

4) 경쟁력 있는 메뉴가격 결정

- 경쟁가격
- 심리적 가격

4. 기대치를 초월한 서비스 제공(Good Friendly Service)

Sales Person으로 만들기 위한 전략

1) A Sales Person vs An Order Taker

많은 매출을 올리는 사람과 적은 매출을 올리는 사람의 차이.

A Sales Person : 판매지향적인 사람
제안판매를 하고 모든 손님으로부터 감사의 인사를 받는다.

An Order Taker : 단순히 주문을 받는 사람.
손님에게 끌려가는 주문을 받는다.

즉, 서비스란 당신들의 손님이 구매나 판매 재방문을 촉진시키거나 유발하는 행위가 포함되어 있어야 한다.

2) 손님을 리드하라

• 6번의 기회를 잡아라

① 첫인사와 음료수
② 음식추천
③ 추가음료주문
④ 음식제공시 계속적인 추가음료 주문
⑤ 후식판매
⑥ 작별인사, 재방문 요청

• 4단계 교육

① 관찰하기
② 예측하기
③ 우선순위 정하기
④ 실행하기

• 관심의 대상인 4분류의 손님

① 새로 오신 손님
② 식음료에 문제가 있는 손님
③ 방금 음식을 전달받은 손님
④ 계산을 하려고 하는 손님

5. 최고의 매니지먼트 팀 구성(Good Management Control)

고객의 욕구를 충족시키기 위한 지속적 관심과 노력

1) 끊임없는 영업장 점검

• 외관 : 건물외벽 / 조경 / 주차장 / 패티오 / 백닥 / 간판
• 내부 : 현관, 식당내부 바닥, 벽체, 화장실, 서비스 지역, 주방, 가공, 저장실, 창고, 냉동고, 냉장고, 휴게실, 사무실

2) 지속적인 식재료 점검

주문 / 수령 / 보관
레시피 숙지상태
담는 모양 및 제공상태

3) 고객 접근에 대한 지속적 관찰

외모, 팀워크, 인사, 테이블 안내, 환송, 고객관계

4) 매니저 직무수행 관찰

적절한 인원관리, 종업원과의 관계, 고객과의 관계, 전체적인 분위기 유지, 조정, 지속적 자기계발, 원가관리, 안전관리(안전시스템, Key & Lock, 현금관리)

6. 최상의 가치제공(Good Value)

동종, 유사업종의 차별화 전략실시

1) 조명

ex) Pink 음식을 맛있게 보이게 하고 숙녀인 경우 예쁘게 보인다.

2) 음악

시간대별 음악을 달리함으로써 고객의 기분을 좋게 한다
(Low Tempo, Up Tempo)

3) 청결

영업장 전체적인 청소를 매일, 주별, 월별 실시함으로써 전체적인 위생에 이상이 없도록 한다.

4) 대고객 감동 서비스 프로그램 개발 실시

- 서비스가 나쁘면 대금을 지급하지 않으셔도 됩니다.
- Mystery Guest 선정-Monitoring 실시
- Hot Line 설치
- Guest Comment Card 배치
- P.C 통신
- Internet 설치
- One on One 교육훈련
- Pair System 훈련

7. 공격적 마케팅 실시(Good Positive Marketing)

성공적으로 영업장을 만들기 위한 마케팅 전략수립

1) 돈 안드는 마케팅 실시

- 단계별 마케팅 실시

1단계 마케팅

서비스 / 식음료 / 데이터 베이스 / In House Promotion

2단계 마케팅

방문만족 / 호텔안내 데스크 / 학교 / 자선단체 / 데이터베이스 메일링 / 지역

사회 / 개인적 PR

3단계 마케팅

대중매체 / TV / 라디오 / 잡지 / 신문 / 기타광고물

2) 시간대별 마케팅 실시

11:30~12:30 : 일반 손님
12:30~13:30 : 오피스, 비즈니스, 가족
13:30~16:30 : 쇼핑고객, 늦은 점심손님, 간편식
16:30~17:30 : 해피아워, 스페셜 쿠폰 손님
18:30~20:30 : 비즈니스, 가족
20:30~마 감 : 극장고객, 늦은 저녁 고객

3) 어린이 마케팅 실시

어린이 용품준비 : 어린이 메뉴, 어린이컵, 크레용, 어린이 생일파티 프로그램

4) 재방문 프로그램

Point-Up system

5) To-Go / Delivery Service

6) 특별 판촉행사 실시

이벤트 / 계절별 / 식재료별 판촉행사

7) 공동판촉 행사 실시

집객력 있는 협찬사와 공동 행사 실시

제3절 결론

흔히 사업을 한다고 하면 쉽게 생각나는 것이 식당업 또는 외식사업이며, 또한 우리는 우리 주변에서 쉽게 성공하거나 쉽게 폐업하는 사례를 수없이 보아왔으며 나름대로의 그 이유를 분석하기도 한다. 그러나 그 성공한 이유는 여러 가지가 있을 수 있으나 앞에서 열거한 7가지 성공전략을 철저히 수행한다면 최소한 망하지 않는 소매업을 할 수 있지 않을까 생각한다.

우리가 식당업 또는 외식사업을 하는 목적은 간단하다.

① 새로운 손님을 창출해야 하고
② 한 번 온 손님은 재방문하도록 유도해야 하고
③ 영업장내에 있는 손님은 즐거운 마음으로 지급할 수 있어야 하고
④ 이를 통하여 이익을 남기는 것이다.

위와 같은 간단한 목적을 달성하기 위한 것일지라도 절대로 그냥 이루어지는 것이 아니라 시작하기 전의 충분한 사전준비와 철저한 진행 스케줄의 관리와 개점후의 지속적인 노력으로 이루어지는 것이다.

◇ "Practice doesn't make a perfect, Perfect practice makes perfect"

외식업체간의 경쟁을 위한 차별화

외식이란 가정 밖에서 행하는 식사의 총칭으로써 일반적으로 외식산업(Food service industry)은 가정 이외의 장소에서 식사나 음료수를 제공하고 그 대가를 받는 것과 이를 영업하는 것을 지정하여 식사와 음료, 거기에 부수되는 인적서비스, 연출되는 분위기 등의 세 가지 상품내용을 본질로 하고 있다.

1990년대로 접어들면서 국민소득의 증가, 여가시간의 확대 등으로 사회, 경제 분위기가 안정되고 사람들의 입맛이 고급화, 서구화되면서 해외 프랜차이즈가 우리나라 외식시장에 파고들게 되었다. 외식 산업에서 업종이라 함은 취급하고 있는 상품의 종류에 따라 구분되는 것으로 한식·양식·중식·일식·선술집 등을 말하며, 업체라 함은 미국에서 발상된 용어로 금액지불과 서비스방식이 다른 형태로 패스트푸드, 패밀리 레스토랑, 디너하우스 등을 말한다. 패밀리 레스토랑의 시장규모는 1990년도부터 매년 50%이상 급성장하여 연간 6백~7백억원 대에 이른다.

또한, 그 업체도 다양한데 우리가 흔히 알고 있는 제일제당의 스카이락(sky lark). 대한제당의 씨즐러(sizzler). 타워호텔의 토니 로마스(Tony Roma's) 동양제과의 베니건스(Bennigan's). TGI Friday's 등이 있다. 우리나라의 외식의 보편화 등 사회, 경제적인 환경의 변화로 질적, 양적인 측면에서 크게 증가를 하였다. 이러한 추세로 볼 때, 앞으로 이런 패밀리 레스토랑의 수는 더욱 증가되어 과당경쟁이 불가피해질 것이다. 흔히 경쟁이라 함은 기업이 성공하느냐, 실패하느냐를 가늠하는 척도가 된다. 경쟁은 기업이 더 좋은 성과를 낼 수 있도록 혁신을 추구하게 하고 모든 구성원들이 한데 뭉칠 수 있도록 기업문화를 형성시키고 적절한 경영 활동을 벌이게 한다. 기업이 성패를 떠나서 경쟁을 하면 보다 나아질 자신을 발견하게 되는 동시에 사회발전에도 도움을 준다. 내가 패밀리 레스토랑을 경영하게 된다면 많은 수의 업체들간에 피할 수 없는 경쟁을 하게 될 것이다.

이러한 상황에서는 경쟁에서 살아남을 수 있는 전략을 세우는 것이 매우 중요하며 예로 차별화 전략을 살펴보기로 하자. 보통 패밀리 레스토랑은 체인점으로 되어있기 때문에 음식과 맛, 인테리어, 하다 못해 직원 유니폼까지 모두 같은걸 볼 수 있다. 패밀리 레스토랑이 처음 보급되던 초창기에는 보통 어떤 특별한 날에만 가는 외식장소일 경우가 많았다. 이런 경우에는 별 문제가 되지 않지만 요즘 이곳을 자주 찾는 사람들을 보면, 각 체인점마다 같은 음식과 맛, 인테리어를 보며 약간의 싫증을 느끼게 되는데, 이점을 좀 바꿔보고 싶다.

부록

1. 영업장의 Layouts 예시

2. 식당점검표

3. 서비스 점검표

4. GLOSSARY

1234 부록

영업장의 Layouts 예시

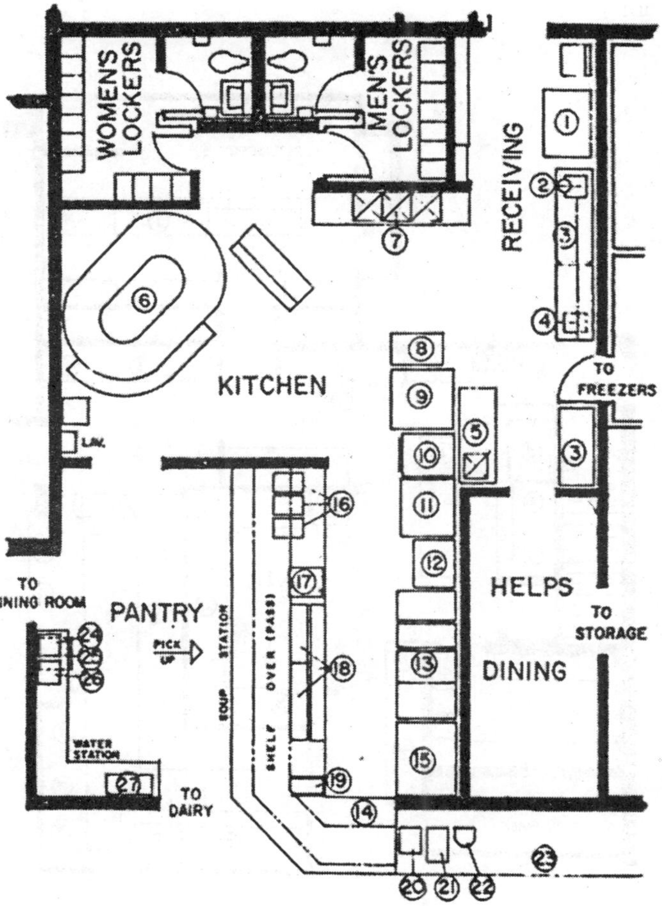

1-1 Kitchen facilities for a Howard Johnson's Restaurant

Equipment Key:

1. Ice machine
2. Mixer
3. Work Table
4. Slicer

5. Work Table/Sink
6. Dishwasher
7. Pot sink
8. Proof Cabinet
9. Oven
10. Refrigerator
11. Range
12. Charbroiler
13. Fryers
14. Salad table
15. Clam table
16. Steam table
17. Oven
18. Griddle
19. Toaster
20. Milk dispenser
21. Soft shake machine
22. Multimixer
23. Ice cream cabinet
24. Milk dispenser
25. Roll warmer
26. Drink dispenser
27. Coffee urn

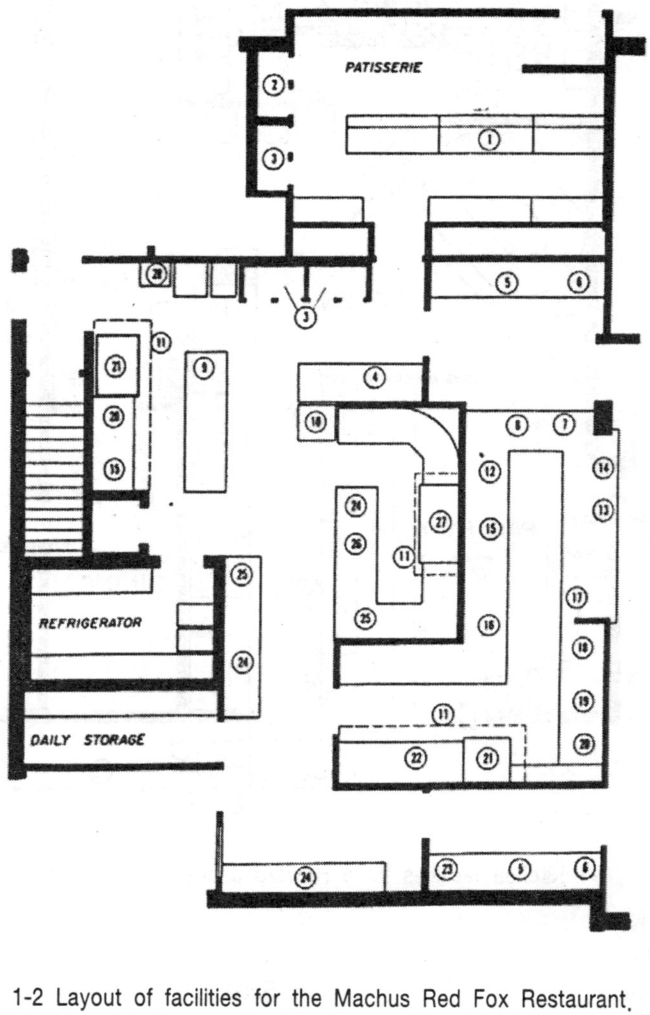

1-2 Layout of facilities for the Machus Red Fox Restaurant.

Equipment key:

1. Display and wrapping counter
2. Freezer
3. Refrigerator
4. Ice-cream cabinet
5. Coffee maker
6. Water and ice bin
7. Dressing inserts
8. Salad crisper
9. work table
10. mixer
11. Hood
12. Salamander
13. Heat lamps
14. Order holder
15. Broiler
16. Slicer
17. Roll warmer
18. Fryer
19. Griddle
20. Range
21. Oven
22. Broaster
23. Milk dispenser
24. Sink
25. Disposer
26. Soiled dish table
27. Dishwasher
28. Bread rack

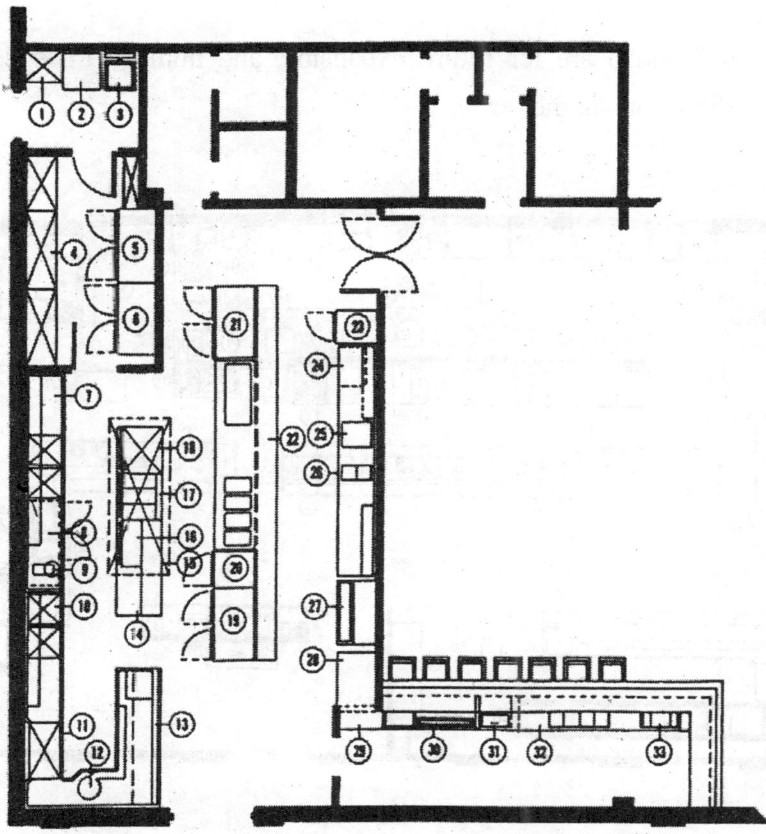

1-3 Kitchen facilities for the Spanish Oaks Restaurant.

Equipment key:

1. Shelving
2. Receiving table
3. Scale
4. Shelving
5. Freezer
6. Refrigerator
7. Preparation table and sinks
8. Undercounter refrigerator
9. Mixer
10. Pot sinks
11. Dishwasher
12. Disposer
13. Dishtables
14. Worktable
15. Exhaust hood
16. Broiler
17. Range
18. Oven
19. Refrigerator
20. Freezer
21. Refrigerator
22. Chef's counter
23. Refrigerator
24. Roll warmer
25. Coffee maker
26. Service stand
27. Ice machine
28. Drink table
29. Pass-through shelf
30. Beer dispenser
31. Glass chiller
32. Sinks
33. Cocktail unit

Numbers 5 and 6 are for future expansion, and number 14 is designed for the addition of another oven.

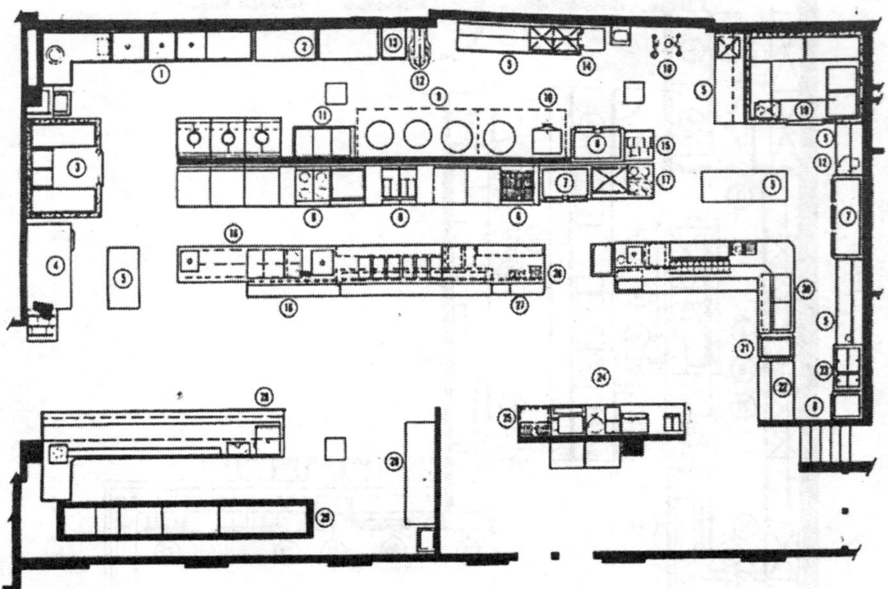

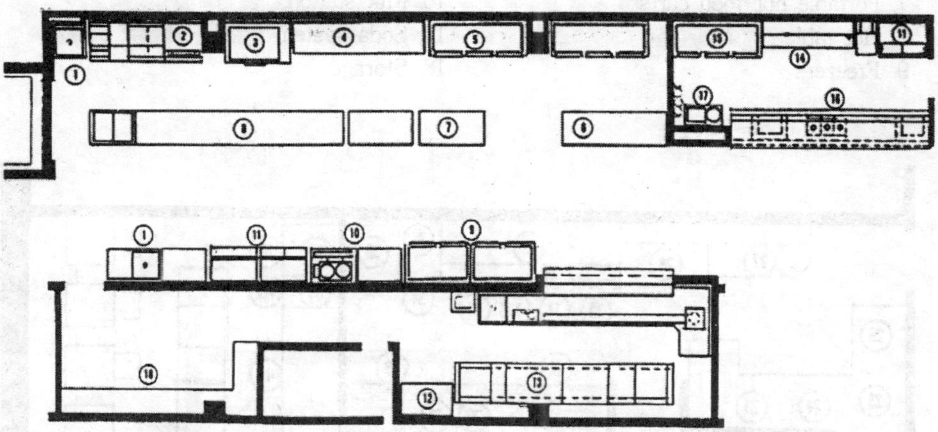

1-4 Main Kitchen(upper) and banquet kitchen(lower) for the Royal Sonesta Hotel. The main kitchen was planned for flexibility while allowing for separation of functions. The banquet kitchen is used primarily for broiling, baking, and salad preparation. All soups, gravies, and vegetables are prepared in the main kitchen.

Equipment key :

(Upper)

1. Potwash sink
2. Racks
3. Cook's refrigerator
4. Oven
5. Table
6. Ranges
7. Refrigerator
8. Freezer
9. Kettles
10. Steamer
11. Bain marie
12. Mixer
13. Mixer accessory rack
14. Vegetable sink and peeler
15. Slicer on portable stand
16. Combination cook's table
17. Wattle bakers
18. V/C mixer
19. Salad refrigerator
20. Pantry counter
21. Pass-through refrigerator
22. Pastry pick-up
23. Ice-cream cabinet
24. Beverage stand
25. Toasters
26. Storage
27. Egg boiler
28. Tray ledge
29. Dishwasher

(Lower)

1. Sink
2. Fryer, broiler
3. Oven
4. Food warmers
5. Roll-in refrigerators
10. Coffee center
11. Ice makers
12. Soiled-dish table
13. Flight dishwasher
14. Back bar

6. Worktable
7. Portable hot-food carts
8. Hot table
9. Freezers
15. Refrigerator
16. Mix station
17. Soda system
18. Storage

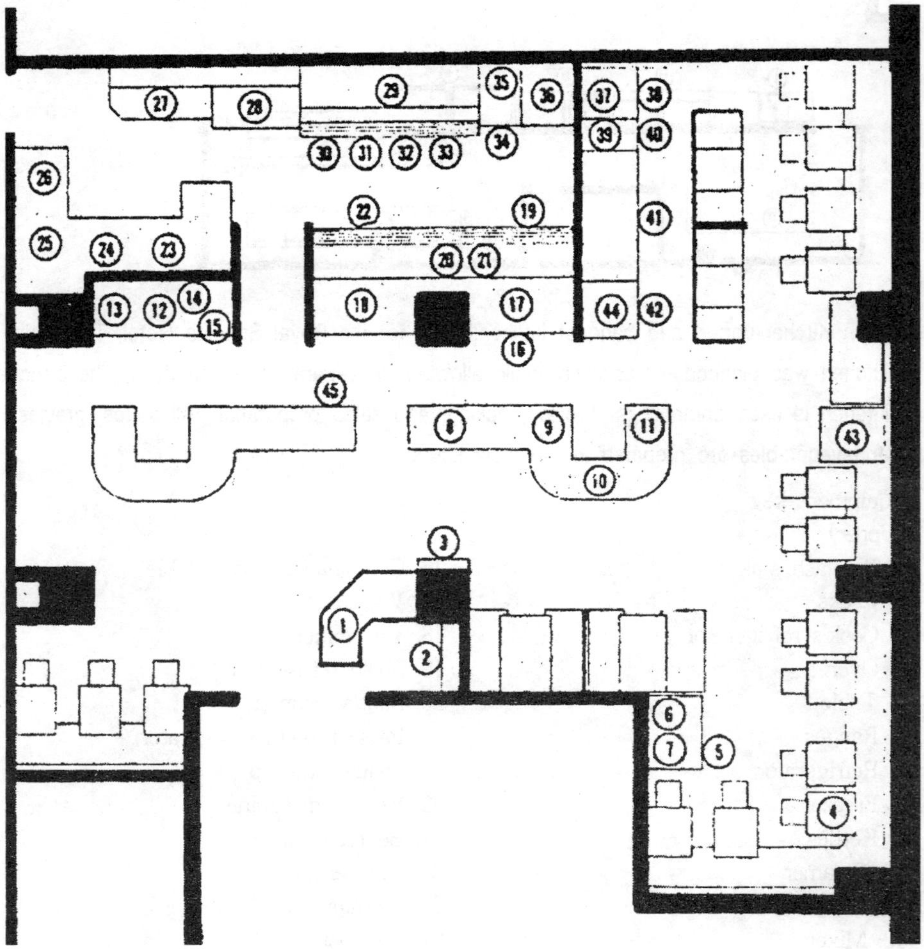

1-5 Layout of facilities for the Greenery.

Equipment key:
1. Cashier's stand and register
2. Cigarette rack
3. Newspaper rack
4. Tables, chairs and booths
5. Service stand
24. Disposer
25. Dishwasher
26. Hot-water booster
27. worktable
28. Refrigerated base

6. Coffee warmer
7. Water and ice station
8. Counter and stools
9. Coffee warmer
10. Ice bin
11. Water station
12. Utility stand
13. Coffee urn
14. Cream dispenser
15. Iced-tea dispenser
16. Serving counter
17. Refrigerated dessert section
18. Refrigerator and pastry section
19. Salad and sandwich table
20. Bread and muffin toasters
21. Egg boilers
22. Hot-food table
23. Dish tables
29. Equipment stand
30. Fryer
31. Hot plate
32. Griddle(20-in)
33. Griddle(36-in)
34. Utility table
35. Waffle baker
36. Refrigerator
37. Milk dispenser
38. Table
39. Malt mixer
40. Sink and dipper well
41. Soda fountain
42. Table
43. Plate lowerators
44. Roll warmer
45. Undercounter sink

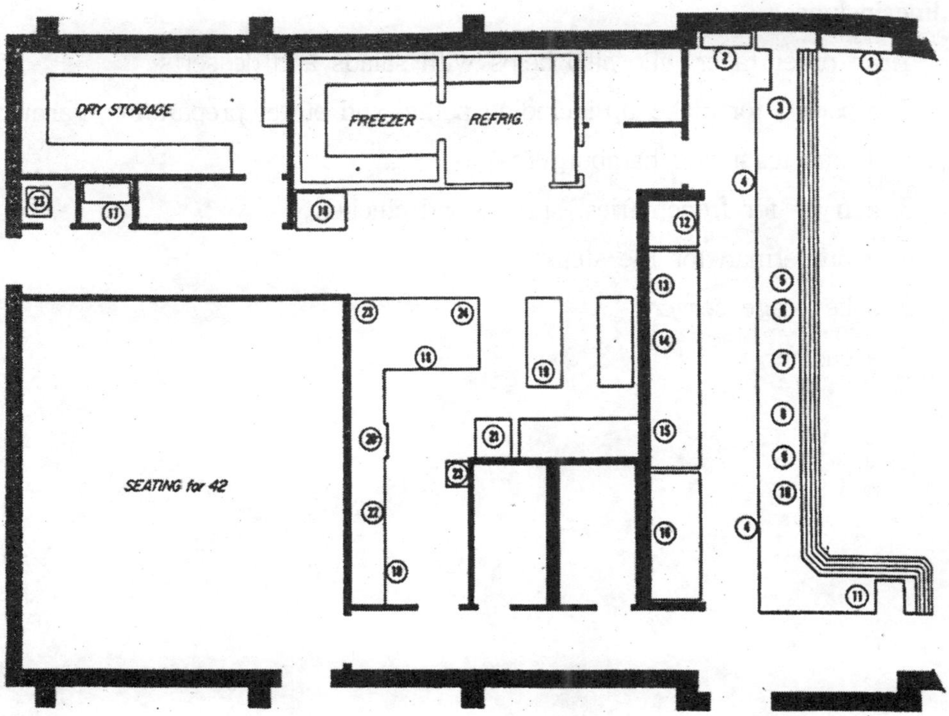

1-6 Standard design of facilities for Bonanza International.

Equipment Key:

1. Tray/silver stand
2. Pastry cabinet
3. Salad unit
4. Refrigerator
5. Glass dispenser
6. Ice dispenser
7. Drink dispenser
8. Coffee maker
9. Cup dispenser
10. Hot food unit
11. Cashier stand
12. Oven
13. Fryer
14. Plate dispenser
15. Griddle
16. Broiler
17. Syrup rack
18. Table
19. Hot plate
20. Dishwasher
21. Mixer
22. Disposer
23. Sink
24. Pot washer

The facility is designed with a serving counter capable of serving 175 persons per hour under normal operating conditions, with a maximum rate of 225 persons per hour when two or three additional employees are used. The basic serving counter is 40 ft(12.2 m) long. Staffing for the serving line includes:

1. an order taker who also helps with salads and desserts
2. a person for make-up including potato and butter preparation, garnish, Texas toast and hamburgers
3. a fryer for french fries, shrimp and chicken
4. a broilerman for the steaks
5. a beverage server
6. a cashier

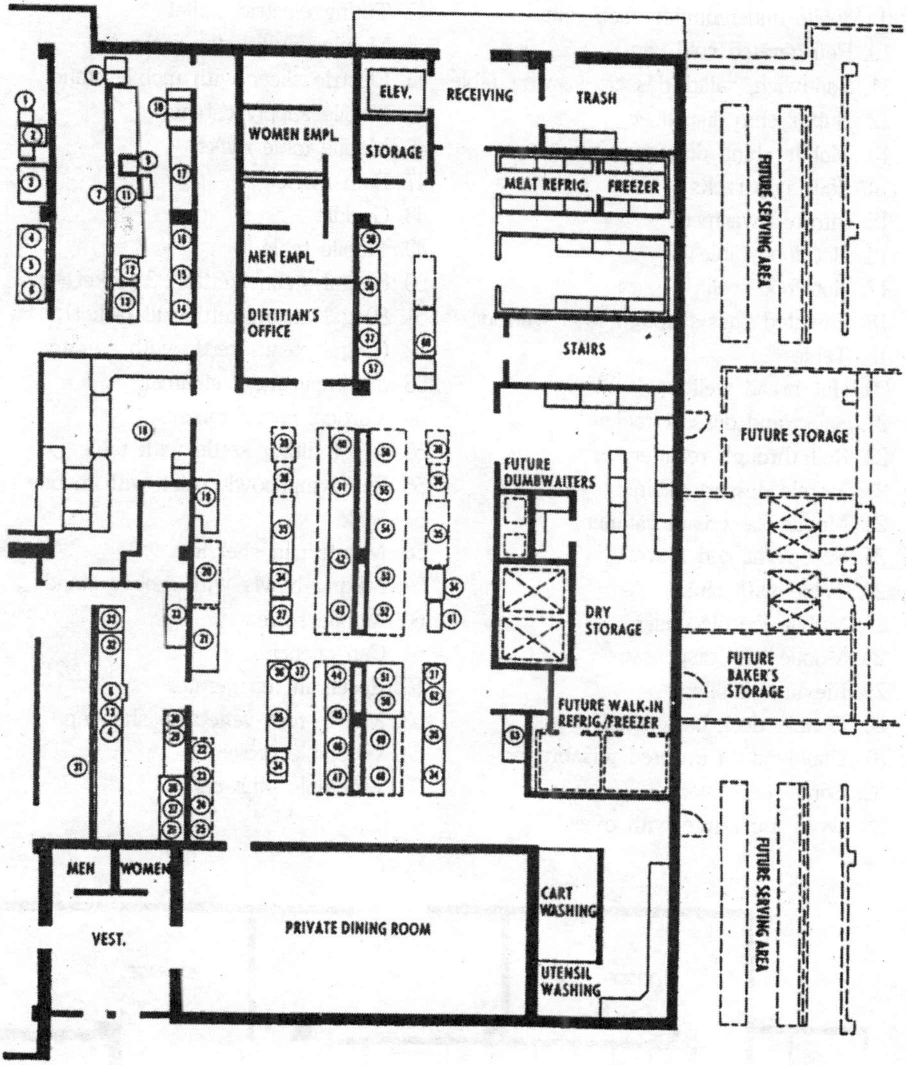

1-7 Typical layout for college food service facilities.

Equipment Key:

1. Cream dispenser
2. Mobile undercounter coffee urn
3. Hot beverage and cashier's stand
4. Mobile cup and saucer dispenser
5. Mobile milk dispenser
6. Paper cup dispenser
7. iced-tea urn

34. Even heat range with oven
35. Fry top range with oven
36. Double-deck roast oven
37. Mobile parts cabinet
38. 60-qt mixer
39. 80-qt mixer
40. Hi-pressure steam cooker and freezer

8. Display shelf/cold pan
9. Mobile undercounter shelf unit
10. Refrigerated cold pan
11. Sandwich, salad, dessert-serving table
12. Butter chip dispenser
13. Mobile china dispenser
14. Soup cup racks
15. Infrared warmers
16. Hot-food table
17. Hot-food wells
18. Elevated pass-through food warmer
19. Table
20. Hot-bread well
21. Salad and dessert racks
22. Roll-through refrigerator
23. Mobile dessert cabinet
24. Mobile ice-cream cabinet
25. Scoop vat and faucet
26. Table with sink
27. Mobile ice dispenser
28. Mobile tray dispenser
29. Elevated broilers
30. Double-deck back shelf
31. Double-deck infrared gas broiler
32. Convection oven
33. Oven top range with oven
41. Counter refrigerator
42. Tilting electric skillet
43. Mobile angle ledge racks
44. Electric slicer with mobile stand
45. Mobile supply cabinet
46. Mobile table racks
47. Bain marie
48. Griddle
49. Mobile table
50. 80-gal steam kettle(2/3 jacket)
51. 80-gal steam kettle(full jacket)
52. 60-gal steam kettle with agitator
53. 3-compartment steamer
54. Vertical cutter mixer
55. 40-qt tilting kettle with table
56. Revolving bowl cutter with mobile stand
57. Sink
58. Mobile pan shelving
59. Mixing bowls with mobile stand
60. Mobile scale
61. Can opener
62. Reach-in refrigerator
63. Mobile root vegetable shelving
64. vegetable peeler
65. vegetable tank carts

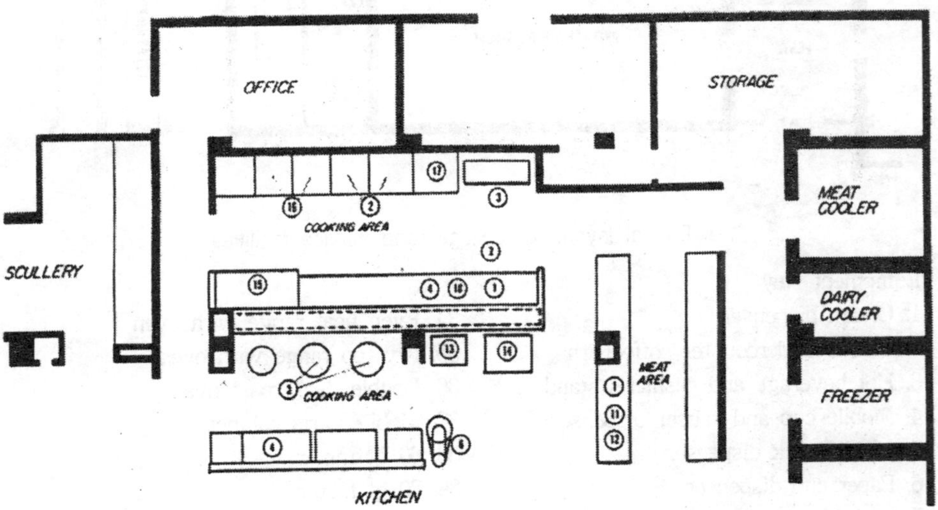

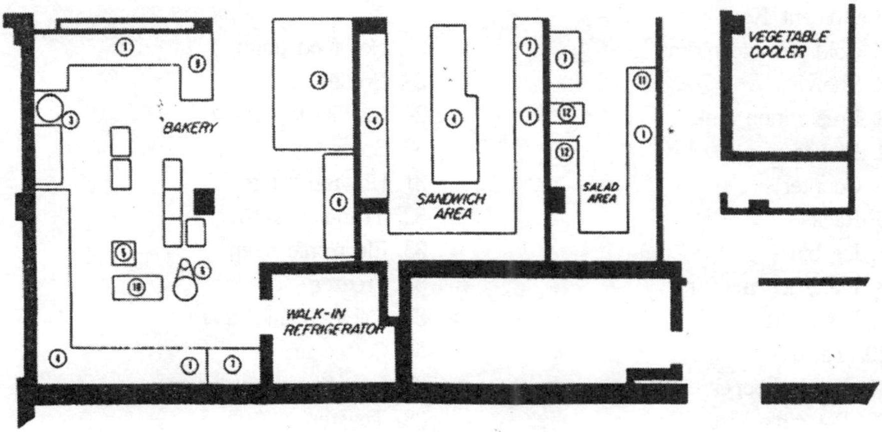

1-8 Sample layout for an in-plant cafeteria.

Equipment Key:

1. Sink	7. Refrigerator	13. Steam cooker
2. Oven	8. Freezer	14. Frying pan
3. Kettle	9. Proof box	15. Fryer
4. Table	10. Sheeter	16. Grill
5. Divider	11. Disposal	17. Broiler
6. Mixer	12. Mixer/cutter	18. Kettle, pot filling unit

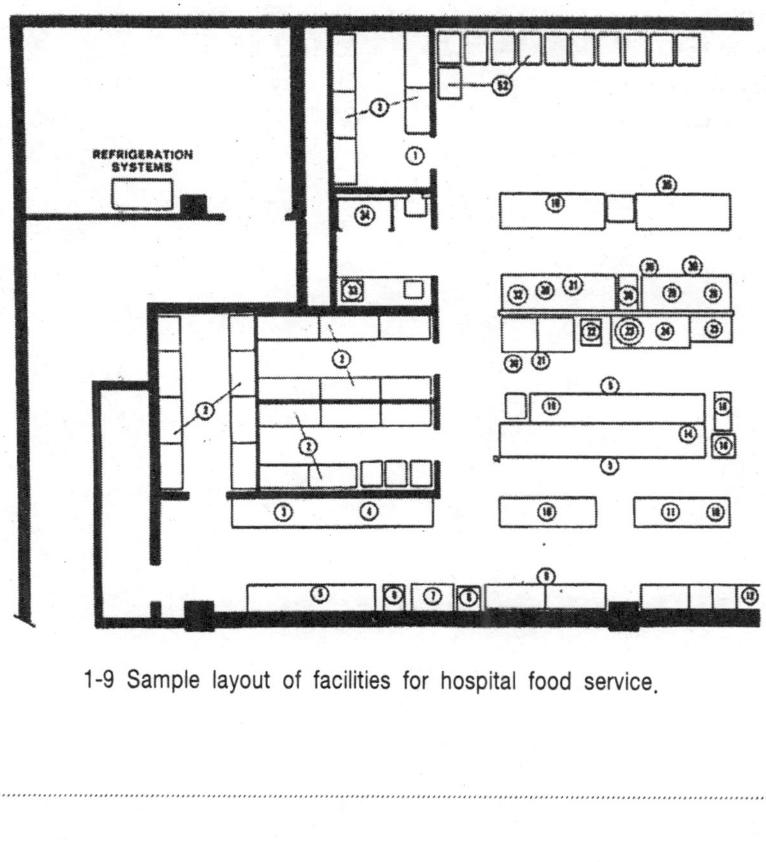

1-9 Sample layout of facilities for hospital food service.

Equipment Key:

1. Cold storage rooms
2. Shelving
3. Preparation sink
4. Disposer
5. Counter
6. Racks
7. Ice bin
8. Flake ice machine
9. Pot racks
10. Table
11. Food chopper
12. Pot sink assembly
13. Underliner dispenser
14. Toaster
15. Pellet heater
16. Mixer parts cabinet
17. Plate dispenser
18. Mixer
19. Slicer
20. Ventilator exhaust
21. Convection ovens
22. Undercounter refrigerator
23. Kettle
24. Steamers
25. Heated cabinets
26. Cover dispenser
27. Hot food units
28. Broiler
29. Griddle top range
30. Spreader
31. Hot top ranges
32. Trunnion kettle
33. Electronic oven
34. Freezer
35. Table w/bain marie
36. Coffee urn
37. Cup & saucer dispenser
38. Toaster
39. Fryers
40. Ice cream cabinet
41. Milk dispenser
42. Mobile carts
43. Refrigerator
44. Starter station
45. Roll-in refrigerator
46. Cash register
47. Cream dispenser
48. Hood
49. Drink dispenser
50. Heat lamps
51. Tray and silver dispenser
52. Cart

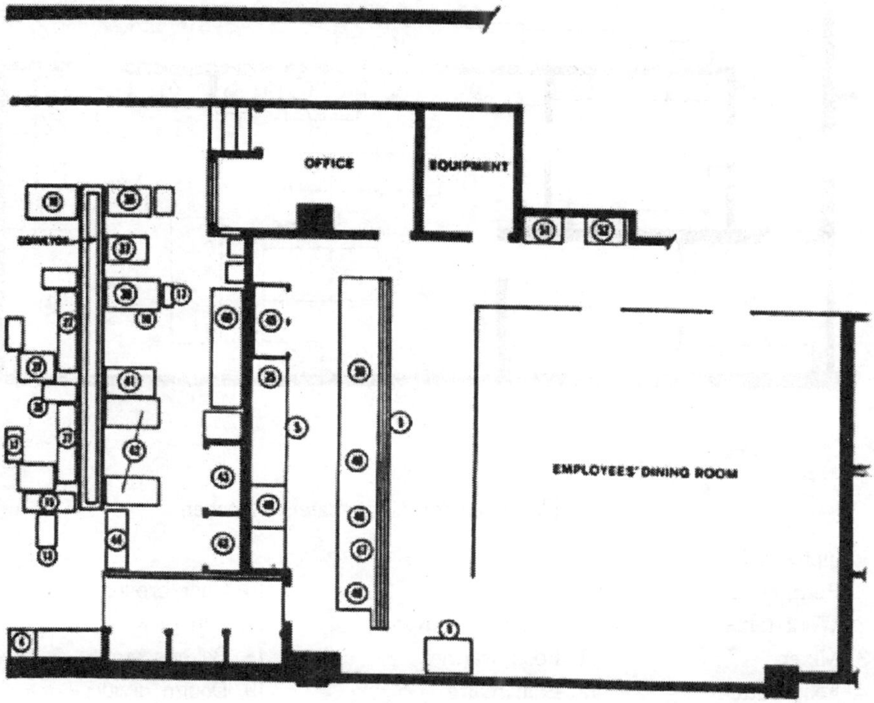
OFFICE
EQUIPMENT
CONVEYOR
EMPLOYEES' DINING ROOM

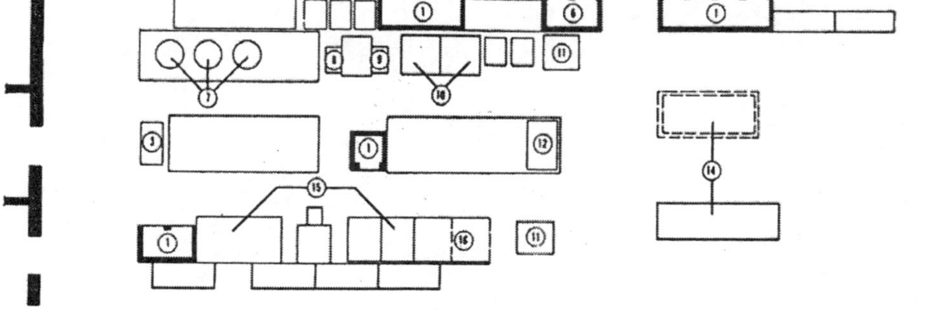

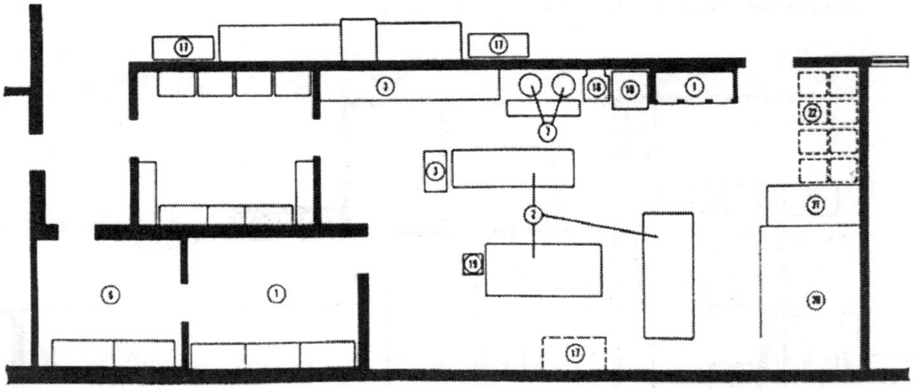

1-10 Sample layout for Airline catering kitchen

Equipment Key:

1. Refrigerator	9. Fryer	16. Char broiler
2. Work table	10. Convection oven	17. Pan rack
3. Mixer	11. Food warmer	18. Baker's stove
4. Food cutter	12. Bain marie	19. Dough divider
5. Toasters	13. Cold food assembly table	20. Oven
6. Freezers	14. Hot food assembly table	21. Proof box
7. Kettle	15. Ranges	22. Baker racks
8. Steamer		

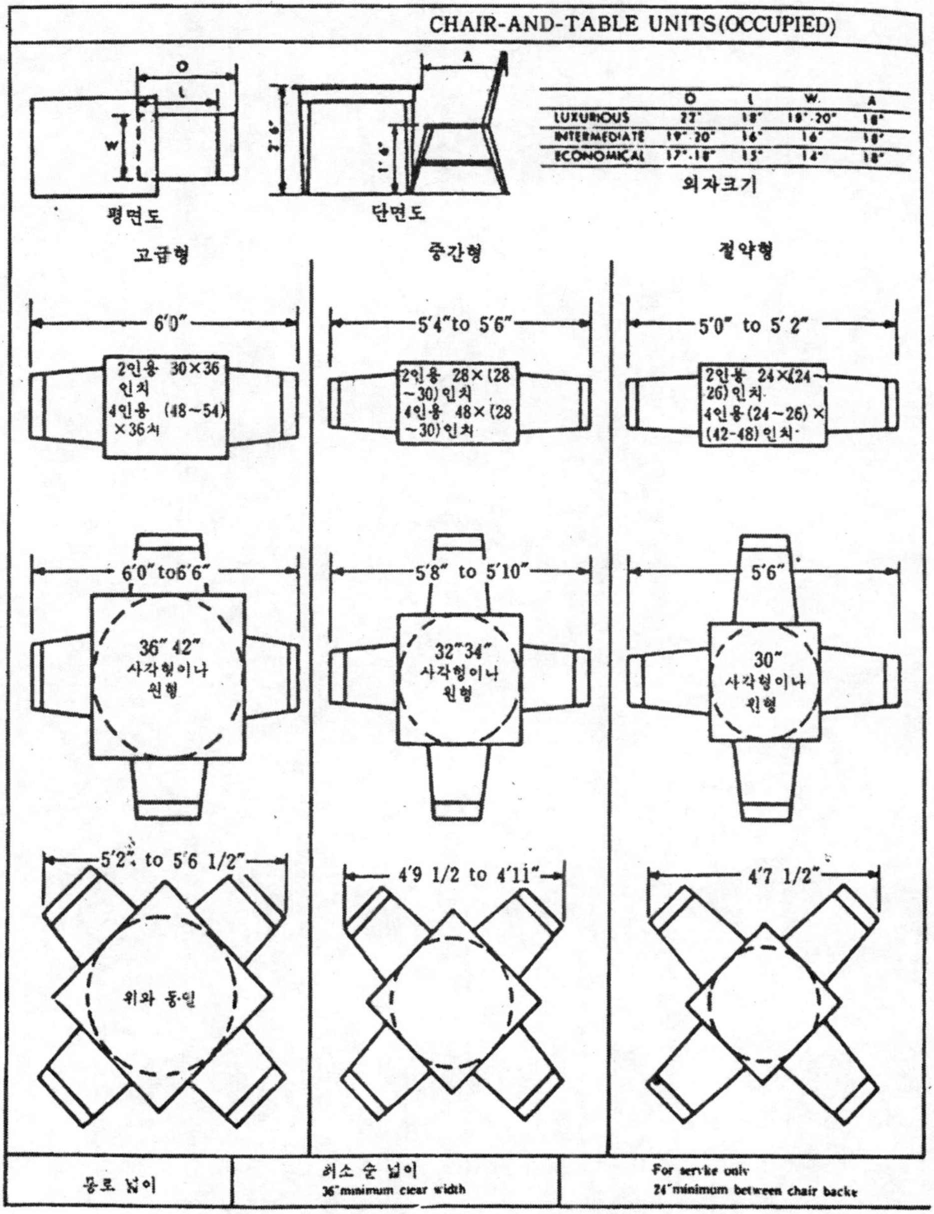

1-11 좌석 가이드

주의 : 표제 아래 그림에서 각 단면도는 고급형과 중간형이 권장된다. 왜냐하면 절약형은 긴급시 대피할 충분한 공간이 허용되지 않기 때문이라고 저자는 생각한다.

부록

식당점검표

1. 개인위생(Personal Safeness) (Infections and illness, hygiene and grooming)

(1) 식재료 및 음식 취급자들이 감염되었거나, 화상, 창상을 입고 일하고 있지는 않는가?
Do any food handlers have infected burns, cuts, boils?

(2) 종사자들이 호흡기 질환을 앓고 있지는 않는가?
Do any food handlers have acute respiratory illness?

(3) 종사들이 감염되었거나 식품 접촉으로 전염될 수 있는 질환을 갖고 있지 않는가?
Do any food handlers have infections or contagious illness transmittable through foods?

(4) 종사자들이 적정한 제복을 착용하고 있는가?
Are food handlers wearing clean outer garments?

(5) 종사자들이 신체적 체취가 나지는 않는가?
Are food handlers free of body odors?

(6) 종사자들이 일을 시작할 때와 필요할 때 수시로 손을 깨끗이 씻고 관리하는가?
Are food handlers' hands clean-washed at start of work day and as frequently as necessary?

(7) 종사자들이 머리에서 오는 오염을 막기 위해 위생모, 헬멧, 스카프, 등

필요한 복장을 하고 있는가?

Are food handlers wearing hats, caps or hairnets or other effective hair restraints?

(8) 종사자들이 콧구멍을 후비거나, 여드름을 짜거나, 머리를 긁는 것이 목격되는가?

Are food handlers observed picking nose or pimples, scratching head or face?

(9) 종사자들이 주방 또는 서비스 공간 내에서 담배를 피우거나 음식을 먹지는 않는가?(종업원식당, 흡연구역 유무)

Are food handlers observed smoking or eating in food preparation or serving area?

(10) 종사자들의 손톱은 짧게 깍고 깨끗한가?

Are fingernails of food handlers short and clean?

(11) 종사자들이 싱크대나 주방 바닥에 침을 뱉거나 하지는 않는가?

Are instances of spitting in sinks, on floor or in disposal area observed?

(12) 종사자들이 기침을 할 때 입을 맨손으로 막거나 하지는 않는가?(휴지 손수건 사용)

Are food servers seen to cough in hands?

(13) 종사자들이 눈에 띄는 반지, 귀걸이, 팔지, 손목시계를 착용하고 있지는 않는가?

Are food handlers wearing rings(other than plain band), dangling bracelets, wristwatches, etc. while preparing or handling food?

(14) 종사자들이 위생복의 소매나 끝자락으로 얼굴의 땀을 닦고 있지는 않는가?

Are cloths used to wipe off perspiration on face used for no additional purpose?

(15) 종사자 전원이 위와 같은 개인위생과 식품안전취급규정을 교육받고 있

는가?

Have all employees been instructed on minimum sanitation and food protection requirements?

2. 식품 안전 취급 규정(Food Handling Practices)

(16) 식재료 들은 적절한 용기나 선반, 냉장고에 보관되었는가, 아니면 바닥, 솔, 냄비 등에 늘어져 놓여 있는가?

Is food, in pans or containers, on floor?

(17) 손상되거나 부패하기 쉬운 식자재들이 상온에 보관되고 있지는 않는가?

Are perishable or potentially hazardous foods being held at room temperature?

(18) 야채와 과일들은 조리 또는 서빙에 들어가기 전에 적절히 세척되어 보관 중인가?

Are fruits and vegetables thoroughly washed prior to preparation and serving?

(19) 조리된 더운 음식들은 같은 온도를 유지하기 위해서 스팀기, 이중 찜기 등을 이용하고 있는가?

Are food warmers, steam tables and bainmaries used to reheat prepared foods?

(20) 냉동식품은 냉장고에서, 또는 흐르는 찬물로 적절히 해동한 후에 조리에 들어가는가?

Are frozen foods being properly thawed under refrigeration or under cold running water or cooked directly from frozen state?

(21) 생물과 반 조리된 음식 또는 조리한 음식을 취급할 때 같은 도마를 씻지 않고 계속 사용하지는 않는가?

Are raw and cooked or ready to serve foods being prepared on the same cutting board without washing and sanitizing the board between changed use?

(22) 식당, 디너 롤, 버터 덩어리, 얼음 등을 맨손으로 그릇에 담고 있지는 않는가?

Are hands being used to pick up rolls, bread, butter pats, ice, or other food to be served?

(23) 웨이터, 버스보이 등이 식탁을 닦거나 접시 등을 비운 후 손을 닦지 않고 곧바로 식탁을 준비하거나 음식을 나르지는 않는가?

Are waitresses or busboys handling place settings and serving food without washing hands after wiping tables and bussing soiled dishes?

(24) 웨이터, 웨이트리스 등이 테이블 세팅을 하거나 음식을 서빙할 때 은그릇의 표면, 물컵, 유리잔, 또는 음식물 등에 엄지손가락이 닿거나 하지는 않는지?

Are food servers touching food contact surfaces of plates, tumblers, cups and silverware when setting table or serving customer?

3. 식재료 및 부자재 수납(Food And Supplies Receiving)

(25) 식재료들을 검수 할 때 손상 부패 등을 즉시 가려내는가?

Is food inspected immediately upon receipt for spoilage or infestation?

(26) 상하기 쉬운 식자재들은 바로 냉장고에 저장되고 있는가?

Is perishable food moved promptly to refrigeration?

(27) 상하기 쉬운 식자재들을 무심코 일반 저장고로 옮기고 있지는 않는지?

Are unattended perishable food deliveries on loading dock or dolly?

(28) 식자재와 비식품 자재들이 두서없이 섞여 입고되고 있지는 않는가?

Are non-food supplies checked for infestation?

(29) 비운 식품 용기들은 즉시 바깥 처리장으로 반출이 되고 있는가?

Are empty shipping containers and packing removed to disposal area promptly?

(30) 검수장 내외 식품 부스러기 등이 널려 있지는 않는가?
Is receiving area free of food particles and debris?

(31) 주방 및 주변 지역은 깨끗이 정리 정돈되어 있는가?
Is floor of receiving area clean?

(32) 식자재들은 선입선출이 가능하게 저장되고 있는가?
Are packages dated upon receipt to assure "first-in-first-out" use?

(33) 어패류 식품들은 포장을 뜯은 것과 뜯지 않은 상태로 쉽게 구분되도록 저장되어 있는가?
Are shellfish packages identified with processor or packer's name and number?

4. 건조식품 저장요령(Dry Store)

(34) 모든 식품들은 바닥에서 최소 15cm 이상 올라간 곳에 저장되고 있는가?
Is all food stored at least 6 inches off the floor-on shelves, racks or platforms?

(35) 바닥은 깨끗하게 유지되고 부분적으로 사용하고 남은 식품은 안전하게 보관되고 있는가?
Is the floor clean and free from spilled food?

(36) 식품저장 선반들은 바닥에서 충분히 떨어져 있고, 청소 때에 오염이 되거나 쌓인 찌꺼기들로부터 안전하게 보관되고 있는가?
Are shelves high enough off floor to permit cleaning underneath, or is area beneath shelf enclosed to preclude accumulation of soil?

(37) 저장 선반들은 통풍이 잘 되게끔, 그리고 파리, 모기, 바퀴벌레나 쥐 등의 침입으로부터 안전한가?

Are shelves away from wall to permit ventilation and discourage nesting of insects and rodents?

(38) 비운 박스나 포장재료 등이 쓸데없이 쌓여있지는 않는가?

Have empty cartons and trash been removed?

(39) 캔 식품들은 포장 박스로부터 꺼내져서 깨끗하게 정리되고 있는가?

Are canned goods removed from cartons to shelving to maximum extant practicable?

(40) 먼지, 거미줄, 식자재 부스러기들이 없이 말끔히 저장되고 있는가?

Are food storage shelves clean and free of dust and debris?

(41) 선입선출이 되게끔 정리하고 있는가?

Are food supplies stored in a manner to insure "first-in-first -out" use?

(42) 저장장소는 습기가 없이 건조한 상태로 유지되고 있는가?

Is storeroom dry-free from dampness?

(43) 비식품 자재가 식품들과 혼합되어 있지는 않는가?

Are non-food supplies stored separately from food stock?

(44) 쥐약을 비롯해 유독물질 등이 원래의 포장에 보관되고 누구나 알 수 있도록 주의표시가 되어 보관되고 있는가?

Are all toxic materials, including pesticides, conspicuously labeled and used from original containers only?

(45) 쥐약을 비롯 해충 퇴치물들은 별도 캐비넷에서 적절히 보관되고 있는가?

Are pesticides separately stored in a well marked cabinet?

(46) 죽은 해충들이나 잡힌 쥐들이 방치되어 있지는 않는가?

Is there evidence of insects or rodents?

(47) 살충, 구서 제품들이 잘못 사용되고 있지는 않은지?(식품과 섞이거나 혼용될 위험)

Is there evidence of misuse or spillage of insecticides or rodenticides?

(48) 설탕이나 밀가루 등이 아무 표시 없이 원래 포장에서부터 분리되어 저장하고 있지는 않은가?
Are bulk foods(sugar, flour), if no longer stored in original package, now stored in a covered container with identifying name?

(49) 포장 자재가 개봉된 채로 상하수도 근처에, 수증기 또는 물이 흐르는 곳에 보관되고 있지는 않는가?
Are food and containers stored under exposed or unprotected sewer or water lines, or close to "sweating" walls?

(50) 가장 자주 쓰이는 식자재들이 선반 밑바닥이거나 출입구 근처에 저장되고 있지는 않은가?
Are most frequently needed items on lower shelves and near entrance?

(51) 무거운 식자재들이 높은 선반에 저장되고 있지는 않은가?
Are heavy packages stored on lower shelves?

5. 냉장식품 저장 요령(Refrigeration Storage)

(52) 냉장고의 온도감지기는 실내의 가장 더운 쪽에 설치되어 있는지?
Are refrigerators equipped with accurate thermometers located in warmest part of cabinet?

(53) 상하기 쉬운 음식 자재 등은 냉장실내에서 섭씨 7~8℃(45°F) 내지는 더 낮은 온도에 저장되고 있는가?
Are all refrigerators operating and maintaining potentially hazardous foods at temperatures of 45°F or lower?

(54) 냉장고 실내는 깨끗하고, 곰팡이가 끼거나 악취가 나지는 않는가?
Are refrigerators clean and free from mold and objectionable odors?

(55) 유효기간이 지난 음식이나, 손질이 덜 된 음식재료들, 또는 뜨거운 음식들을 냉장고에 저장하고 있지는 않는가?

Is all potentially hazardous food, not in actual preparation or hot holding, stored under refrigeration?

(56) 사람이 실내로 들어가서 저장하는 냉장고에서 식품들은 바닥에서 띄워서 저장되고 있는가?

Is all food being stored off the floor of walk-in refrigerators?

(57) 냉장고 안에는 저장된 식품의 주변에 공기순환이 잘 되도록 충분한 공간이 되어 있는가?

Is there sufficient space in the refrigerators to permit good air circulation around the stored food?

(58) 식 자재들을 냉장고 내에 과도하게 넣어서 냉풍이 돌지 않게 저장되지는 않았는지?

Are foods stored on shelves spaced to provide for adequate air circulation and is shelving free of linings that retard circulation?

(59) 식 자재나 조리된 식품들을 뚜껑을 덮지 않은 채 뒤섞어서 들여 놓아서로 접촉 되도록 하고 있지는 않는가?

Are panned raw or cooked foods, on shelves, covered to prevent contamination?

(60) 소량의 조리된 식품들을 지나치게 큰 용기에 담아놓고 있지는 않은지?

Are cooked foods such as ground meat, stew, dressing or gravy not stored in large quantity containers?

(61) 모든 식품들이 선입선출로 나갈 수 있게 저장되어 있는지?

Are foods stored in a manner to permit "first-in-first-out" use?

(62) 냉장고는 깨끗하고, 고장나지 않게(덜덜거리거나, 냉매 부족한) 정비한 채로 사용하고 있는가?

Is proper cleaning and maintenance being conducted?

(63) 부패한 식품을 발견하지는 않았는지?

Are any spoiled foods present?

(64) 조리된 식품이 조리되지 않은 식품과 섞여 있지는 않은가?

Are raw foods stored separately from cooked foods?

(65) 큰 냉장실에 설치된 선반의 높이가 충분해서 바닥 청소 시에 걸레가 닿거나 하지는 않는가?

Are shelves high enough from the floor to permit cleaning underneath?

(66) 냉장실 바닥에 음식 부스러기, 포장재 등이 널려 있지는 않는가?

Are shelves free from food husks, leaves, wrappings or debris?

(67) 식 자재 공급 소비 기간에 맞추어 충분한 냉장 공간이 준비되어 있는가?

Are there sufficient refrigeration facilities to handle normal delivery schedules?

(68) 식품 냉장을 위한 일반 얼음과 식용얼음의 보관은 구분되어 있는가?

Is there awareness that ice used for cooling food will not be used for human consumption?

(69) 저장된 식육 등은 뚜껑을 갖춘 용기에 담거나 냉기 순환에 의해 적절히 보존되도록 하고 있는가?

Are solid cuts of meat(except quarters and sides) covered in storage and placed to allow circulation of cool air?

(70) 조리되거나 그렇지 않은 식품들이 온도에 맞는 용기에 담겨져 있게 덮여있고, 식별할 수 있고, 깨끗이 보관되고 있는가?

Are cooked foods or other products removed from original containers in clean sanitized, covered container and identified?

(71) 육가공 식품들이 향이나 냄새가 강한 식품들과 같이 뒤섞여 있지는 않은지?

Are dairy products stored separately from strong-odored foods?

(72) 생선 등은 다른 식품들과 구분되게 저장되어 있는지?

Are fish stored apart from other food products?

6. 냉동식품 저장 요령(Freezer Storage)

(73) 냉동고를 보유하고 있는가?
Are freezer storage units operating?

(74) 냉동고는 온도 감지기를 부착하고 있는가?
Do all boxes or cabinets have accurate thermometers?

(75) 냉동고 온도는 섭씨 영하 17℃ 또는 더 낮게 운전하고 있는가?
Are freezer storage units maintaining an interior temperature of 0°F, or lower?

(76) 냉동고를 쓸데없이 자주 열도록 저장되어 있지는 않은가?
Is there excessive traffic in and out of walk-in freezer storage boxes?

(77) 선입 선출 순서로 저장되고 있는가?
Is food stored in a manner which permits "first-in-first-out" use?

(78) 냉동기 안의 냉기 순환이 잘 되도록 저장하고 있는가?
Is food stored in a manner to insure air circulation?

(79) 냉동고 벽이나 온도 감지기의 얼음을 수시로 적절히 녹이고 있는지 여부?
Do cabinet walls or coils need defrosting?

(80) 저장된 식품들은 손상이 가지 않게 적절히 포장이 되어 있는지?
Are foods wrapped well to prevent freezer burn?

(81) 용기들은 뚜껑이 덮여 있는지?
Are all food containers covered?

(82) 청소와 수리 상태가 양호한지?
Is proper cleaning and maintenance being conducted?

7. 야채 준비 과정(Vegetables Preparation)

(83) 야채를 저장하고 처리하는 장소는 습기가 없는 마른 장소이고 냄새가 나지 않는 곳인가?
Is the vegetable preparation area clean and free from objectionable dampness and odor?

(84) 냉장고에 저장하지 않는 야채들은 환기가 되도록 짜인 선반이나 포개지지 않도록 바구니에 얹어 보관할 수 있는지?
Are non-refrigerated vegetables stored in ventilated bins or in crates on elevated platforms?

(85) 저장 장소에 빈 용기나 부스러기가 널려 있지는 않은가?
Is area free from empty containers and debris?

(86) 야채들은 손으로 씻는 싱크를 사용하는가 아니면 용기에 담은 채 씻는가?
Is vegetable sink(s) used for hand washing or for warewashing?

(87) 야채들을 씻는 그릇은 기울여 버리는 양은 그릇 형태인가, 아니면 구멍으로 처리하는 하수식 싱크인가?
Is vegetable sink used for dumping mop water or pan drippings?

(88) 껍질을 벗기는 기구나 칼등이 싱크 안에 떨어져 있지는 않은지?
Are peelers or paring knives present in vegetable sink?

(89) 도마, 칼, 껍질까기 등 야채를 다루는 기구들은 싱크대 안에서 씻고 있는가?
Are vegetable preparation equipment parts washed in the vegetable sink?

(90) 도마, 칼, 껍질까기, 마늘찧기 기구들은 깨끗이 씻고 있는가?
Are vegetable peelers, slicers, choppers, etc. not in use, clean?

(91) 도마, 칼, 껍질까기, 마늘찧기 기구들은 사용 중 내용물을 바꿀 때마다 씻어서 쓰는가?

Are vegetable peelers, slicers, choppers, etc. being cleaned between changed uses?

8. 육류 준비 과정(Meat Cutting Area)

(92) 육류 처리 장소는 깨끗이 정돈되었고, 용기, 도구, 냄새나는 물품이나 기구 등과 떨어져 있는가?
Is meat cutting area clean and free from objectionable odor, cartons and other debris?

(93) 사용 후 찌꺼기들은 지정된 용기에 담아 지정된 장소에 처리하고 있는가?
Are meat cutting wastes discarded into approved containers and removed to the disposal area?

(94) 육류 처리용 도마는 깨끗이 정돈되어 있는가?
Are cutting boards in good condition-free from splits, holes or cuts?

(95) 도마는 사용 중 다른 과정으로 가기 전에 매번 깨끗이 씻어서 사용하는가?(육류, 생선, 닭 등 다른 재료 이용시)
Are cutting boards cleaned and sanitized between changed use?

(96) 도마, 탁자, 그라인더, 육절기, 골절기, 뼈 바르는 칼, 기타 기구들을 사용 후 깨끗이 씻어 내는가?
Are all cutting boards, tables, grinders, slicers, meat saws, boning knives and other meat cutting equipment clean and sanitized if not in use?

(97) 처리전 또는 처리된 육류 식자재들은 깨끗한 용기에 담아서 바닥과 떨어진 장소에 보관하고 있는가?
Is raw meat awaiting preparation or processed meat cuts, in containers, off the floor?

(98) 처리전 또는 처리후의 육류 식자재들을 장시간 실온에 방치하고 있지는 않은지?

Is raw meat awaiting processing or processed cuts being held for excessive periods at room temperature?

(99) 냉동식육, 조수육 또는 어패류 식품들을 더운물로 해동하고 있지는 않은지?
Is frozen meat, poultry or fish being thawed out with warm water?

9. 제빵분야(Baking area)

(100) 제빵 주방은 깨끗하고 물기가 없고, 빈 용기 등이나 부스러기 등으로 늘어져 있지는 않은지?
Is bakery area clean and dry, free from empty cartons and debris?

(101) 밀가루나 기타 제빵 재료들은 바닥으로부터 안전하게 보관하고 사용 중이며, 원래의 포장용기에 들어 있지 않은 경우에 표시를 하고 있는지?
Are flour and other non-perishable bakery food ingredients off the floor and if in other than original containers properly marked?

(102) 반죽 교반기나 빵틀 기타 기구들은 사용 중이 아니더라도 깨끗하게 관리하고 있는가?
Are dough mixers, kettles and other bakery equipment and utensils which are not in use, clean?

(103) 반죽 그릇이나 냄비 기타 기구들이 엎지러지거나 오염될 수도 있는 상태로 보관되고 있지는 않은지?
Are mixing bowls, pots and other bakery utensils stored in a manner to prevent splash and contamination?

(104) 빵을 만드는데 꼭 필요한 시간 이외에 불필요하게 장시간 동안 상하기 쉬운 식품들과 액체들을 실온에서 방치하고 있지는 않은지?
Are potentially hazardous bakery ingredients and unbaked fillings and liquid mixes not held at room temperature longer than absolutely necessary during preparation?

(105) 파이에 넣는 속 재료들을 저장용 용기나 큰그릇에 담은 채 실온에 방치하고 있지는 않은가?

Are pie fillings not being held and cooled in stock pots or other large containers and at room temperature?

(106) 구충, 구서용 약품이나 청소용품들을 빵 만드는 공간에 보관하고 있거나 방치하고 있지는 않은지?

Are pesticides or cleaning supplies not stored or present in the bakery area?

10. 조리실, 서빙 준비분야(Food Preparation And Holding)

(107) 조리실은 깨끗하고, 정돈된 모습인가?

Is food preparation area generally clean and free from accumulated debris?

(108) 조리실, 저장실, 서빙 준비실 등은 깨끗하고 습기가 없도록 관리하고 있는가?

Is floor of kitchen and other food preparation and service areas clean and dry?

(109) 서빙 준비실 기구들은 깨끗한가?

Is food preparation equipment not in use, clean?

(110) 사용하고 있지 않은 기구들은 깨끗하게 닦여있고 오염물질과 접촉되지 않도록 질서있게 정리되어 있는가?

Are utensils not in use clean, sanitized and stored in a manner which will protect them from contamination?

(111) 그라인더(grinder), 슬라이서(slicers), 챠퍼(Choppers), 믹서(mixers), 칼 등 조리기구들은 식재료를 바꿀 때마다 깨끗이 청소를 한 후 사용하는가?

Is preparation equipment cleaned and sanitized between changed use?(This especially pertains to grinders, slicers, choppers and mixers, and to knives.)

(112) 청소도구들과 구충 구서 약품들은 조리실 또는 서빙 준비실에 보관하고 있지는 않는가?

Are cleaning supplies and pesticides present in the food preparation and service areas?

(113) 조리사가 사용하는 싱크대가 종사원들의 세면대나 걸레 빠는 용도에 사용되고 있지는 않은가?(별도의 장소가 준비되어 있는가?)

Is cook's sink being used for employee hand washing or dumping of mop water?

(114) 사용하지 않는 기구들을 가스레인지, 오븐 등 뒤에 처박혀 있거나 불필요한 장소에 놓여 있지는 않은가?(별도의 장소가 준비되어 있는지?)

Is unused equipment or utensils stored behind ranges, ovens or in other floor spaces in the kitchen area?

(115) 죽은 벌레나 잡힌 쥐들이 방치되어 있지는 않은가?

Is there evidence of rodents or insects in the kitchen or serving lines of the establishment?

(116) 조리용 온도계는 정확하게 사용하고 있는가?

Are thermostats operating and accurate on ranges and deep fat fryers?

(117) 더운 음식 보온기는 섭씨60℃(140°F) 또는 그 이상으로 유지되고 있는가?

Is hot-holding equipment maintaining food at or above 140°F?

(118) 찬음식 보냉기는 섭씨10℃(45°F) 또는 그 이하로 유지되고, 캐비넷 타입 기구에는 온도계가 작동되고 있는가?

Are cold foods being held at 45°F or lower and are cabinets equipped with thermometers?

11. 식당 및 서빙(Dining Room and Serving area)

(119) 식당의 바닥, 탁자, 의자 등은 깨끗하고 물기 없이 유지되어 있는가?
Is dining area, including floor, tables and chair, clean and dry?

(120) 식탁 집기들은 깨끗하고, 소독하고, 오염되지 않도록 정비되어 있는가?
Is tableware clean and sanitized and stored in a manner to prevent splash and contamination?

(121) 1회용 집기들은 깨끗이 보관되어 있고 사용 후 위생적으로 처리하고 있는가?
Are single-service items stored and dispensed in a sanitary manner?

(122) 1회용 집기들을 재사용하고 있지는 않은가?
Are single-service items disposed of after single use?

(123) 식탁을 닦는 행주 또는 마른 걸레는 깨끗이 사용되도록 자주 빨아 쓰고, 또 다른 목적으로 사용되고 있지는 않은가?
Are clean and sanitary cloths used for wiping dining tabletops and used for no other purpose? Are they stored in sanitizing solution between uses?

(124) 행주나 스펀지 등으로 손님의 식탁을 닦는지 깨끗이 쓰이도록 마른 상태로 보관되어 있고, 다른 목적으로 사용하고 있지는 않은가?
Are silverware and serving utensils stored and presented in a manner to prevent contamination and to insure their being picked up by the handles?

(125) 은 기물(도기접시, 유리그릇) 등은 오염되지 않게 깨끗한 상태로 보관 정돈 되어있고 손잡이 부분을 이용해서 사용하고 있는가?
Are cloths or sponges used for wiping food spills on tableware being served to customers clean and dry and used for no other purpose?

12. 기물 세척과 보관(Warewashing and Storage)

(126) 사용하는 기물들은 각기 그 특성에 맞는 온도의 물 또는 기계 등으로 씻거나 닦아서 보관되고 있는가?

Are wash and rinse temperatures proper for the type of machine and ware being washed, being maintained?(See Manufacturer's Specifications on data plate)

(127) 사용하는 기물들은 적어도 섭씨75℃(170°F) 이상의 물로 씻고 나서 닦아서 보관하고 있는가?

Is rinse temperature of at least 170°F being maintained for tableware and utensils?(Manual dishwashing)

(128) 식기나 기구들은 남은 음식들을 버리거나 떼어낸 다음에 씻고 있는가?

Are dishes and utensils being prescraped and flushed prior to washing?

(129) 이들 식기들은 적정량의 세제를 사용해서 씻고 있는가?

Is detergent concentration being maintained at the necessary level for effective washing?

(130) 기물을 닦는 사람이 젖은 손으로 기물을 옮기거나 보관하는가, 아니면 각기 다른 사람들이 처리하고 있는가?

Is separate personnel used for removing and storing clean tableware or do warewashing personnel wash hands between handling soiled tableware and sanitized ware?

(131) 식기 세척기 등은 사용한 후 매일 마감 시에 세제 묻은 부분을 포함해서 오물 처리 등 깨끗이 닦고 있는가?

Is warewashing equipment cleaned after each day's use to remove chemicals, food particles, soil and debris?

(132) 세척기의 분사노즐 부분은 깨끗이 닦고 사용하고 있는가?

Are jets and nozzles cleaned of food particles and other obstructions and contaminants?

(133) 닦은 그릇이나 기구들은 마른 저장장소에 깨끗이 보관하고 있는가?
Are cleaned and sanitized wares and utensils stored off the floor and in a clean dry location?

(134) 식기나 기물들은 부적당한 방법으로 닦고 있지는 않은지?
Is improper toweling of tableware and utensils observed?

13) 종업원 시설(Employee Facilities)(Toilets, Lavatories. Locker rooms, Lunchrooms)

(135) 종업원이 사용하는 시설들은 깨끗하고, 습하지 않고 악취가 나지 않게 관리하고 있는가?
Are employees' facilities clean, dry and free from odor?

(136) 종업원들이 사용하기에 충분한 타월과 화장지, 비누들이 구비되어 있는가?
Is there sufficient soap, towels and tissue for employee needs?

(137) 청소용 기물들은 고장난 것이 없고 깨끗이 보관되고 있는가?
Is all sanitary equipment operational and in good repair?

(138) 오폐물 처리장소는 충분히 마련되어 있는가?
Are proper receptacles available for waste materials?

(139) 이 오폐물 처리장은 자주 비우고 청소를 하는가?
Are these receptacles emptied frequently?

(140) 더럽혀진 유니폼들은 아무 곳이나 또는 라커룸에 방치하고 있지는 않은가?
Are soiled uniforms and other soiled clothing improperly stored in lockers or left in the facilities?

(141) 세탁해야 할 유니폼은 보관하는 용기나 장소는 따로 마련되어 있는가?

Are containers provided for soiled employee' uniforms?

(142) 조리전 또는 조리된 식품 음식들이 종업원 시설내에 보관되어 있지는 않은가?

Is unwrapped food stored in lockers or left in employee facilities?

(143) 살충 구서 제품들이 적절히 배치되어 있는가?

Is there evidence of rodents or insects in the facilities?

14. 자재와 기물 창고(Storage Rooms For Supplies and Equipment)

(144) 자재와 기물들을 보관하고 있는 창고는 청결히 유지되고 있는가?

Are storage facilities for supplies and equipment clean, dry and free of trash and debris?

(145) 저장실에 빈 박스나 용기들을 방치해서 해충들이 서식하도록 하고 있지는 않은가?

Are storage facilities free of empty cartons and wrappings which might provide nesting for rodents?

(146) 자재들은 뒤섞이지 않고 일목요연하게 정돈되어 있는가?

Are supplies stored in a neat and orderly manner?

(147) 이러한 자재들이 바닥에서 뜨거나 벽과 떨어져서 바퀴벌레나 생쥐들의 소굴이 되고 있지는 않은지?

Are supplies stored off the floor and away from walls to permit access for cleaning and to prevent harborage of rodents and roaches?

(148) 썩거나 포장지가 뜯겨나간 식품들이 발견되지는 않은지?

Is perishable or unpackaged food present?

(149) 살충제의 용기는 적절히 표시되어 있고 세제 기타 화학물질과 구분이 되도록 보관하고 있는지?

Are containers of pesticides in marked cabinet and apart from detergents and other chemicals?

(150) 죽은 벌레 또는 죽은 쥐들이 보이지는 않는가?

Is there evidence of rodents or insects?

(151) 1회용 제품들은 바닥에서 최소 15cm 이상 위 포장된 채로 보관되어 있고, 상하수도 주변에 놓여 있지는 않는지?

Are single-service articles stored at least 6 inches off the floor, in closed containers and not placed under exposed sewer or water lines?

(152) 1회용 제품이나 식품기계들이 화장실이나 현관 입구 등에 보관되고 있지는 않는지?

Are utensils, single-service items or food equipment stored in toilets or vestibules?

15. 오폐물 보관 및 처리장(Garbage and Trash Storage and Disposal Areas)

(153) 이들 장소들이 말끔히 정돈되어 있고, 쏟아진 음식이나 물기가 줄줄 흐르고 있지는 않은지?

Is area generally clean and orderly, free of spilled food and liquids?

(154) 이들 장소들은 아스팔트 또는 시멘트 바닥으로 되어 있어 흐르는 물에 오염되거나 음식물 찌꺼기 등으로 쌓여서 땅이 오염될 염려는 없는지?

Is floor, platform or ground surface free from spilled particles of food and constructed of nonabsorbent material such as concrete or asphalt?

(155) 악취가 나는 상태는 아닌지?

Is area free from objectionable odor?

(156) 소각로 또는 오물 투척구 주변에 음식물과 국물이 흐르고 있지는 않은지?

Are spilled food particles and litter present in front of incinerator, dumpsters, etc.?

(157) 오물 용기 바깥 부분은 깨끗하게 사용하는지?

Are trash and garbage containers clean on the outside?

(158) 오물 용기 등의 뚜껑은 잘 덮여 있는지?

If can liners are not in use, are all garbage containers closed with tight-fitting covers?

(159) 버려야 할 포장재들은 가지런히 묶여있고, 또 적당한 용기에 담겨져 있는가?

Is trash confined in orderly fashion or in suitable containers?

(160) 제때에 치워가지 않아서 오물들이 쌓여있는 경우는 없는가?

Is there an accumulation of trash or garbage because of infrequent pick-up?

(161) 움푹 파인 곳에 음식물, 국물, 또는 청소한 물이 고여 있지는 않은지?

Are there puddles of wash water and food particles and liquids?

(162) 처리장 주변에 죽은 쥐나 쥐구멍 또는 거미줄 등이 있지는 않은가?

Is there any evidence of rats, ratholes or nests in the vicinity of the disposal area?

(163) 빈 쓰레기통 또는 반환되는 용기들은 깨끗이 닦아서 재사용하고 있는가?

Are empty garbage and refuse containers washed prior to being returned for use?

(164) 걸레를 세탁한 물은 하수구로 바로 처리하고 있는가?

Is mop water properly disposed of as sewage?

(165) 용기들은 뜨거운 물과 세제, 솔 등을 사용해서 닦고 있는가?

Are hot water, brushes and detergent or steam provided for washing containers?

(166) 찌꺼기를 털어내도록 고안된 용기들은 완전히 비우고, 다시 채워 놓았

는지?

Are drain plugs in place on those containers designed with drains?

(167) 이런 장소들은 청소하기 쉽게 마련되었으며 물을 빨아들이지 않는 재질로 지어졌는가?

Is room constructed of easily cleanable nonabsorbent material?

16. 기계실과 그 주변(Mechanical Rooms)

(168) 보일러실, 냉난방기 주변 등은 깨끗하고 건조하며 음식물 흙 발자국 또는 기름 붙은 도구들로 더럽혀 있지는 않은지?

Are boiler rooms, compressor rooms and other utilities rooms clean, dry and free of foods, soiled or greasy utensils and food preparation equipment?

(169) 걸레, 빈 용기나 박스포장재, 음식물 쓰레기 등이 어수선하게 늘어져 있지는 않은지?

Are they free of soiled linen and rags, empty containers and cartons, trash and debris?

(170) 죽은 해충이나 쥐들이 방치되어 있지는 않는지?

Is there evidence of rodents and insects?

(171) 공기 순환이 잘 되고 있는지?

Is adequate ventilation provided?

17. 출입구 주변 환경들(Entryways, Exits and Exterior Surroundings)

(172) 출입구는 깨끗하고 말끔하게 정돈되었는지?

Are entryways clear of trash and debris?

(173) 출입문, 유리창, 방충망 등은 해충이나 쥐들이 들락거리지 않게 꼭 맞게 정비되어 있는가?

Are doors, windows and screens tight fitting to prevent entry of insects and rodents?

(174) 주변에 쥐구멍이나 이동경로 등이 있지는 않은지?
Is there any evidence of ratholes or entry points near or into the building?

(175) 주변에 물이 흐르거나, 웅덩이, 길게 자란 잡초들이 있어 해충들이 번식하지는 않는가?
Are there wet spots or pools, or long grass or weeds which could form breeding spots for insects?

(176) 주차장 주변에 쓰레기 등이 널려 있지는 않은지?
Is the parking lot or surrounding area free of litter, trash and debris?

(177) 새의 둥지, 튀어나온 나뭇가지나 처마 등이 시설 입구에 위치해 있지는 않은지?
Do noxious birds nest or roost on ledges or eaves of the establishment?

18. 음식물 운반차량(Vehicle used for Transporting food)

(178) 출장음식 운반 차량은 깨끗이 정돈되고 먼지나 찌꺼기 등이 바닥에 널려 있지는 않은지?
Is the cargo area of the vehicle thoroughly clean and free from dirt and debris?

(179) 출장음식 기물은 깨끗이 닦여 포장 보관했다가 사용하는지?
Has all food in containers been removed for proper disposal or storage?

(180) 상하기 쉬운 음식물들은 그에 맞는 온도유지 기능을 갖춘 채 운반되는가?
Is potentially hazardous food being carried at proper temperatures of heat or cold?

(181) 보온, 보냉을 필요로 하는 음식물들은 그에 맞는 기물에 넣어 운반하는가?

Is food being carried in adequately insulated containers?

(182) 한번 사용한 차량의 선반이나 바닥 등은 깨끗이 청소한 후 대기하고 있는가?

Are all food spills on shelving or floor washed from the vehicle after each use?

(183) 차량이나 운반기구들에 해충들이 부딪쳐 죽은 자국들이 남아있지는 않은지?

Is there any evidence of insect infestation of the vehicle body?

19. 화장실(Restroom)

(184) 고객용 화장실은 깨끗하고, 뽀송뽀송하며, 밝게 조명이 되어있고, 환기가 잘되고, 냄새가 나지 않도록 유지되고 있는가?

Are customer restroom clean, dry, light, well ventilated and free of odor?

(185) 화장실 기물들은 고장나지 않고 잘 작동되고 있는가?

Is all sanitary equipment operating satisfactorily?

(186) 화장실 내에 비누, 타월, 화장지 그리고 드라이어 등은 잘 갖춰져 있는가?

Is there a satisfactory supply of soap, tissue, towels or a hand drying device?

(187) 휴지통은 뚜껑이 닫혔고, 청결하고, 자주 비워주고 있는가?

Are waste containers covered, kept clean and emptied frequently?

(188) 냉온수는 원터치 방식으로 적절히 배합되어 나오는가?

Is there adequate hot and cold water, tempered by means of a mixing valve or combination faucet?

(189) 죽은 쥐나 해충들이 방치되고 있지는 않은지?
Is there any sign of rodents or insects?

(190) 출입문은 단단하고, 안에서 잠기며 고장 난 곳이 있지는 않은지?
Are toilet doors solid, self-closing and in good working order?

20. 출입구와 고객 대기실(Entrance and Foyer or Waiting Room)

(191) 출입구와 대기실은 깨끗하고 호감이 가게 꾸며졌는가?
Is the entryway and waiting room clean and attractive?

(192) 항상 깨끗하게 청소되어 있는가?
Is it free from litter?

(193) 의자나 벤치, 등기구 등은 깨끗한가 아니면 먼지가 끼어 있지는 않은가?
Are chairs and benches clean and lamps and fixtures clean and free from dust?

(194) 포스터나 선전광고물들은 깔끔하고 단정하게 부착되었는가?
Are posters and printed materials clean and neatly racked or posted?

(195) 고객의 첫 인상이 청결하고 프래쉬하다고 느껴지도록 관리하고 있는가?
Does the customer's first view of your establishment convey the image of cleanliness and freshness?

21. 식당 내부의 일반적인 청결유지(General Cleanliness of Dining Area)

(196) 바닥이 더럽거나 어지럽혀져 있지는 않은지?(특히 음식물 부스러기 또는 버려진 휴지조각 등으로)
Is the floor dirty or littered , particularly with food particles and napkins?

(197) 의자나 벤치가 음식물 부스러기나 음료수 등으로 더럽혀지지는 않았는지?

Are there crumbs, spilled liquid on chairs or benches?

(198) 메뉴판에 음식물이 묻었거나 너무 닳았거나 더럽지는 않은지, 양념 그릇들은 더럽지 않은지?

Are menus food-marked or worn and dirty, and are condiment containers unclean?

(199) 식탁보에 음식물이 묻었거나, 물들거나 또는 너무 낡아있지는 않았는지?

Are table lines food-marked? Are they tattered or torn?

(200) 식기들이 금가거나 이가 빠지거나 파이거나 하지는 않았는지, 은 기물들은 손가락 자국이나 음식물 찌꺼기가 늘어붙지는 않았는지?

Is tableware cracked, chipped, streaked or food-soiled or silverware thumb-marked or food-soiled?

(201) 음식물들 담아온 쟁반 등이 손님 곁에 놓여있지는 않은지?

Are soiled dish trays left near customer tables?

(202) 손님이 앞에 있을 때, 또는 음식물 뚜껑을 덮지 않은 채 해충 스프레이 등을 뿌리거나 하지는 않는지?

Are insect sprays being used when food is exposed or customers are present?

(203) 고객이 식사중이거나 음식물이 덮여져 있지 않은 상태에서 복도의 걸레질을 하고 있지는 않은지?

Is floor being swept while food is exposed, being served or when customers are eating?

(204) 청결을 유지하기 위한 충분한 조명시설이 되어 있는지?

Is adequate lighting available for cleaning?

22. 종사원의 청결상태(Cleanliness of Service Personnel)

(205) 종업원의 유니폼이 꾸겨졌거나 더럽지는 않은지?
Are waitress uniforms wrinkled or soiled?

(206) 종사원의 몸에서 냄새가 나거나 지나치게 강한 향수를 쓰고 있지는 않은지?
Are service personnel using strong or offensive perfume or smelling of body odor?

(207) 종사원들이 손님 앞에서 코를 훌쩍거리거나, 기침을 하거나, 코를 문지르거나 하지는 않은지?
Are servers sniffing, coughing or rubbing or wiping nose?

(208) 종사원들이 음료수 잔의 입술 닿는 부분이나 은기물의 포크, 나이프, 숟갈 등의 손잡이 외의 부분을 손으로 집어 들거나 옮기지는 않는가?
Do servers handle drinking glasses by their tops or silverware by their blades, tines or bowls?

(209) 종사원들이 적절한 머리 모양새를 하고 있는지?
Are servers using effective hair restraints?

(210) 조리원이나 종사원들이 손님이 보는 곳에서 담배를 피우고 있지는 않은지?
Do cooks and servers smoke in view of customers?

(211) 종사원들이 롤빵, 얼음, 버터덩어리 등을 맨손으로 집어 담지는 않는지?
Do servers handle rolls, butter, ice, etc. by hand in filling dishes and water glasses?

(212) 종사원들이 손님 앞에서 머리, 얼굴, 몸 등을 긁고 있지는 않은지?
Do employees scratch head, face or body in view of customers?

(213) 종사원들이 서빙할 때 엄지손가락이 음식물에 닿지는 않은지?
Does server touch food with thumb or finger when serving plated food?

부록

서비스 점검표

1. Greetress and Managers Check(안내자와 지배인에 대한 점검)

Name of Outlet :	Checked by
업장명	점검자
Date :	Time Entered :
점검일	시간

Were you greeted by : 당신은 누구에게 안내 받았습니까?	Yes	No
Greetress(Receptionist) 안내양 안내인	_____	_____
Manger, or Asst, Manager 지배인이나 부지배인	_____	_____
Captain, Waiter or Waitress 캡틴 웨이터 웨이트리스	_____	_____
Other 그 외의 사람	_____	_____
Was the greeting? **안내는 어떠했습니까?**		
Courtecus 공손했다	_____	_____
Friendly 친근했다	_____	_____

Indifferent	____	____
무뚝뚝했다		
Sincere	____	____
진지했다		
Routine	____	____
형식적이었다		
Gruff	____	____
불손했다		
Did you wait for table?	____	____
당신은 좌석을 기다리셨습니까?		
Did you make reservation?	____	____
예약을 하셨습니까?		
Did you like your table location?	____	____
당신께서 앉으신 테이블 위치가 마음에 드셨습니까?		
Were you seated?	____	____
어떻게 자리에 안내되었습니까?		
Abruptly	____	____
어떨결에		
Hurriedly	____	____
급하게		
Efficiently	____	____
능숙하게		
Comfortably	____	____
편안히		
Were you asked if you had a table preference?	____	____
당신은 선호하는 테이블이 있냐는 질문을 받았습니까?		
Was your table location:	Yes	No
당신의 테이블 위치는		
Adequate	____	____
적당했다		

Awkward ____ ____
별로 좋지 못했다
Poor ____ ____
좋지 못했다
Ideal ____ ____
아주 좋았다

Was your greetress or waiter:
맞이한 안내원과 웨이터는

Gracious ____ ____
아주 친절했다
Bored ____ ____
마지못한 태도였다
Discourteous ____ ____
불손했다
Dignified ____ ____
품위 있었다
Professional ____ ____
숙련된 태도였다.

Did you greetress or manager: Yes No
맞이한 안내원과 지배인이

Offer cocktail & wine menu ____ ____
칵테일과 술에 관한 메뉴를 제공했다
Assist in seating ____ ____
앉는데 도움을 주었다
Smile ____ ____
미소를 지었다.
Give you menu ____ ____
메뉴를 주었다
Supervise service ____ ____
서비스를 지시했다

Survey table appearance ____ ____

테이블 모양새를 살폈다

Help with children ____ ____

어린이들 시중을 들었다

Was posture & appearance:

자세와 외모는

Good ____ ____

좋았다

Exceptional ____ ____

아주 좋았다

Poor ____ ____

좋지 못했다

Was her :

그녀의

Hair neat ____ ____

머리는 단정했습니까?

Clothes clean ____ ____

옷은 깨끗했습니까?

Shoes shined ____ ____

구두는 닦여 있었습니까?

Was his :

그의

Trousers clean(uniform) ____ ____

바지는 깨끗했습니까?

Shirt clean ____ ____

웃옷은 깨끗했습니까?

Hair neat ____ ____

머리는 단정했습니까?

Socks(color) ____ ____

양말색은 어떠했습니까?

Was his or her voice:
종사원들의 음성은

Pleasing 듣기 좋았다	____	____
Harsh 아주 듣기 나빴다	____	____
Difficult to hear 듣기 힘들었다	____	____
Loud 컸다	____	____
Clear 명확했다	____	____

General comments:
전반적 평가

2. Bar personnel check(바요원 점검)

Name of Outlet : 업장명	Checked by : 점검자
Date : 일자	Time Entered : 시간

Wine or cocktail order was taken in(   ) minutes after being seated.

술과 칵테일 주문은 착석 후 몇 분 후에 받으러 왔는가?

Wine or cocktail order was served in(   ) minutes after order was taken.

술과 칵테일은 주문한 후 몇 분 후에 제공되었나?	Yes	No
Were cocktail or wine suggested?	____	____
칵테일과 술을 권유받았습니까?		
Were cocktail or wine menu offered?	____	____
칵테일이나 술 메뉴가 제공되어졌습니까?		
Were a specific wine suggested?	____	____
특주를 권유받았습니까?		
To go with your meal?	____	____
식사와 함께 드셨습니까?		
Was the wine served properly?	____	____
술이 적당하게 제공되었습니까?		
Did you Waiter or Waitress greet you?	____	____
웨이터와 웨이트리스가 당신에게 인사했습니까?		
Was the manner in which you were served:		
당신은 어떤 식으로 대접받았습니까?		
Routine	____	____
형식적으로		
Courteous	____	____
정중하게		
Filippant	____	____
천박하게		
Friendly	____	____
친숙하게		
Indifferent	____	____
무뚝뚝하게		
Gruff	____	____
불손하게		

	Yes	No
Gracious 아주 친절하게	____	____

Was his or her voice : Yes No

종사원의 발소리는

	Yes	No
Pleasing 듣기 좋았다	____	____
Difficult to hear 듣기 어려웠다	____	____
Harsh 아주 듣기 안 좋았다	____	____
Too loud 너무 컸다	____	____
Clear 명쾌했다	____	____
Grammar satisfactory 문법적으로 만족스러웠다	____	____

Was the service :

서비스는

	Yes	No
Efficient 효율적이었다	____	____
Systematic 체계적이었다	____	____
Disrupted 번잡스러웠다	____	____
Smooth 부드러웠다	____	____
Rapid 성급했다	____	____
Careless 부주의했다	____	____

Too slow ____ ____

너무 느렸다

Was the posture and appearance :

자세와 외모는

Satisfactory ____ ____

만족스러웠다

Exceptional ____ ____

아주 좋았다

Poor ____ ____

좋지 못했다

Was you satisfied with your service? ____ ____

당신은 만족스럽게 대접받으셨습니까?

General comments:

전반적 평가

3. During service staff check(식당 서비스 요원 점검)

Name of Outlet :	Checked by
업장명	점검자
Date :	Time Entered :
날자	시간

Food was taken in(　　) minutes after order was taken?
음식이 주문한 후 몇 분 후에 제공되었는가?
Was filled water glass given promptly?
물을 담은 유리잔이 신속히 제공되었는가?
Did waiter or waitress check place setting for correctness?
웨이터와 웨이트리스는 기물 세팅이 올바르게 놓여있는지 점검하던가?
Did waiter or waitress greet you?
웨이터와 웨이트리스가 당신에게 인사했습니까?
Did waiter or waitress make menu suggestions?
웨이터와 웨이트리스가 메뉴를 권고했습니까?
Did waiter or waitress handle menu substitutions easily?
웨이터와 웨이트리스가 메뉴 변경을 쉽게 처리했습니까?
Did waiter or waitress offer you more coffee?
웨이터와 웨이트리스가 당신에게 추가 커피서비스를 제공했습니까?
Was table condiment set-up filled and clean?
테이블에 양념통들이 채워져 있고 깨끗했습니까?
Was your water glass refilled?
웨이터가 잔을 다시 채웠습니까?
Were you offered more rolls?
당신께서는 빵을 더 제공 받았습니까?
Did you have to ask for more silver?
당신께서는 은식기가 더 필요했습니까?
Was the manner in which you were served:
제공된 서비스 태도는 어떠했습니까?

Routine 형식적이었다	_____	_____
Courteous 정중했다	_____	_____
Filippant 경박스러웠다	_____	_____

Familiar ____ ____

능숙했다

Friendly ____ ____

친근했다

Indifferent ____ ____

무뚝뚝했다

Gruff ____ ____

불손했다

Gracious ____ ____

아주 친절했다

Was his or her voice:

종사원들의 목소리는

Pleasing ____ ____

듣기 좋았다

Difficult to hear ____ ____

듣기 힘들었다

Harsh ____ ____

아주 듣기 나빴다

Too loud ____ ____

너무 컸다

Clear ____ ____

명쾌했다

Grammar satisfactory ____ ____

어법이 만족스러웠다

Was the service :

서비스는

Efficient ____ ____

효율적이었다

Systematic ____ ____

체계적이었다

Disrupted _____ _____

번잡스러웠다

Smooth _____ _____

부드러웠다

Rapid _____ _____

신속했다

Careless _____ _____

부주의했다

Too slow _____ _____

너무 느렸다

Was the posture and appearance Yes No

자세와 외모는

Satisfactory _____ _____

만족스럽다

Exceptional _____ _____

아주 좋다

Poor _____ _____

나쁘다

Was her :

그녀는

Make up excessive _____ _____

지나치게 화장했나?

Perfume offensive _____ _____

향수냄새가 역겹나?

bow tied neatly _____ _____

바우타이는 반듯하게 매어졌나?

Wear jewelry other than _____ _____

귀금속을 부착했나?

Wedding or engagement ring _____ _____

결혼이나 약혼반지를 끼었나?

	Yes	No
Hair net worn uniform clean and pressed	_____	_____
머리와 유니폼이 단정했나?		
Shoes shined nails clean	_____	_____
신발이 깨끗하고 손톱이 깨끗했는가?		
Apron clean	_____	_____
앞치마는 깨끗했나?		
Hands clean	_____	_____
손은 깨끗했나?		
Hose neutral	_____	_____
스타킹은 이상이 없던가?		

Was his ;

그의	Yes	No
Trousers clean & Pressed	_____	_____
바지는 깨끗하고 다림질되었던가?		
Hair neat	_____	_____
머리는 깨끗한가?		
Tie neat	_____	_____
넥타이는 깨끗한가?		
Shoes shined	_____	_____
구두가 깨끗한가?		
Jacket pressed	_____	_____
웃옷은 다림질되었던가?		
Hands clean	_____	_____
손은 깨끗한가?		
Nails clean	_____	_____
손톱은 깨끗한가?		

Was his or her voice :

종사원의 음성은

Pleasing	_____	_____
듣기좋음		

Harsh _____ _____
아주 듣기 나쁨
Too soft _____ _____
지나치게 부드러움
Difficult to hear _____ _____
듣기 어려움
Clear _____ _____
명쾌함

Did the waiter or waitress :
웨이터와 웨이트리스는

Offer you a final greeting _____ _____
작별인사를 했나?
Mind own affairs _____ _____
자신 일에 몰두했나?
Talk soft _____ _____
말소리가 부드러웠나?
Serve ladies first _____ _____
여자분을 먼저 대접했나?
Assist with children _____ _____
애들을 도와주었나?
Touch or bump you _____ _____
당신을 건드리거나 당신과 부딪쳤나?
Spill food _____ _____
음식을 쏟았나?
Correct mistakes graciously _____ _____
부드럽게 실수를 시정했나?
Talk loudly _____ _____
크게 말했나?

Were you satisfied with your service? _____ _____
당신은 만족스럽게 대접받았습니까?

General comments:
전반적 평가

4. Food Check(음식 점검)

Name of Outlet :
업장명
Date :
날자

Checked by:
점검자
Time Entered :
시간

The meal consisted of :
음식은 무엇으로 구성되어 있나?

	Yes	No
Appetizer 식욕촉진 음식	____	____
Entree 주된 요리	____	____
Vegetable 야채	____	____
Salad 샐러드	____	____
Dessert 후식	____	____

Beverage	____	____
음료		
Was the hot food as hot as desired?	____	____
뜨겁게 먹는 음식이 충분히 뜨거웠나?		
Was the cold food as cold as desired?	____	____
찬 음식이 충분히 차게 되어 나왔나?		
Was the food quality satisfactory?	____	____
음식질은 만족스러웠습니까?		
Was the food attractive in appearance?	____	____
음식의 모양세가 주목을 끌만 했습니까?		
Was the coffee satisfactory?	____	____
커피는 만족스러웠나?		
Was hot food served on hot plate?	____	____
뜨거운 음식이 뜨거운 접시에다 담아져 나왔나?		
Was cold food served on cold plate?	____	____
찬 음식은 찬 쟁반에다 담아져 나왔나?		
Were any food items uncooked?	Yes	No
굽지 않은 요리 항목은		
What?	____	____
무엇		
Were any food items overcooked?	____	____
지나치게 구운 요리는		
What?	____	____
무엇		
Were any food items overseasoned?	____	____
양념이 지나치게 된 음식 항목은		
What?	____	____
무엇		
Was the portion size adequate for the :		
아래 사항의 일인분 분량은 적당했는가?		

Appetizer ____ ____

식욕촉진 음식

meat ____ ____

고기

Vegetable ____ ____

채소

Salad ____ ____

샐러드

Beverage ____ ____

음료

Dessert ____ ____

후식

Was the food satisfactory? ____ ____

음식은 만족스러웠나?

General comments:

전반적 평가

5. General Check(개괄적인 점검)

Name of Outlet: Checked by:

업장명 점검자

Date : Time Entered:

날짜 시간

Was the :	Yes	No
아래의 사항에 대해		
Chinaware clean	____	____
식기는 깨끗했나?		
Glassware clean	____	____
유리잔은 깨끗했나?		
Silver ware clean	____	____
은식기는 깨끗했나?		
Atmosphere attractive	____	____
분위기가 흡족했나?		
Dining room clean	____	____
식당이 깨끗했나?		
Carpet clean	____	____
카페트가 깨끗했나?		
Floor wet or dirty	____	____
바닥이 젖었거나 더럽지 않았나?		
Floor littered	____	____
바닥이 지저분했나?		
Restroom clean	____	____
화장실은 깨끗했나?		
Was there excessive noise handling dishes?	____	____
접시를 다루는데 지나친 소음이 있었나?		
Was there excessive noise in the kitchen area?	____	____
부업에서는 소음이 지나치게 났었나?		
Was there excessive noise in the dining area?	____	____
식당에서는 지나친 소음이 있었나?		
Was the room temperature :	Yes	No
방의 온도는		
Just right	____	____
딱 맞았다		

Fair	____	____
좋았다		
Poor	____	____
좋지 못했다		
Was the type of music being played acceptable?	____	____
음악은 만족스러웠나?		
Was the table clean?	____	____
테이블은 깨끗했나?		
Was the table neatly arranged?	____	____
테이블이 깨끗이 정돈되었었나?		
Was the menu clean and attractive?	____	____
메뉴는 청결하고 관심을 끌만 했는가?		
Was your chair clean?	____	____
의자는 청결했나?		
Was the general appearance satisfactory?	____	____
전반적인 현상이 만족스러웠나?		

General comments:
전반적 평가

부록

GLOSSARY

A・・・

• À La Carte

차림표를 기준하자면, 메뉴상의 각 항목에 대하여 개별적인 요금으로 책정되어 있는 일품요리를 말한다.

• Action Program

수행되어져야 할 특별한 것들이 게재되어 있는 계획을 열거해 놓은 것으로 이것에는 목표일과 일자가 승인된 지출(승인되지 않은 채로 산정한 비용과는 구별된), 그리고 업무이행을 위한 각자의 책임 등이 기록되어 있다.

• Add-On

추가, 예를 들면, 항공/해상 패키지는 출발도시에 따라 항해요금에 대한 다른 항공료를 추가함으로써 특징지을 수 있다.

• Adjoining Rcoms

객실과 객실 사이에 연결문들이 없이 이어져 배치되어져 있는 호텔 객실들을 말한다.

• Advance Purchase

할인된 요금과 계산형태의 변화를 제한하기 위하여 사용되는 일반용어이다. 일부는 일반적인 범주를 벗어나 30, 14, 그리고 7일의 선매입기간이 존재한다.

• Aft

배의 후미나 그 가까운 곳의 위치, 즉 후미 방향을 의미하지만, 일반적으로 후미쪽 만을 뜻하는 것이 아니다. 애프터 선실이 배의 바로 뒷부분에 있어야 할 필요는 없다.

• Agent

대개는 활동하는 사람(행위자) 또는 활동력이 있는 사람, 더욱이 다른 사람을 위하여 활동하거나 대표하는 자로서 주로 여행에서는 특정한 대행사를 말하며 대행자의 종류는 다음과 같다.

(1) 소매 여행 대리인 (2) 매표인, 상담대리인, 또는 매표대리인 (3) 고객을 위한 활동력을 지닌 사람 (4) 일반적으로 미국과 캐나다 이외의 지역에서는 고객이 아닌 여행사업에 있어서의 특정인, 예를 들어 소매여행 대리인, 수납대리인, 현지관리인 또는 도매상인을 지칭한다.

• Air/Sea

때때로 플라이/크루즈로 불리며 해상여행 그 자체에 탑승항구 여기저기로 항공운송을 조합한 특별한 배합이다.

• Alcove

보다 큰방으로부터 벗어나 있는 방으로 보통은 수면을 위한 특정장소이며 골방을 뜻한다.

• All-expense Tour

미리 정해진 가격에 의해 전부 또는 대부분의 서비스(운송, 숙박, 식사, 운임, 유람 등)를 제공하는 관광으로 All-expense 그리고 All-Inclusive라는 용어들은 오용되어 사용된 것이다. 포함될 여행계약서의 용어나 조건들은 정확하게 명시해야 하며, 대체로 어떤 여행가격도 모든 것을 포괄하게 되어 있지는 않다.

• American Automobile Association

미국자동차협회는 차량의 소유와 관리에 관련된 회원들에게 서비스들(여행정보, 고속도로와 법률서비스, 보험 등)을 제공하는 조직이다. 또한 AAA는 다중 소매 여행안내원 조직인 AAA World-wide Travel을 권장하고 있다.

• American Hotel and Association

미국, 캐나다, 멕시코, 그리고 중남미를 총괄하는 지역 숙박산업조직의 협회를 지칭한다. 즉, 매매연합기구이다.

• American Plan

침실과 3식을 포함하는 호텔요금(Modified American Plan 참고)을 말한다.

• American Sightseeing Association(미국관광협회)

국지여행자들의 국제판매조직을 뜻하는 에이시는 모체조직이 있는 선전용인 상업적 명칭이다.

• American Society of Travel Agents(미국여행업자협회)

미국과 캐나다의 여행사들과 대행사들이 주도하는 판매조직협회를 말한다.

• Amtrak

그 명칭대로 National Railroad Passenger Corporation(국유철로 여행공단)는 개개의 철도 회사들과의 계약을 통해 상호간의 열차들을 포함한, 전미 도시간 승객열차를 관장한다(전 미국 철도여객수송공사의 애칭).

• Apex

선불유람요금(항공)을 말한다.

• Association of British Travel Agents

영국여행자협회는 대영제국내에 있는 여행업자들과 관광관리자들의 고객관리협회를 지칭한 말이다.

• Association of caribbean Tour Operators

무역협회로 업계연맹의 하나이다.

• Atlantic Passenger Steamship Conference

대서양여객 운임동맹이란 북 대서양 지역에서 운영되는 선박의 요금을 결정하는 해운동맹을 가리키는 말로 최근에 International Passenger Ship Association의 결성으로 해체되었다.

• Auditorium Style

사회자나 무대를 마주보는 방법으로 복도에 배열한 의자와 열(Theater Style)을 말한다.

• Auditorium Style, Semi-Circular

사회자를 마주보는 의자의 열을 원호모양으로 변형(Senate Style)시켜 배치한 형태를 말한다.

• Auditorium Style, V-Shape or Herringbone

중앙복도에 V 자형의 각도를 갖춘 의자의 열로 밑끝이 중앙통로에 있도록 각지게 배치한 방식을 말한다.

• Australian Federation of Travel Agents

호주지역 여행사협회를 지칭한 말이다.

• Automation

여행관련 정보에 대한 전산화를 정의하기 위하여 사용되는 용어로 예약체계(시스템), 프론트 아피스 시스템, 전산시스템, 그리고 경영관리 정보시스템과 기술의 형태 등에 적용되어져 왔다.

• Available(Availability)

잠정적인 상태를 의미한 말로 예를 들어 "space available"이란 공간의 유용가능한지의 여부를 의미한다.

B • • •

• B and B

숙박과 아침식사를 뜻하며 특히 유럽의 개인주택이나 종종 여관에서 아침정식을 포함하는 객실가격으로 호텔에서는 종종 BP(버뮤다 플랜)이라 불린다.

• Back-to-back

항공기 무료탑승의 지루함과 기다리는 것을 줄이기 위해 공조된 둘 이상의 도착지점과 출발지점 간의 다중 항공협정일정을 표기한 것으로 보충하면, 계속적으로 이어지는 입실과 출숙을 말하며 여행도매업자와 여행사에 의해서 주선되는 호텔 단체고객의 도착과 출발이 계속적으로 일어나 객실이 항상 판매된 상태이다.

- Banquet Business

단체손님 또는 고객들이 개인당 최저 가격으로 미리 정해져 있는 음식서비스를 정규의 식당이 아닌 별도의 방에서 서비스를 받는 것을 지칭한다.

- Benefit Needs Segmentation

추구되는 이윤과 만족된 욕구 그리고 예를 들면, 피해져야 될 것들에 있어서 기준하여 보다 더 작은 분할상태로 시장을 정밀 분석하는 것을 말한다.

- Bermuda Plan

숙박요금 제도로써, 객실에 완전한 미국식 조식이 포함되어 계산되는 방식이다.

- Berth

필요한 공간은 아니지만 선박이나 열차에 만들어진 침대를 말하며 배가 도크에 들어가거나 정박하기 위한 부두의 공간을 뜻한다.

- Best Available

어떤 숙박을 제공하고 가능하다면 고객에게 질을 높여주는 원칙을 서약하는 조건, 즉 "당신이 가진 어떤 것을 요구할 것이지만 기꺼이 가장 좋은 것에 대해 지급할 것임" 등과 같은 대한 조건의 요구이다. 보충하면, 단골고객 또는 주요고객을 위한 호텔 서비스로서 가능한 한 고객에게 예약한 것보다 더 나은 객실을 제공하는 서비스를 말한다.

- Blocked Space

재판매의 기대에 있어 여행 대리점의 도매상에 의한 공급을 이루는 기탁금의 주체가 되는 예약을 뜻한다.

- Board of Directors Style

사면에 의자를 둘러 싼, 긴 직사각형으로 배치된 테이블의 조합이나 긴 테이블 모양의 배치를 말한다.

- Boarding Pass

선박, 항공, 기차 또는 다른 형태의 수송수단에의 탑승 허가를 뜻한다.

• Bonding

공급자 혹은 고객을 위한 보호 개런티, 프레미엄을 위한 구매등 여행산업에 있어서는 특정의 긴밀한 유래.

• Bonding

프로그램은 필수적인데 에에티시는 체납으로 인한 항공사들을 보호하기 위하여 여행사들이 담보물을 제공해야 한다고 주장한다. 캡은 포괄적인 여행약관을 주관하는 운영자들로 하여금 그들의 고객에 대한 약속 불이행에 대해 보호하기 위한 담보물을 제공하게 하며 어떤 여행자와 운영자는 그들의 고객을 보호하기 위하고 선전의 목적을 위해 자진해서 담보물을 제공한다.

• Booking Form

관광상품 구매자들이 누가 그 여행상품을 사는지에 대해 상세히 모든 것을 적는 문서로 즉 모든 구매하는 사람에 대하여 모두 작성되어야 하는 명세서를 관리자에게 주기 위해 작성하는 서류를 말한다. 그 안에는 구입되어지는 사항들이 기록되고, 각각의 항목들이 읽혀지고 이해되었다는 승인으로써, 날인이 되어 있어야만 한다.

• Bow

선박의 바로 앞면, Prow 라고도 불린다.

• Breakdown Time

기구를 재정비하기 위하여 이벤트나 연회 이후에 요구되는 시간을 뜻한다.

• British Tourist Authority

대영제국의 공직 정부여행 촉진대리점 즉 영국관광청을 지칭한다.

• Brochure

호텔에서 일반적으로 고객에게 해당 호텔의 광고나 선전목적으로 만든 소책자를 말한다.

• Bulk Fare

특정한 수의 좌석에 대한 정기계약, Blocked space와 유사하지만 관광관리자, 도매상 또는 여행대리인이 항공노선의 space back을 늦추기 위한 옵션이 없는 정가로써 항공좌석을 계약하는 점이 틀린다. 따라서 관리자, 도매인 대리인은 재고를 인정한다. 즉 사전에 일정한 수의 좌석을 계약하는 순요금을 말한다.

• Bump

중요인사에 의한 혹은 권위 있는 사람의 예약을 제공하는 것으로(우선권) 즉, 영향력에 의하여 승객이나 고객의 자리를 바꾸는 것을 뜻한다.

C • • •

• Cabana

호텔의 주된 건물로부터 수영장이나 해수욕장 가까이 위치한 호텔의 객실을 말한다.

• Cabin

선상의 침실로 육지의 객실보다 질이 떨어질 수 있다.

• Cambio

평가가 교환될 수 있는 사무실로 소위 화폐교환소를 말한다. 이 에스파니아어는 비스페인 지역에서도 사용되어진다.

• Caribbean Cruise Association(카리브 선박여행협회)

카브리해 유람선 여행을 관리했던 해상노선의 매매협약, 최근 International Passenger Ship Association의 결성과 함께 해체되었다.

• Caribbean Travel Association(카리브 여행협회)

카브리해 국가정부에 의해 주도되는 협력 촉진 대리점을 말한다.

• Carrier

승객이나 물품을 운송하는 불특정 업체를 지칭한다.

• Cash Bar

고객들이 주류를 구입하는 객실내의 bar를 말한다.

• Channels of Distribution(유통경로)

차량을 통한, 여행관련 상품이나 서비스들이, 공급자에 의하여 시장화 될 수도 있으며, 혹은 고객에 의해 구매되어질 수 있다.

• Charter

전세, 대절에 대한 배나 항공기 등의 독점적 사용을 뜻한다.

• Charter Flight(전세항공편)

일반적으로 같은 조직체 구성원들, 또는 동일한 주최자의 고객들, 혹 같은 포괄여행챠터의 프로그램에 의하여 여행하는 사람들의 특별한 단체 혹은 단체들의 사용을 위하여 예외적으로 가입되어 있는 비행기를 말하며, 챠터는 일정시간에 맞춘 비행 서비스보다 매우 저렴하지만 매우 특별한 조건하에 있는 개인과 단체에게만 사용가능하다.(포괄여행 장을 참고)

• Check-in

숙박장부에 서명하는 것을 포함하여, 호텔에 도착하는 투숙객이 행하는 과정을 말한다.

• Check-in Time(숙박개시시간)

대부분 호텔일과는 오전 6시에 시작한다. 하지만 도착 손님이 예정된 체크아웃 시간 이후까지 그들의 방에 투숙하지 못할 시에는 보통 1시로 한다.

• Check-out time(숙박종료시간)

모든 호텔들은 손님들이 그들의 방을 비워야 하는 시간이 필수적이지는 않지만 보통 오후 1시를 게시한다. 늦은 체크아웃은 가끔 허용되지만 호텔경영자에 의해 승인되어져야만 된다.

• Child

여행에 있어 여행공급자는 어린이들의 연령제한을 규정하고 있다. 어린이에 대한 호텔의 요금률 체계는 각기 다르지만 낮게 적용되며 다양하다.

• City pair

둘 또는 그 이상의 도시들, 예를 들어 보스톤과 뉴욕같이 그들 전체 여행 중 중요한 부분을 위해 도시간의 여행을 구분하는 것을 말한다.

• City Terminal

공항내에 있지 않는 항공권 발매소로 승객들이 비행기를 타기 위한 출국수속, 화물수속, 좌석배당, 공항의 안전한 수송을 위한 업무를 한다.

• City Ticket Office(전담 매표 사무소)

터미널 외부에 위치한 수송 티켓은 터미널 밖에 위치한 사무실이나 카운터에서 판매한다.

• Civil Aeronautics Board(미국 민간 항공위원회)

미국 안팎으로 다니는 규정된 국내항공통상과 국제항공통상의 연방회사로 CBA는 항공 조종사와 그들의 노선에 대한 조종훈련과 스케줄, 요금, 다른 사람들을 다루는 것과 다른 여행사업 구획과 대중에 대한 권한을 가지고 있다. 실제적 CBA는 1980년대 폐지되었다.

• Civil Aviation Authority(민간항공국)

노선 허가, 안전 기준, 교통통제의 책임을 가지고 있는 영국 민간항공국을 말한다.

• Client

여행사의 고객을 지칭한다.

• Coach Service

국제적 경제평등에 있어 미국 국내 여행자의 짐을 운반

• Collateral Materials

재화와 서비스 판매를 도와주는 프린트로 된 지원물로서 브로셔, 덴트 카드, 포스터, 안내판, 지도, 가이드, 메뉴 게재, 비행기, 여가 증진 방안, 기타 등등을 표시하고 있다.

• Commercial Rate

특정한 회사나 호텔의 계약에 의해 책정되는 할인요금(또는 다른 대량 구입)으로 보통 그 호텔은 특별한 질이나 더 나은 균일가의 방을 제고하는 것을 말한다.

• Commitment

미팅계획자와 시설계획자 둘에 의한 상세화된 협정에 동의하는 것을 말한다.

• Common Rated

특정 출발지점에서 두 개 또는 그 이상의 비교적 근접한 목적지일 때 동일한 요금을 내는 것을 말한다.

• Compartment

일반적으로 철도역의 구간으로 열차 한칸의 일정부분을 말한다.

• Competition

자신의 시장 안에서 고객을 유인하기 위해 경쟁하는 어떤 상업적 관심이나 제상품 또는 개념을 뜻하는 말로 자신의 것과는 완전히 다른 생산물이나 개념일 수도 있다.

• Concierge

실제로 모든 호텔들(그밖에), 손님들을 위해 비교적 중요하지 않은 서비스(화물운반, 우편물 집배, 예약, 기타 등등)를 제공하는 감독자를 말한다. concierge는 종종 호텔과 그 두 도시 사이에 있는 손님을 연결한다.

• Conduct Tour

미리 예정된 여행 프로그램으로 보통 단체이며 가이드에 의해 안내된다. 완전한 안내관광, 에스코트, 또는 가이드 서비스는 처음부터 끝까지 제공되며 관광일정은 안내원에 의해 행해지는 것을 말한다.

• Conference

운송연합회사가 그들 구성원의 상호 이익을 위하여 설립한 규칙으로 그밖의 다른 일들 중에는 어떤 동맹은 요금을 정하는 것일 수도 있는데, 예를 들면, 루트를 배분하고, 안전 서비스 그리고 윤리적 기준을 명확하게 하고 강화하며, 그리고 그들 구성원과 함께 영업을 하는 다른 사람들의 행동(예를 들어, 여행사)의 지배를 위한 규칙을 정하는 일을 한다.

• Configuration

운송수단(차량), 특히 비행기 내부배열을 뜻한다. 예를 들어 똑같은 항공기는 190명을 위한 배열일 수도 있고 12개의 일등좌석, 승객 그리고 170명의 2등 승객을 위한 것일 수 있으며 12개의 일등석과 100명의 2등 승객, 그리고

2개의 화물 파레트 또는 비행기의 용도 안에서 다른 조정을 위한 것일 수도 있다.

• Confirmed Reservation

공급자(수송자, 호텔, 자동차 임대회사 등)가 예약을 받았고 승낙할 것이다라는 구두 또는 문서로 된 진술을 말한다. 구두확인은 실제로 법률적 가치가 없으며 심지어는 서면 또는 전보에 의한 확인조차 제한을 주고 규정하고 있다. 예를 들어 호텔은 오후 6시 이후에 도착한 손님이라면, 만약 늦게 도착한 것이 특별하지 않다면 예약을 받아들일 의무가 없다.

• Connecting Flight

승객이 비행기를 갈아 타고 계속 여행하는 지점의 한 부분을 말한다. IATA규정에 의하면 비행기 연결은 승객들이 그들 비행기 또는 다음 비행기를 타기 위해 24시간 이상 기다릴 필요가 있을 때는 도중하차(단기체제)가 된다고 하였다.

• Connecting Room(통용객실)

각각의 문들을 가지고 있는 2개 또는 둘 이상의 방들이 호텔의 복도를 사용하지 않고 한 방에서 다른 방으로 접근할 수 있는 객실을 말한다.

• Consumer Perspective

소비자가 자사의 상품이나 서비스의 제공에 대하여 어떻게 생각하는가 하는 것을 말하는 것으로 상품이나 서비스제공을 상품판매나 운영면에서 바라보는 것이 아님.

• Continental Breakfast

최소한의 음료(커피, 차 또는 우유) 그리고 롤빵이나 토스트 때로는 과일쥬스도 포함한 조찬을 말한다. 호랜드와 노르웨이에서는 치즈, 냉동고기 또는 생선도 포함된다.

• Cotinental Plan

객실과 continental breakfast가 포함된 호텔요금을 지칭한다.

• Cooperative Promotion

2개 또는 그 이상의 서비스의 공급을 포함한 판매촉진 또는 그들의 상호 이익을 위하여 공동으로 발기하여 함께 결합한 촉진상품을 말한다.

• Co-oping

달러 압박으로 혼자서 운영할 수 없을 때 광고하기 위해 다른 회사와 함께 결합하는 것을 말한다. 지역이나 시장과 같은 좋은 요소를 증진시키기 위해 결합하는 형태이다.

• Core Market

자사의 상품이나 서비스에 대한 지속적이고 중요한 핵심구매자인 소비자를 지칭하는 말이다.

• Cost-Plus Theory

수요감소시기에 판매를 자극하기 위해(적합하고 다양한 가격수준 하에서) 가격할인에 의해 상품이나 서비스를 제공할 필요성을 인식하는 것을 뜻한다.

• Coupon, Flight

승객이 구입한 경로가 표시된 1인용 승객표를 말한다.

• Coupon, Passenger

승객의 운송계약에 대해 문체로 기록되어 있는 1인용 항공표.

• Creative

새로운 사업, 특히 항공사의 신상품을 가리킨다. 창조적인 여행사는 아마도 여행에 대한 사람들을 포함하여 새로운 상품을 만들어 낼 수 있을 것이다. 항공 마케팅은 보다 큰 기쁨과 단체판매를 하는 회사는 사업자 일대일 판매(point-to-point)를 하는 여행사보다 더 창조적이라고 믿는다.

• CRT

컴퓨터 데이터 베이스를 가지고 여행공급자가 정보를 보여주고 직접 대화를 할 수 있는 컴퓨터와 연결된 화면을 말한다.

• CTC

시티시는 ICTA에 의해 2년 과정의 대학원 수준의 여행 경영프로그램을 마치고 5년 또는 그 이상의 현장 경험을 가진 여행전문가에게 주어지는 명칭이다.

• Customer Needs

소비자의 욕구는 그들이 정말로 상품에 있어 바라는 것이 무엇인가 하는 것을 말하며 그것은 소비자가 상품으로 만족할 것이라고 바라는 것이다. 이것은 소비자의 "필요"와 "욕구" 등과 같다.

• Customer Perceptions

지각은 소비자가(그들의 마음속) 나름대로 상품을 바라보는 방법을 말한다. 그것은 소비자의 이미지가 상품이다 라는 것을 포함한다. 이것은 매우 중요한데 그것은 소비자의 이미지는 대부분 경영자가 생각했던 것보다 다르기 때문이다.

• Customer Satisfaction

고객만족이란 서비스의 수준과 상품의 질을 가지고 소비자의 욕구를 정의내리는 회의인 마케팅 메시지와 관련된 가격에 의해 전달된 기대와 조화에서 나타난다.

• Cutoff Date

미팅계획자(예약자)가 연기하거나 방 요구를 추가시켜야 할 때의 날짜를 뜻한다.

D • • •

• Dais

맨 앞의 테이블이 위치한 높은 연단을 말한다.

• Day Rate

호텔객실의 사용이 하루밤을 넘기지 않을 때의 특별요금으로 보통 오전 6시와 오후 5시 사이에만 유효하다.

• DBA

(예를 들어 Doe여행사가 D여행 관광으로서 사업을 할 수 있는 일) 사업차 하는 일이란 뜻의 약어이다.

• Deadhead(무임 비행 및 승객)

무임승차권으로 여행하는 자를 뜻하며 더욱 특별한 경우, 항공기 승무원이나 운송선원 모든 비행기, 배 또는 자동차를 지불요금없이 통과하는 것, 빈 자동차를 운전하는 것 등의 경우이다.

• Delivering Airline

운송수단 즉 이어 타는 지점까지 승객들을 운송하는 것을 말한다.

• Delivery Package

공적관계 프로그램의 효과적 수행을 할 수 있기 위한 준비가 됐다고 확신하는 요구된 형식, 복사, 사진, 사실서, 그리고 전기를 포함한 필수적 도구를 지칭한다.

• Deluxe

여행용어로 아마 "최고의 수준"의 사무평가제도(공공적인 요금체계) 부분으로서 사용되어지는 곳을 제외하고는 의미없는 용어로 많은 점에서 잘못 사용되어 졌다.

• Demi-Pension

침대, 아침식사, 점심이나 저녁식사 둘 중의 하나를 포함한 호텔요금을 말한다.

• Demographic Segmentation(인구 통계구분)

나이, 성, 소득, 자가소유, 물질적 상태, 직업, 교육 등과 같은 특성에 의해 시장을 나누는 것을 말한다.

• Deposit Reservation

호텔이 미리 묵기 최소한 하루 전에 현금지급을 받고 손님의 도착에 상관없이 객실을 잡아 놓을 의무가 있는 예약을 말하며 대부분 상업호텔들은 예약이 최소한 48시간 이전에 취소되지 않는다면 예치금을 반환할 의무가 없다. 휴양지 호텔들에 있어서 취소제도는 달라서 미리 확인해야 한다.

• Deregulation(규제완화)

1980년대 미국 정부는 여행에 대해 더 많은 무간섭(방임)주의 체제를 설치하였다. 이러한 일반적 운동은 규제완화로서 알려졌다. 규제완화 하에서 합병, 취득, 새로운 요금과 루트 구조들, 그리고 상당히 수직적이고 수평적인 통합이 발생하였다.

• Destination

여행자가 가고자 하는 곳으로 여행산업에 있어 관광자에게 단순한 실재로서 시장이 될 수 있는 어떤 도시, 지역 또는 나라를 말한다.

• Direct Face-to-Face Sales

직접적으로 본인 자신이(직접 판매) 또는 일 대 일(개별판매)로 판매하는 것을 말한다.

• Direct Flight

승객들이 비행기를 바꿔 타지 않아도 되는 항공편을 말한다.

• Direct Mail

판매촉진 편지로 종이 또는 어떤 판매원과 일치되는 것을 예상 고객에게 보내는 것을 말한다.

• Discount 50 Fares

북미를 방문하는 해외여행자에게 보통요금의 50%를 할인해 주는 요금을 말한다.

• Discover America Fares

실제미국(항공) 운임이란 미국에서 항공노선을 제한하는 특별시간을 포함해서 여행을 제한하지 않는 관광객에게 부과하는 항공관세를 말하며 일부 버스노선의 경우에도 이와 유사한 요금이 있다.

• Discover America Rate

실제미국요금은 미국의 호텔들과 관광지에서 외국관광객들에게 할인요금을 제공하는 것을 말한다.

• Discover America Travel Organizations

실제미국여행협회란 여행을 촉진시키기 위하여 미국내에 결성된 정부조직과 민간기업협회의 대규모 비영리 단체의 전이름을 말하며 현재로는 티아

(TIA : 여행업협회(Travel Industry Association)로 흡수·통합되었다.

• Discriminatory

차별운임은 운임을 조사하여 어떤 사람(서비스에 종사하는 남성 및 여성, 청년, 노인 등등)에게는 더 낮은 요금을 적용하는 것을 말한다. 그와 같은 촉진운임은 계속될 것이며 언젠가는 성공할 것이다. 그리고 부적합한 사람들에게 공정하도록 촉구할 것이다.

• Double

더블(두배)이란 대략적으로 2인용 호텔객실을 말한다. 더 상세히 말하면 한 객실에 2인용 침대가 있는 방을 말한다.

• Double Bedroom

더블침대란 침대 한 조를 가리킨다.

• Double-Double

트윈더블을 말하는 것으로 2인용 객실에 침대가 2개 있는 것을 말한다.

• Double Occupancy

객실 두 개로란 한 객실에 대하여 1인당 요금을 다른 사람과 분담하는 것을 말한다. 그 요금은 흔히 여행팜플렛에 소개되어 있다.

• Double Room Rate

2인용 객실요금은 2인용 객실료의 전가격을 말하지만 주의해야 할 점은 일반사람들이 객실두배로라고 생각하는 것은 두배(더블)라고 부른다.

• Downgrade

등급하향은 서비스(봉사)의 수준이나 숙박의 등급이 낮은 것으로 옮기는 것을 말한다.

• DSM(District Sales Manager)

디스엠이란 지역(지방)판매경영자의 약칭이다.

• Duplex

이중방이란 사적인 사닥다리(계단)가 연결된 한조의 이층으로 된 객실을 말한다.

E • • •

• Economy Fare or Service

보통운임 또는 서비스란 미국에서는 국내항공노선일 경우 일반좌석보다 한 단계 낮은 칸을 이용하는 것을 지칭하며 국제선일 때는 일등석보다 낮은 칸을 말한다.

• Efficiency

일종의 효율적인 요리시설기구가 있는 숙박소를 말한다.

• English Breakfast

일반적으로 영국과 아일랜드지역에서 제공되는 방식으로 보통은 과일과 과일쥬스, 뜨겁거나 찬 cereal(곡물), 베이컨과 햄에 소스를 곁들이거나 훈제청어, 계란, 빵, 버터, 잼 또는 마말레이드(엷게 썰어 설탕에 조린 오렌지나 레몬), 그리고 차와 커피가 제공된다.

• Eurailpass

유럽철도통행은 특별히 일정기간의 날짜를 저렴(할인)하게 판매하는 것을 말하며 유럽 13개 국을 거칠 때 무제한적인 일등석 여행을 제공하고 있다. 또한 학생과 어린이에게도 이용가능하며 적용된다.

• European Civil Aviation Conference

유럽식 민간항공협정은 유럽지역내에서 항공무역촉진에 관여하는 협정을 말하며 국가는 민간항공 감독자들을 대표한다.

• European Plan

숙박요금제도의 하나로서 식사가 제공되지 않는 객실료만 계산하는 제도이다. Excursion Fare 회유운임(回遊運賃)은 순환운송여행시 편도(단일구간)운임구성의 합계비용보다 적은 비율로 적용되는 것을 말한다.

• Exposures

노출이란 광고를 통해 소비자의 수를 실제적으로 보거나 듣는 것을 말하며 만약 국내방송 TV가 주시간 때에 100만명의 사람에게 노출된다고 한다면 한

편의 광고는 100명의 사람에게 다다를 수 있다.

• Extension

확장은 여행 또는 순항 구매자에게 완전계획 부속여행상품을 특별요금에 선택적으로 제공하는 것을 말한다. 기본여행상품 후나 기간 전에 생길 수 있다.

F • • •

• Familiarization Tour

여행상품판매를 자극하기 위하여 특별 관광목적지를 숙지시키기 위해 여행자와 항공종사원 또는 둘중 한 사람에게 의례적으로 할인된 여행일정상품을 제공하는 것을 말한다.

• Family Plan

가족경영이란 운송업자들이 두 번째 또는 계속 함께 여행하는 가족에게 할인된 여행일정계획 상품을 제공하는 사업경영을 말한다.(종종 호텔과 휴양지 호텔에서)

• Feeder City

지선도시는 다른 도시를 주 여행지로 발전시키는 원동력이 되는 도시를 말한다. 예를 들면 로스앤젤레스나 라스베이거스의 관계이다.

• First-class fare or Service

일등요금과 서비스란 항공, 철도, 그리고 해양 여행시 최고의 대우와 가장 비싼 가격으로 가는 것에 대한 요금과 서비스를 말한다.

• First-class Hotel

보통은 상당한 수준의 호텔을 지칭한다.

• Fit

피트는 외국단독여행(Foreign Independent Travel)의 약자이다.

• Flag Carrier

포장도로 운송은 정부가 국제서비스를 제공하기 위해 설계한 운송시설물을 말한다.

• Flight

비행이란 항공기 일정을 알려주는 것으로 출발지에서 목적지까지의 계획된 착지에 이르기까지의 비행기 수를 표시한 것을 말하며 단독으로 운영된다.

• Flyer

우편광고업자는 잠재고객들에게 인쇄된 광고물을 배부하는 자를 말하며 주로 우편을 이용한다.

• Folder

소비자는 여행공급자들의 광고를 인쇄한 것을 뜻하며 기술상으로는 팜플렛이 아니다.

• Foreign Independent Travel

외국단독여행은 국제여행이며 선불여행으로 보통은 안내원이 동승하지 않지만 안내원이 가끔씩 일부 관광지(세분지역)에서 안내하는 경우도 있으며 피츠는 특별히 개인고객이나 고객을 위해 계획된 것이다.

• Foreign Independent Travel Operator(or Wholesaler)

외국단독여행 도매업자는 소매여행사의 요구에 피츠(FITS)를 준비하거나 운영하는 전문가를 말한다.

• Forward

앞부분이란 배의 정면이나 그 근처부분으로 정면을 가리키는 말이다.

• French Service

프랑스식 서비스란 각 음식물을 웨이터(종업원)가 봉사하는 것으로 완벽하게 조리된 요리(음식물)을 마주보고(반대편) 서서 제공한다.

• Frequent Traveler Programs

단골여행자프로그램은 호텔을 이용한 것에 대한 보답으로 상품이나 서비스를 단골 플라이어(우편광고업자, 항공자)와 고객 또는 둘 중 한 사람에게 다양하게 보상함으로써 그들을 고취시키는 것으로 1980년대에 유행한 촉진의 한 방법을 말하며 상표충성도를 세우기 위해 시도되어진 것이다.

• Full Pension

전연금이란 유럽에서는 특히 미국식경영요금처럼 매 3식을 포함한 호텔요금을 칭한다.

• Function Room

회의용 방은 침실이 아닌 모임이나, 만찬, 전시회, 접대, 기타 등등에 적합한 방을 일컫는다.

G • • •

• Garni

가니는 유럽식 호텔처럼 대륙식 조찬을 제외한 레스토랑 서비스가 없는 것을 말한다.

• Geographic Segmentation

지리적 세분화란 지역, 주, 지구, 분계선, 대도시, 시, 분할지구, 우편번호 등으로 하여 시장을 전단적(조정)으로 분리한 것을 말한다.

• Git

단체포괄여행의 약자(Ground Inclusire Tour)

• Ground Service

지상서비스는 광의로는 목적지에서 받게 되는 모든 서비스(목적지까지의 여행방법을 배제함)를 말하며 방, 음식, 음료, 지방여행 등이 포함된다.

• Ground Inclusive Tour

단체포괄여행이란 특히 최소의 크기, 구성요소, 그리고 가격 등을 미리 지불(선불)하는 여행형태를 말한다.

• Ground Inclusive Tour Fare

단체포괄(수배)여행요금은 항공요금의 일종으로 단체포괄여행시 적용된다.

• GSA(General Sales Agent)

지사(총판매대리점)는 보충설명-항공사가 해외의 항공시장에서 지점이나 영업소를 개설하여 판매활동을 적극적으로 전개하기 힘들다고 판단될 때, 다른 항공회사나 여행사 등과 같은 기업들을 총판매대리점으로 지정하여 해당 국가 또는 해당지역내에서 대리점을 감독하고 홍보 및 선전활동을 전개하도록 하는 것을 말하며 당해국 정부와의 교섭창구로 활용하는 경우가 있다.

• Guaranteed Payment Reservation

보증지급예약은 호텔예약시 고객이 방을 이용하거나 사용하지 않았더라도 고객이 지급할 것을 동의한다는 것을 보증하는 것을 말하며 지급은 회사, 여행사, 또는 여행도매업 등의 호텔에서 신용이 있는 자가 주로 보증한다.

• Guaranteed Tour

보증여행이란 계획된 취소 날자전(주로 출발전 60일 이내)에 취소를 하지 못하도록 여행을 보증하는 것으로 마감 이후 취소시에는 예약을 확인한 대리점에서 전 수수료를 지급한다.

H・・・

• Head Tax

인두세란 몇몇 국가에서 시행하고 있는 것으로 매번 승객의 도착이나 출발시에 부과하는 요금을 말한다.

• Heavy User Segmentation

과사용자 세분화란 상품서비스를 가장 빈번하게 이용한 소비자를 정의하는 것으로 시장세분화의 한 방법중의 하나이다.

• Hollow Circular Style

중공(구멍)원식 배치는 정방형 모양과 같지만 원형태로 식탁을 곡선모양으로 놓는 것을 말한다.

• Hollow Square Style

중공(구멍)정방식은 홀 한가운데가 있는 정방형 형태로 식탁을 정리하는 것으로 의자가 각 식탁의 바깥쪽에 위치한다.

• Horseshoe Style

편자식 배치란 편자모양으로 식탁을 꾸미는 것으로 공간이 필요해서 안쪽으로 의자를 배치하는 것을 제외하곤 바깥쪽으로 의자를 배치하는 것을 말한다.

• Hospitality

환대·서비스를 일컫는 말로 접대를 위해 사용되는 호텔 방으로 주로 모임용 방이나 특별휴게실을 일컫는다.

• Hospitality Suite

접객용 객실(무료로 제공되는 방)은 회의 참석이나 그와 유사한 모임에 참석하는 손님을 접대하기 위한 호텔접객실, 특별휴게실, 스튜디오실을 말한다.

• Hostel

청년 특히 자전거·도보여행자를 위한 숙박소를 말한다.

• Hostelry

넓게는 여행자에게 숙식 또는 둘중 하나를 제공하는 숙박시설을 갖춘 여관을 지칭한다.

• Hotel Classifications

고급호텔은 모든 객실이 개인욕실이 있으며 모두 일반객실 사용이 가능하고 서비스가 제공된다. 장식과 서비스가 고급수준으로 유지된다. 일등급호텔은 적어도 일부 객실에는 개인욕실이 있으며 대부분이 일반객실을 사용가능하며 서비스가 제공된다. 관광(보통 또는 2등급)급 호텔은 개인욕실이 없거나 소수이며, 그리고 서비스가 매우 제한되어 있다. 공식적인 호텔 및 휴양지 호텔 가이드는 더 나아가 이 3개의 등급을 상급, 보통급, 그리고 일반급 등으로 3개의 범주로 분류하고 있다. 따라서 상위고급호텔의 요금은 세계에서 가장 비싸며, 보통급 또는 일등급은 중간정도이다. 오에치알지(공식적 호텔 및 휴양지호텔 안내서)는 상류층 관광객들의 비율이 적은 호텔은 서부지역 출신들이 이용했기 때문이라고 발표했다. 더욱이 대부분의 정부들이 특 1급 호텔이 최고라는 생각에 자신들의 호텔들을 국제적인 특급제도에 의하여 평가하고 있다. 일부국가들은 호텔평가지에 세심하고 일반적으로 유용하나 대부분의 국가에서는 사용하지 않고 있다. 일반적으로 일등급(별 3개)과 더 좋은 호텔(소수의 2등급)들은 서부여행자들에게 적합하다고 믿고 있다.

• Hotel Package

호텔 브랜드(brand)상품은 휴양지 호텔에서 스포츠시설물들의 이용과 방의 추가와 식사포함을 말하며, 전형적으로 교통수단이 포함될 수 있다.

• Hotel Register

호텔 명부(등록)은 모든 호텔이 도착과 출발(퇴실)을 하는 고객에게 도착시에 서명케 하는 상비적인 기록물이다.

• Hotel Representative

호텔대리점은 도매업, 여행사, 그리고 일반인 등에게 호텔예약을 제공하는 개인사업자나 회사를 지칭하는 말로 계약호텔들로부터 기본료를 제공받는다. 또한 많은 호텔대리점들이 마케팅과 다른 서비스를 제공하고 있다.

• Hotel Sales Management Association

호텔판매경영협회의 전문단체를 지칭한다.

• Hotel & Travel Index

호텔·여행사 목록은 지프·데이비스가 2만개 이상의 대표적인 호텔들과 세계도처의 휴양지 호텔들의 부담(담보)료, 수수료, 수용력, 서비스, 위치에 관해 연 4회 색인한 것을 말한다.

• Hotelier

호텔경영자를 말한다.

• Housing Bureau

회의와 그밖의 큰 집회에 대한 숙박시설의 어음교환소(clearing house)를 운영하는, 종종 정부가 후원하는 조직을 말하며 한 지역의 정규적인 숙박산업을 보강하고 개인 숙박시설의 등록을 지속하기 위해 종종 주요 관광행사가 진행되는 동안 일시적인 기초에 의해 설립된다.

• HSMA

Hotel Sales Management Association의 약자이다.

• HTI

Hotel & Travel Index의 약자이다.

• Hubes

탈규제의 시대인 80년대에 나타난 용어로 Hub개념은 그 단어가 의미하는 것처럼(중심, 바퀴통) 운송수단의 항공노선이 수렴하는 중심지. Hubes는 경쟁력, 비경쟁적 가격매김에 덧붙여서 개인의 시장 공유의 주요이득을 가져온다.

I・・・

• IATA

International Air Transport Association의 약자이다.

• ICAO

International Civil Aviation Organization의 약자이다.

• Incentive Travel

직원이나 판매대행사의 생산을 자극하기 위해 상으로 주는 여행 또는 그런 여행프로그램을 운영하는 사업을 말한다.

• Inclusive Tour Charter

총괄적인 관광여행을 하는 항공 전세계약, 확대해서 ITC는 기본운송이 전세 항공기에 의해 제공되는 개인이 구입할 수도 있는 관광여행 상품에 대한 거래전문용어이다. 특히 미국에서는 ITC 여행 안내와 관광여행요소들, 최소가격들은 엄격하게 확정된다.

• Inflation Rate Plus Concept

요금의 증가는 이익목표에 물가상승률을 더한 것이어야 한다는 전제에 기초하여 요금이나 가격을 증가시키는 방법을 말한다.

• In-house Profit Centers

호텔, 레스토랑이나 어떠한 운영체 내에서, 이익과 수익창출 잠재력을 가지고 있고, 그 자체로서 수익거점으로 정의되는 지역을 뜻한다.

• In-plant Agency

한 회사의 구내에 위치해 있고 그 회사만을 위해 사업하는 여행사의 판매대리점으로 구내(In-Plant) 항공수수료는 보통 지급되는 것보다 싸다. 이런 견지에서 소수의 여행사만이 구내지점을 계속했다.

• In-room Merchandiser

유일의 또는 여러 가지 마케팅과 판매 메시지를 담고 있는 판매촉진장치로서 얇은 판의 플라스틱이나 가죽으로 된 접는 것, 텐트식의 카드, 소책자 등일 수도 있다.

• Interchange Plight

승객이 비행기의 경로를 바꿀 것을 요구하는 직행비행을 말한다.

• Intermediary

여행상품이나 서비스의 소비자와 이런 서비스의 공급자 사이에 있는 개인이나 회사를 지칭하며 중개인들은 자주 소비자를 대신해 결정을 한다. 여기에는 2개의 집단 또는 형태가 있는데, 수수료를 버는 상업적인 부류와 다른 사람들의 여행계획을 짜는 봉급받는 직업을 가진 고용된 부류가 있다.

• International Air Transport Association

국제적인 서비스를 운영하는 항공회사들의 국제교류협회를 뜻하며 IATA는 요금, 서비스의 조건들, 완전성기준 등을 규정하고 가능한 항공운송의 통일된 세계체제를 만드는 조직체를 제공하는 초국가적인 조직으로 운영된다.

• International Civil Aviation Organization

기술자재, 서비스와 훈련을 표준화함으로써 국제민간항공의 안전성을 촉진하기 위해 UN과 관련해서 활동하는 124개국의 정부들로 이루어진 조직을 말한다. ICAO는 또한 항공회사와 정부에 경제적이고 통계적인 서비스를 제공하고 기술적인 지원을 개발도상국가에까지 확대한다.

• International Hotel Association

유럽에 기반을 둔 교류협회를 지칭한다.

• International Union of Official Travel Organizations

관광여행의 증진을 위한, 국가적인 정부 기관의 세계협회.

• Interstate Commerce Commission

각 주 사이의 상행위를 감독하고 조정하는 연방기관으로 버스와 motorcoach 운영자에게 면허를 주기 때문에 여행과 특히 관련이 있다.

• Intrastructure

간단히 말하면, 관광산업을 뒷받침하고 있는 모든 것을 뜻한다. 법적으로는, 여행과 그 관계된 산업을 조정하거나 촉진시키는 정부와 준정부기관이며 물리적으로는, 개발지역에 있는 관광산업을 지원하기 위한 공공사업(고속도로, 식수공급, 전력 등), 개발지역에서는 전체토지 운송, 숙박, 레스토랑, 유흥과 문화적 기반 등이 있다.

• Introductory Promotion

시장에 새로운 상품 또는 서비스를 도입하기 위해 계획된 촉진책을 말한다.

• ITC

Inclusive Tour Charter의 약자이다.

• Itinerary

여행사나 그 고객에 의해 제공된 여행일정표, 제안된 또는 예비적인 여정표는 불확실하거나 매우 특정적일 수 있다. 그러나 최종적인 여정표는 계획된 활동을 설명할 뿐만 아니라(항공편, 출발시간 등) 모든 세부사항을 기록하고 있다. 그것은 출발하기 바로 전에 전달되어야 한다.

• ITX(Independent Tour Excursion Airfare)

특정 목적지로 가는 육상여행복합상품에 대해 미리 지급하는 여행객들에게 이용 가능한 요금. ITC와는 달리 ITX요금으로 여행하는 승객은 독립적으로 여행할 수도 있다.

J...

• Japan Association of Travel Agents

교류협회의 하나를 지칭한다.

• Joint Fare

둘 이상의 항공회사의 특별직행 여행요금을 뜻한다.

• Junior suite

분리대가 있어 침실과 응접실이 구분되는 호텔의 큰 객실을 말한다.

L...

• Lanai

베란다로 여행에서 일반적으로 휴양호텔에 있는 호수나 정원을 건너볼 수 있는 발코니나 파티오가 있는 객실을 지칭한다.

• Leg

두 개의 여정에 있는 지점 사이의 여행의 부분을 뜻한다.

• Letter of Agreement

기관의 제안에 대한 회합, 계획자의 확인서류, 사본의 양면에 신청과 동의의 두 가지를 모두 서명해야 한다.

• Level of Expectation

상품이나 서비스가 실제로 충족시킬 수 있는 것보다 더 많은 약속을 광고에서 하지 않는다는 개념을 반영하는 광고의 기본 전제이다.

• Lido

수영장과 그것을 둘러싸고 있는 지역을 말한다.

• Low Season

일년 중 관광지에서 관광이동(그리고 종종 요금)이 가장 저조한 때를 가리킨다.

M • • •

• Market Segment

세분화는 전체시장에서 공통적인 특징을 가진 소비자군을 분리하는 것으로 시장을 분할하는 방법에는 여러 가지가 있다. 가장 널리 이용되는 것은 인구통계학(나이, 수입, 성별, 교육 등)에 의한 방법이다. 두 번째 방법은 통계심리학을 이용한 것이다. 그 방법은 시장을 "필요(needs)나 심리적 동기"로 분할한다. 그러므로 need 구분은 모두 공통의 욕구나 이익을 공유한다. 이런 필요나 이익은 항상 인구통계적 방법을 따르지는 않는다.

• Market Share

상품이나 서비스가 전체시장에서 차지하는 부분으로 보통 백분율에 준해서 또는 한정단위로 표현된다.

• Marketing Planning

최고의 마케팅 팀의 경험적 판단을 결합하고 유용한 사실을 이용하여 시장을 연구하고 그것의 경향을 확인, 측정하고 주요 마케팅 대상들을 개발하고 프로그램들을 지원하는 조직화된 과정으로 대상들(적정한 시간, 기대된 결과)의 개발과 이런 대상에 대한 실제적인 성취를 추적하는 것을 포함한다. 그것의 목적은 가장 효과적인 방법으로도 유용한 최소한의 노력과 자원을 가진 최대한의 요구된 결과들의 성취이다.

• Marketing Position Strategy Grid

경쟁상태에 있는 시장점유율과 이익을 개선하기 위하여 선택된 전략들에 도움이 되도록 만든 분석도구의 한 방법을 말한다.

• Media

광고할 수 있는 수단으로 방송미디어에는 TV와 라디오가 있으며 인쇄 미디어는 잡지, 신문, DM, 소책자(전화번호부의), 업종별 페이지, 옥외광고 판매대 등을 포함한다.

• Mobil

별 1개(최저 등급)부터 별 5개(최고 등급)까지에 걸쳐 별 개념을 이용하는 숙박시설에 대한 국가적 등급체계를 뜻한다.

• Modified American Plan

아침식사와 점심이나 저녁중 하나를 포함한 호텔 객실요금을 지칭한다.

• Mon and Pop Shop

남편과 아내에 의해 운영되는 작은 여행사로 넓은 의미로는 독립된 소규모 사적 대행사이다.

• Motel Association of America

미국 대륙에 위치해 있는 모텔경영자의 교류협회를 말한다.

N • • •

• National Air Transport Conference

미국 주(州)간 통근자의 정규 항공 택시 및 3등급 항공사들의 교류협회를 지칭한다.

• National Tour Brokers Association

미국 관광중개인들의 교류협회를 말한다.

• National Transport Safety Board

모든 형태의 공공운송의 안전성 기준을 개발하고 사고를 연구하는 운송기관의 부서를 지칭한다.

• Net Rate

소비자에 대한 재판매에서 값이 올려진 도매요금을 말한다.

• No-show

예약을 이행하거나 취소하거나를 하지 못한 승객이나 손님으로 예약이 취소되지도 이행되지도 않음을 뜻한다.

O • • •

• Objectives

목표물은 당신이 하고 싶어하는 것의 확인이다란 뜻으로 예를 들면, '즐거운 여행 시장에서의 자사사업의 확장'과 같은 것이다.

• Occupancy Rate

백분율로 표시된, 한 호텔이나 호텔 집단에 의해 판매목적으로 제공된 전체 침대에 대한 야간 침대의 비율을 말한다.

• Official Airline

Guide Reuben H. Donnelly사에 의해 발행되고 전세계에 일반적으로 사용되는 승객과 화물항공서비스에 관한 소책자로 주요한 승객용 책자는 North American Quick Reference Edition과 International Quick Reference Edition의 두 가지가 있는데, 둘 중 하나가 때때로 QRE로 언급될 수 있다.

• OAG

Official Airline Guide의 약자이다.

• Official Hotel and Resort Guide

전 세계의 2만 5천의 호텔, 휴양지 motor 호텔을 기록하고 등급을 매기는 Ziff-Davis 사전으로 OHRG는 계속되는 자료로 정규적이고 특별한 개정을 할 수 있도록 루스리프식으로 발행된다.

• Off-peak

요금 또는 호텔요금에 기준해서 보통 가장 바쁜 시기가 아닌 기간을 가리킨다.

• Open Bar

손님들이 마실 것에 대해 지급하지 않는 바를 말한다.

• Open Jaw

순회 여행식의 여행이나, 승객은 원래의 지점과는 다른 곳으로 돌아올 수 있거나 원래의 목적지와는 다른 곳으로 순회여행을 떠날 수도 있다.

• Open Ticket

어떤 지점들 사이를 운행할 수 있는 표로 어떤 특정한 예약을 가리키지는 않는다.

• Option Date

회의 기획가와 사업자 사이의 일시적 동의로 일정한 목적을 위해 합의하여 만든 날을 뜻한다.

• Overbooking

No-Show에 대응하기 위해 실제 예약된 좌석, 여객실, Room 보다 활용 가능한 범위 내에서 더 많이 예약 받는 것을 말하며 의도적인 것은 아니다.

• Override

초과수수료는 가끔 Overriding Commission이라고도 불리우며 다음과 같다.

① 항공사가 여행상품판매와 관련하여 판매된 항공권에 대하여 지급하는 초과수수료 ② 여행도매업자들이 거래한 항공권에 대한 보너스로서 지급하는 초과수수료 ③ 항공권 공급자가 수수료를 지급해야 하는 여행도매업자들을 위한 판매이익의 마진으로서 지급하는 초과수수료 ④ Hotel 그룹 혹은 관리자가 여행 도매업자들에게 거래량에 따른 인센티브로서 초과수수료를 지급한다.

P • • •

• Pacific Area Travel Association

태평양 · 인도양지역의 관광진흥을 위해 관심있는 국가들이 조직한 단체를 지칭한다.

• Package

쉽게 말해서 광고가 된 여행상품으로, 종종 선불된 운송, 숙박과 다른 여행요소(식사, 이동, 구경, 자동차 전세 등)의 결합을 포함하는 단일한 목적지로의 관광여행을 말한다. Package는 하나 이상의 목적지(예를 들면 유람선관광)를 포함할 수 있으나, 그 용어는 보다 진지한 여행자의 문화적이거나 다른 요구를 충족시키기보다 휴일을 제공하도록 한 뜻을 포함하고 있다.

• Packager

Package 혹은 여행을 선전하고 조직하는 여행도매업자를 지칭한다.

• Packaging

하나이상의 환대상품 또는 서비스를 단일가격의 단일구매품목으로 결합시킨 것을 말한다.

• Paid Bar

보통 티켓을 사용하여 선불하고 음료를 마시는 Bar의 일종이다.

• Parlor

침실로는 사용하지 않는 거실(living room)이나 좌실(sitting room)로 유럽의 어떤 지역들은 salon이라고 부른다.

• Parlor Car

개별적으로 회전하는 좌석과, 음식 및 바 서비스가 있는 열차나 버스를 말한다.

• Passenger Mile

1명의 승객이 1마일 이동할 때의 단위를 가리킨다.

• Passenger Traffic Manager

회사의 다른 피고용인을 위해 여행을 준비하는 고용인을 말한다.

• Peak Fare, Peak Rate or Peak season

많은 운송수단과 관광지에서 1년 중 가장 높은 수준의 요금들이 적용될 때를 말한다.

• Pension

유럽에서의 손님용 집 또는 하숙집을 뜻한다.

• Pitch

① 항공기내의 좌석배열 사이의 거리 ② 바다에서 뱃머리가 올라오고 배 뒷

부분이 내려가거나 또는 그 반대의 경우를 지칭한다.

• Placement

광고가 실제로 나타나는 곳으로 라디오의 광고시간대를 말한다.

• Platform

준비를 직접적으로 확인할 수 있는 항목별 물건 목록표를 뜻한다.

• Plus-Plus

세금과 팁이 요금에 보태져야 한다는 것을 나타내는 데 사용되는 용어이다.

• Pool Route

같은 노선을 가진 두 운송회사-항공회사-가 그들의 모든 수익을 똑같이 나누어 가지면서 항공기와 승무원을 상호대여하고 체크인(check in) 시설들을 공유하는, 유럽에서는 아주 보편적인 거래형태이다.

• Porterage

수화물 처리 서비스를 포함하는 관광여행중인 고객은 수화물을 들고 다니거나 그것을 운반하는 자에게 돈을 지급할 필요가 없다. 그러나 여행자가 때때로 약간의 팁을 주는 경우도 있을 수 있으며 괜찮은 일이다.

• Post-Convention Tour

회의에 기본적인 여행을 연장하는 것을 말한다.

• Pre-Convention Tour

회의전에 기본적인 여행을 추가한 것을 말한다.

• Pre-Registration

방 지정과 손님이 도착하기에 앞서 등록카드를 기록하는 것으로 종종 회의, 모임, 관광여행 손님에게 제공된다.

• Price Promotion

구매 자극요소가 가격에 기초되어 있는 판매촉진책을 뜻한다.

• Principal

어떤 주어진 상황의(특히 여행의) 유력한 관계자를 뜻하며 ① 일정 단위 여행상품의 초기 생산자(항공회사, 호텔, 선박회사) ② 여행프로그램에 대한 책임을 지는 사람(또는 회사) ③ 여행프로그램을 판매하는데 대해서 다른 사람에게 수수료를 지급하는 사람을 말한다.

• Price Fix

정식으로 제공되는 가격을 지칭한다.

• Promotion

사업을 제공하고 모든 마케팅 결과를 지원하는 창조적인 발상으로 새롭고 시범적이며 반복되는 또는 증가하는 판매를 자극하는 것에 쓰일 수도 있다.

• Proposal

시설과 모임 계획자 사이의 이해를 대략적으로 기술한 시설측의 문서를 뜻한다.

• Protected

"수수료금지" 또는 "대리인" "출발금지"처럼 공급자나 도매상 선불 고객에게 완전히 반환 수수료를 지급하도록 하고(예로 해상여행의 취소에 관계없이) 계약을 이행하도록 한 보증을 말한다.

• Psychographic Segmentation

고객 단체의 심리적인 동기와 수준, 그리고 요구와 같은 것에 기준으로 하여 시장을 세분화하는 방법을 뜻한다.

• PTM

Passenger Traffic Manager의 약자이다.

• Public Relation

회사와, 소비자, 잠재적 소비자, 시장의 다양한 대중들 사이의 의사전달 수단인 마케팅 무기를 뜻한다.

• Publicity

PR의 한 종류로서, 발언이나 행사, 자료 제공으로부터 받아들여진 언급이나 노출이다.

• Pullman

Pullman회사에 의해 Western Hemisphere 철도에 운영되는 침대칸 서비스 침대칸의 가장 일반적인 용어이며, 일부 영국철도회사의 특별한 종류의 예약 좌석칸을 말한다.

R • • •

• Rack Rate

원칙에 기초한 공공요금을 가리킨다. 공표요금.

• Rate Pyramiding

소비자가 선택할 수 있는 다양한 요금 혹은 범위를 제공하고, 또한 다 팔 기회를 제공하는 개념이다.

• Receiving Agent

다음 방문자들을 위한 서비스를 전문화한 여행 운영자나 여행사를 말한다.

• Reconfirmation

예약을 이행한다는 뜻의 진술로 항공회사 규칙에서 승객이 특정한 시간 제한 내에 재확인하지 않으면 예약된 것이 되팔릴 수 있다.

• Red Book

미국 호텔 · 모텔협회의 공식등록부를 지칭한다.

• Rep

보통 판매 또는 예약 수용 책임자(principal)로 위임받은 개인 또는 회사인 대표자를 뜻한다.

• Res(or Rez) Agent

보통 항공회사에 대해 예약을 하거나 표를 파는 자를 말한다.

• Reservationist

(보통 전화로) 예약을 받고, 점검하고 확인하는 그러나 실제로 표에 기입하지는 않는 운송수단(보통 항공기)종사자를 뜻한다.

• Retail Agency

소매업자 사업기관으로, 도매와 소매 여행조직의 한 구분이다.

• Retailing

여행상품이나 서비스를 소비자에게 직접 파는 것을 말한다.

• Roll-away Bed

사람을 더 수용할 수 있는 객실에 추가되는 이동 침대

• Rooming List

모임 계획자가 가지고 있는 미리 예약된 시설을 이용할 사람들의 명단을 지칭한다.

• Roundtrip Fare

목적지로 가서 다시 출발지로 되돌아오는데 드는 왕복요금을 말한다.

• Run of the House Rate

호텔이 한 그룹에게 어느 방이라도 이용할 수 있도록 한 것의 고정가격을 뜻한다.

S • • •

• Sales Blitz

많은 예약을 얻기 위한 판매대표자들의 전격작전으로 일련의 짧은 기간의 집중 판매전략이다.

• Sample Room

상품의 진열에 적당한 방을 말한다.

• Scheduled Airline

개인에게 예정된 서비스를 제공하는 항공운송수단을 말한다.

• Schedules Style

중앙통로 양쪽에 있는(6피트×18인치의)낮은 탁자들로 의자는 스피커나 무대를 마주보게 배치하는 것을 말한다.

• Schoolroom Style Variation(V-Shape or Herringbone)

직각(탁자는 바깥에 있는 의자가 위치한 무대에 직각이다) 배치형태이다.

• Seat Rotation

승객이 앞좌석에 앉을 수 있는 동등한 기회를 가지는 것을 인정해 두기 위해 버스관광 여행에 사용되는 체계로 승객은 배치방법에 따라 모든 정차지점에서 자주 자리를 바꾼다.

• Sectional Centers

특정한 지리학적 지역을 표시하는 우편번호의 앞 세 자리 숫자 지역을 말하며, 주로 직접 통신판매 산업에 널리 이용된다.

• Segment

여행일정에서 주어진 비행기의 이륙지점에서 착륙지점까지의 구간 또는 구간들을 말한다.

• Segmentation

소비자들이 공통의 것을 가지고 있는 전체 시장의 일부분을 뜻한다.

• Selling Up

구매력이 높은 기간에 상품이나 서비스에 더 높은 가격 또는 할증가격을 부과함으로 자본을 늘리는 개념이다.

• Senior Citizen Fare

보통 60이나 65세 이상의 노인들을 위한 항공 판촉요금을 말한다.

• Service Charge

손님에게 할당된(보통 10 또는 15%) 호텔계산서의 특정한 이윤, 반대로 손님은 팁을 주는 책임을 면제받는다. 담당자에 의해 서비스 제공자에게 지급된 수수료가 덧붙여져서, 여행사에 의해 손님에게 부과되는 요금을 지칭한다.

• Setup time

일이나 외식 전에 설비를 준비하는데 필요한 시간을 뜻한다.

• Share Excursions

해운회사나 관광사업 운영자들이 해운 승객에게 파는 육상 관광여행상품으로 보통 각기항지에서 유용하다.

• Share Fare/Rate

관광사업운영자나 운송업자, 호텔관계자가 제공하는 동성인 사람과 같이 숙박할 용의가 있는 사람을 말한다(숙박요금을 각각 분담한다).

• Shoulder

성수기와 비성수기 사이의 시즌(season)을 가리킨다.

• Shoulder Fare, Rate or Season

몇몇 항공노선과 호텔에서 적용되는 성수기와 비성수기 사이의 가격수준을 가리킨다.

• Single

1인용 시설이나 예약을 뜻한다.

• Single Supplement

단일(Single) 숙박의 관광상품구매자에게 부과되는 특별부담금을 말한다.

• Skal club

여행산업의 국지적인 사회조직(International Federation of Skal Clubs, 국지 Skal Club의 전세계조직)을 지칭한다.

• Sleeper

숙박시설을 갖춘 기차칸을 지칭한다.

• SMSA

대도시 지역을 말한다.

• Space

좌석이나 숙박시설의 유용성을 뜻하며 관광사업운영자들은 특정한 출발에 Space를 가질 수도 그렇지 않을 수도 있다.

• Standard Metropolitan Statistical Area

대단위 인구집중에 대한 인구조사(census)의 정의한 개념이다.

• Standard Ticket

ARC회원은 항공사와 다른 지정된 항공회사들에 대해 여행을 유효한 여행사에 의해 발급된다.

• Standby

예약을 취소하거나 나타나지 않는 경우, 공항터미날에 실제로 나타날 수 있도록 대기중인 승객, 그 경우에 그 승객은 go-show라고 불리기도 한다.

• Standby Fare

조건부 예약에 근거한 판촉성 요금으로 대기표 소지자는 예약을 확인한 모든 승객이 탑승하기 전에는 비행기를 탈수가 없다.

• Star, One(Two, Three, Four, or Five)

호텔등급의 하나를 뜻한다.

• Starboard

뱃머리를 마주볼 때, 배의 오른쪽을 말한다.

• Stateroom

배에 있는 침실(객실보다 더 호화로운 것을 의미하기도 한다)을 뜻한다.

• Stern

배의 바로 뒤쪽을 가리킨다.

• Stiffing

팁을 정중하게 거절하는 것을 말한다.

• Stock

인쇄물에 사용된 종이나 재료의 종류, 보통 무게, 재질, 조직으로 정의된다.

• Stopover

의도적인 여행 방해를 말하며, 연속직통요금을 막거나 직통요금과 연계해서 운송회사에 의해 허가된다.

• Strategic Market

미국의 야간 여행의 전체의 50% 이상을 만들어내는 24개 주요 미국시장중의 하나이다.

• Strategy

전략은 정해진 목적들을 성취하기 위해 어떻게 계획하는 지에 대한 확인이다.(예 : 관광사업에서 위락 여행시장을 증가시키기 위해 사업자는 (1) 옥외광고를 증가시키고 (2) 가족잡지에 광고를 할 것이다 등)

• Studio

Studio는 침대로 변형시킬 수 있는 소파가 있는 호텔객실로 거실이나 침실로 사용될 수 있다.

• Suite

하나 또는 그 이상의 침실과 연결된 거실로 혼동을 피하기 위하여 침실의 수에 따라 원하는 Suite를 표시한다.

• Supplemental(or Supplemental Airline or Carrier)

승객과 수화물 계약서비스를 제공하는 자격을 가진 항공회사로 때때로 charter airline 또는 non-sked라 불리운다.

• Supplier

일정단위 여행상품의 실제 생산자, 운송회사, 호텔, 관광사업운영자 등을 지칭한다.

T • • •

• Table d'Hôte

규정된 가격으로 제공되는 풀코스 식사(정찬요리)로 다른 것을 제공할 수도 있고 그렇지 않을 수도 있다.

• Tariff(요금표)

관광상품 공급자가 채택한 개인요금으로 어떤 범주의 공급자를 위해 열거된 요금의 인쇄된 일람표, 모든 요금. 서비스 조건 등을 담고 있는 공공 인쇄물 즉 법적인 요금표를 말한다.

• Telephone Selling

주요 목적이 객실예약이나 단체예약을 얻기 위한 전화접촉을 가리킨다.

• Tender

선박으로부터 해안변 그리고 그 반대로 승객을 운반하는 것이 가능하지 않을 때 사용되는 보트를 말한다.

• Tent Card

테이블이나 탁자, 사무실, 다른 편편한 표면에 놓여진 내부 판촉용 도구로 한 장의 인쇄물보다 많은 것을 보여 주기도 하는 판촉용 도구.

• TGV(Tres Grande Vitesse)

프랑스의 고속열차를 지칭한 말이다.

• Third-class Fare

일부 극동 철도의 가장 싼 운송요금을 뜻한다.

• Third-class Hotel

가장 값싼 숙소를 말한다.

• TIA(Travel Industry Association)

지금은 DATO를 포함하고 있다.

• Ticket

개인이나 단체의 운송, 출입 등에 붙이는 인쇄된 증명서로 승객과 수화물의 운반을 제공하는 모든 여객기, 승객, 운송회사가 발행한 다른 쿠폰을 말한다.

• Ticket Agent

예약을 받고 표를 파는 고용된 운송업자를 뜻한다.

• Time Sharing

고객들이 매년 짧은, 같은 기간 동안의 아파트 사용권을 구입하는 공동관리주택 개념이다(콘도미니엄).

• Tour

하나 또는 그 이상의 장소로 여행해서 원래 시점으로 다시오는, 미리 예정되었지만 반드시 선불은 아닌 여행을 말한다.

• Tour Basing Fare

선불관광여행이나 패키지를 사는 사람에게만 유용한, 변형된 할인요금으로 포괄관광여행, 그룹포괄관광여행, 포상여행그룹, 계약집단포괄여행, 단체순회포괄여행은 모두 Tour Basing Fares이다.

• Tour Broker

버스관광 여행을 조직하고 시장화 할 수 있는 IOC자격을 소지한 개인이나 회사를 지칭한다.

• Tour Departure

어떤 확정된 여행의 운영, 즉 개인이나 집단의 특별한 여행계획에 의한 출발날짜, 넓은 의미로는 그 단일 관광여행의 전체운영과 관련된 것으로 예를 들면, 관광사업운영자는 16개월의 출발을 가진, 안내원이 딸린 유럽여행의 계획표를 짤 수 있다. 즉, 동일한 기본관광여행이 16번 운영될 수 있다.

• Tour Escort

여행전체를 함께 하고 원활한 운영과 승객들을 돕는데 책임이 있는 자를 말한다.

• Tour Leader

엄밀히 말하면, 특정한 여행자 그룹을 이끄는 특별한 자질을 가진 자이다. 예를 들면, 전원 여행을 이끄는 식물학자, 보통 부정확하게 안내원을 의미할 수 있다.

• Tour Manager

어떤 대양통과 구간을 포함한 처음부터 끝까지 선불여행을 지휘하는데 특별히 고용된 안내원을 말한다.

• Tour Operator

포괄여행을 만들거나 시장화 하고, 여행서비스를 행하며, 그 이행에 대한 하청계약을 하는 회사로 대부분의 Tour Operator는 여행사를 통하여 고객에게 직접 판매한다.

• Tour Organizer

특정선불여행에 참가하는 승객집단을 조직하는 개인 또는 여행사로 조직자(Organizer)는 반드시 협회의 선정자(conference appointments)이어야 할 필요도 없고, 또한 보통 수수료를 지급하지도 않는다.

• Tour Shells

관광업자나 도매상들에 의해 추가로 인쇄되도록 만들어진, 그러나 사본이 없는 미술품, 도표, 설명서를 담고 있는 소책자를 가리킨다.

• Tourism

위락여행객을 위한 서비스와 시설을 제공하고 마케팅 하는 사업으로 Tourism의 개념은 정부, 운송업자, 숙박, 음식, 오락산업과 직접적인 관련이 있고 세계의 모든 산업과 거래에 비교적 간접적인 관련이 있다.

• Tourist Card

여권이나 다른 시민권의 증명을 추가로 요구하는 나라에 들어가기 전에 여행자에게 발행된 일종의 비자를 말한다.

• Tourist Class

일반적으로 최상급 아래의 숙박시설로 선박업에서는 1등급 서비스를 보다 낮은 특수그룹에 한정된 것이고, 항공업에서는 이코노미 서비스 또는 2등 서비스의 비공식적인 명칭이다.

• Trade Media

특정한 산업과 상품이나 서비스를 소개하는 출판 혹은 방송매체집단으로 즉 여행거래/산업매체.

• Trade-outs/barter

상품이나 서비스를 방송이나 활자매체에 광고하는 것과 교환하는 것을 말한다.

• Traffic Conferences

IATA내에 있는, IATA가 세계를 나눈 세 군데 지역을 맡고 있는 운송업자들의 하부조직을 지칭한다.

• Traffic Flow

목적지 사이의 관광객들의 동향을 묘사하는데 사용되는 용어이다.

• Transatlantic Passenger Shipping Conference

지금은 해체된 Atlantic Passenger Shipping Conference회원중의 북아메리카 최고 담당기관을 지칭한다.

• Transfer

한 운송 터미널에서 다른 곳으로 또는 한 터미널에서 호텔로, 호텔에서 극장으로의 국지운송과 운반(porterage)을 한다. 여행계약의 조건들은 운송이 개인차에 의한 것인지, 버스에 의한 것인지 그리고 에스코트서비스가 제공되는지 명시해야만 한다.

• Transpacific Passenger Conference

태평양지역에서 승객에게 서비스를 제공하는 선박회사의 판촉과 조정을 위한 협회를 뜻한다.

• Travel Group Charter

격주간으로 발행되는 미국관광동향 관련 간행물을 지칭한다.

• Travel Group Charter

개인여행자를 위해 조정된 순회여행 보험 프로그램의 미리 제안된 등급을 위한 CAB'ss방침으로 발행시 어떤 여행집단 보험은 적용되지 않기 때문에 여러해 동안 논란이 될 것 같다.

• Travel Industry Association of Canada

관련산업과 정부 조직뿐만 아니라 전 영역의 캐나다 여행과 운송을 포괄하는 교류협회를 말한다.

• Travel and Tourism Research Association

여행산업 시장조사 전문가들로 구성된 전문적인 협회를 지칭한다.

• Travel Trade Magazine

미국의 주간 광고잡지 중의 하나이다.

• Travel Weekly

매주 2번 발행되고 미국과 캐나다 여행사에 광범하게 팔려지는 Ziff-Davis 교류신문을 말한다.

• Travel Wholesaler

여행상품의 준비, 주문, 대금청구, 광고 등을 소매여행업자에게 제공하여 판매를 위탁하게 된다. 여행사, 여행도매업자 또는 Tour Operator가 어떤 다른 사업에서처럼 각각의 역할을 수행하는 것은 가능하다. 실제(경제이론)로 그 단계는 소매여행사, 여행도매업자 그리고 Tour Operator이다. 때때로 여행도매업자와 Tour Operator는 자신의 소매회사를 갖기도 한다.

• Travelage East and TraveLage West

주간으로 발행되는 미국지역 관광잡지를 말한다.

• T-shape Style

T. Chairs가 빗장(가로대 crossbar)의 바깥부분과 다리의 양쪽면에 위치하는 테이블 형태이다.

• Twin

두 개의 1인 침대가 있는 2인용 객실을 말한다.

• Twin Double

두 개의 2인 침대가 있는 2인 또는 3인, 4인용 객실을 지칭한다.

U・・・

• United States Tour Operators Association

최근에 서해안 여행업자들로 결성된 교류협회를 말한다.

• United States Travel Service

관광여행 촉진을 위한 미국의 공공기관을 지칭한다.

• Universal Air Travel Plan

원래 미국 국내항공회사에 조직되었으나 지금은 모든 IATA 항공회사들로 인식되는 신용카드 체계를 뜻한다.

• Universal Federation of Travel Agents Association

국가적인 여행관련기관 교류협회의 세계적 조직을 말한다.

• Upgrade

서비스의 수준이 더 나은 숙박시설로 옮기는 것을 뜻한다.

V • • •

• Validation

비행기표를 법적 효율이 있게 만드는 특별한 스탬프로 그것에 날인하는 것을 가리킨다.

• Value

소비자에게 지각되고 전달되는, 공정가격에서의 품질을 말한다.

• Value Seaso

가격이 낮은 비성수기를 가리키는 것으로 관광상품공급자에게 의해 사용되는 용어이다.

• Visa

특정나라, 지역으로 여행하는 것과 그 안에서 여행하는 것을 허가하는, 여권에 덧붙이는 공적인 권리부여를 나타낸 것을 말한다.

• Vouchers, Tour

숙박과 식사, 관광, 다른 서비스를 교환하기 위해 관광업자에 의해 발행되는 기록물로 때때로 coupons이라고 부른다.

W...

• Waitlist

관광공급자 특히 항공회사에 의해 정해진, 매진된 날짜나 시간에 빈자리를 찾는 수요자들의 명단을 말한다.

• Wholesaler

여행사를 통해 판매하는 포괄관광여행과 피츠를 보통 만들어 내고 확실하게 시장화하는 회사로 여행업자로도 사용되는 말이지만 여러 가지 차이점이 있는데 (1) Wholesaler는 아무것도 소매로 팔지는 않는다. (2) Wholesaler가 항상 자신의 성품을 만들어 내는 것은 아니다. 그러나 tour operator는 비교적 항상 만들어낸다. (3) Wholesaler는 tour operator보다 덜 국지적인 서비스(local services)를 수행한다 등으로 산업보고서에서는 자주 구별되지 못하고 더욱더 혼동시키고 있으며, 많은 여행회사는 여행사와 계약자, tour operator, Wholesaler의 모든 기능 또는 일부분의 기능을 수행한다.

• Winter Fare or Rate

논란이 있는 지역에 의존하는 가장 비싼 또는 가장 싼 수준의 어느쪽 요금으로 북대서양에서는 항공요금은 겨울에 가장 싸고 카리브해에서는 겨울요금이 가장 비싸다.

• World Travel Directory

국내나 국제여행계획을 가진 사람들을 위한 Ziff-Davis의 연간 세계정보지로 판매요원들에 대한 적절한 정보와 여행사와 tour operator의 판로, 항공, 선박, 철도, 운송업체, 전세차와 관광회사, 영사관, 대사관, 국가 또는 주립여행 사무소, 여행, 호텔대표자, 발행잡지, 학교와 협회 그리고 호텔/모텔 체계를 싣고 있다.

Y • • •

• Yield Analysis

상품서비스에 대한 소비자의 각 형태와 또는 시장세분화에 의해 만들어진 소득과 이익의 분석이다.

Z • • •

• Zero-based Budgeting

이 개념은 어떤 지출도 단지 작년에 사용했다는 이유만으로 정당화될 수 없음을 말한다. 모든 비용은 그 지출이 다른 방법으로 같은 양을 소비하는 것보다 더 만족할 만한 결과를 가져올 것이라는 토대하에 매년 재분석되고 정당화된다.

외식산업컨설팅론

2006년 6월 20일 인 쇄
2006년 7월 1일 발 행

著 者 김 동 승
권 오 주
곽 성 호

發行人 (寅製) 秦 旭 相

저자와 합의
인지첩부 생략

發行處 白山出版社
서울시 성북구 정릉3동 653-40
등록 : 1974. 1. 9. 제1-72호
전화 : 914-1621, 917-6240
FAX : 912-4438
http://www.baek-san.com
edit@baek-san.com

값 15,000원
ISBN 89-7739-858-4